改革开放40年
中国新型城镇化发展

朱建良 眭文娟 文丹枫 ◎ 编著

GAIGEKAIFANG 40 NIAN
ZHONGGUOXINXING CHENGZHENHUA
FAZHAN

图书在版编目（CIP）数据

改革开放40年中国新型城镇化发展/朱建良，眭文娟，文丹枫编著 .—北京：经济管理出版社，2018.7（2018.11重印）
ISBN 978-7-5096-5767-6

Ⅰ.①改… Ⅱ.①朱…②眭…③文… Ⅲ.①城市化进程—研究—中国 Ⅳ.①F299.21

中国版本图书馆CIP数据核字（2018）第086942号

组稿编辑：杨　雪
责任编辑：张巧梅
责任印制：黄章平
责任校对：陈　颖

出版发行：经济管理出版社
（北京市海淀区北蜂窝8号中雅大厦A座11层　100038）

网　　址：	www.E-mp.com.cn
电　　话：	（010）51915602
印　　刷：	北京九州迅驰传媒文化有限公司
经　　销：	新华书店
开　　本：	720mm×1000mm/16
印　　张：	20
字　　数：	308千字
版　　次：	2018年7月第1版　2018年11月第2次印刷
书　　号：	ISBN 978-7-5096-5767-6
定　　价：	69.00元

·版权所有　翻印必究·
凡购本社图书，如有印装错误，由本社读者服务部负责调换。
联系地址：北京阜外月坛北小街2号
电　话：（010）68022974　　邮编：100836

CONTENTS 目录

概论篇——新型城镇化探索之路 // 1

第一章　新型城镇化概述 // 3
第二章　新型城镇化背景下的城市群建设 // 25
第三章　新型城镇化建设下的县域经济发展 // 33
第四章　中国小城镇建设与新型城镇化 // 70
第五章　"飞地经济"发展与新型城镇化 // 127
第六章　中国众创空间发展与新型城镇化 // 137
第七章　"众创时代"科技企业孵化器与新型城镇化 // 156
第八章　中国电商发展与新型城镇化 // 167
第九章　中国新型城镇化建设前景展望 // 204

案例篇——新型城镇化探索成功案例 // 215

第一章　中国城市群建设案例 // 217
第二章　中国特色小城镇案例剖析 // 225
第三章　中国"飞地经济"案例分析 // 253
第四章　中国众创空间不同类型案例 // 259
第五章　中国主要国家级技术创新项目案例 // 270

政策篇——改革开放以来新型城镇化相关政策一览 // 273

  第一章 中国城镇化建设政策分析 // 275

  第二章 中国特色小镇建设政策环境分析 // 283

  第三章 中国新型城镇化其他相关政策 // 299

参考文献 // 310

后记 // 313

概论篇
——新型城镇化探索之路

第一章　新型城镇化概述

一、城镇化建设的必要性

(一) 城市化与城镇化释义

城市化，是一个从传统社会向现代文明社会全面转型和变迁的系统过程。这个过程一方面是农业人口转化为非农业人口并向城市集中的聚集过程，另一方面是城市自身发展、城市文明广泛向农村渗透，逐步走向城乡协调发展的过程。双向互动的结果达到消除城乡差别和工农差别、实现城乡一体化的目标。

城镇化，是城市化发展的不发达阶段，它并非指任何一个国家的城市化发展都必须经历的阶段，而是特指在我国生产力水平不高、农村区域广袤、工业化后发的条件下，实现农村人口的工作领域由第一产业向第二、第三产业的职业转换过程，居住地由农村区域向城镇区域迁移的空间聚集过程（即"城化"过程和"镇化"过程）。

我国实施城镇化战略是对世界城市化理论和实践的丰富与发展。城镇化在我国具有特殊的意义：一方面，我国是发展中的农业大国的特殊国情，决定了实施城镇化战略对于解决我国城乡二元结构具有战略上的意义。另一方面，我国的城市系统包括市和镇两个部分，它们都是国家通过一定的法律程序设置的行政单元。本来，"城市化"和"城镇化"只是英文 Urbanization 一词的不同译法而已，而我们运用"城镇化"概念，就是充分考虑到我国社会主义初级阶段的具体国情是与我国的实际情况相符的。

  城乡一体化是城市化发展到高级阶段的区域空间组织形式。它是在生产力高度发达条件下，城乡融合，互为资源，互为市场，互为服务，达到城乡之间在经济、社会、文化、生态等各个方面协调发展的过程。在这一过程中，并不是所有农村都变成城市，更不是城市乡村化，而是彻底消除城乡二元结构差别，城乡共享高度发达的物质文明和精神文明。从我国现实条件来看，实现城乡一体化还是一个相当漫长的过程，而实施城镇化是实现这一目标的重要途径。

（二）新型城镇化的概念

  新型城镇化：是以城乡统筹、城乡一体、产业互动、节约集约、生态宜居、和谐发展为基本特征的城镇化，是大中小城市、小城镇、新型农村社区协调发展、互促共进的城镇化。

  中国的新型城镇化是确凿无疑的大方向。这是世界最多人口的城镇化。正如政府工作报告所言：5年转移农村人口8463万人，城镇化率由45.9%提高到52.6%——中国城乡结构发生了历史性变化。这种变化得益于以下两个因素：一是工业化、信息化、农业现代化的推动；二是有关户籍等政策的逐步调整，公平的"城门"在制度层面逐渐打开[①]。

（三）中国新型城镇化的内涵

1. 集约高效的城镇化

  推进新型城镇化，必须推动发展方式由粗放增长向集约高效转变，由土地城镇化向人的城镇化转变，由城乡分割向城乡一体转变。

  一要优化城镇布局和形态，培育壮大区域中心城市，因地制宜发展县城和特色小城镇，着力构建现代城镇体系。

  二要提升城镇质量和水平，坚持把宜居放在首位，促进城市产业转型升级，加快旧城危旧房和棚户区改造，合理推进新区建设，创新城市管理方式，加强城市文化培育和生态保护，全面提升城镇内在品质，着力提高城镇综合承载能力。

[①] 新华社. 李克强：推进以人为核心的新型城镇化 [EB/OL]. 中国政府网，2014-03-05.

2. 产城融合的城镇化

新型城镇化一定要以人为核心，按照"四化"同步要求，产业和城镇融合发展，不能见物不见人。如果只是圈地、建园、造城，产城"两张皮"，那是不健康的，也是不可持续的。

产与城自古以来就不可分割。在古代，"城"是政治军事设施，"市"是物品交易场所，"城"与"市"相伴相生、有机融合。

在现代社会，产与城相互支撑、相互促进，关系更为紧密。一方面，现代工业内在要求规模化和专业化，大量企业和人口集聚在一起，城市不断发展壮大，在"量"上实现扩张；另一方面，城市发展对消费、服务及资本的需求越来越大，推动第三产业蓬勃发展，使得产业结构不断调整和升级，产业连接更加紧密，产业发展更具活力，产业在"质"上不断进步。如果城市没有产业作支撑，有"城"无"产"，城市就会"空心化"，成为"睡城""鬼城"，必定不可持续；如果产业不以城市为依托，有"产"无"城"，产业就会"孤岛化"，并成为"沙漠上的大厦"，终将倾覆。只有产城融合才能让现代城市实现可持续发展，也才能使"城市让生活更加美好"。

搞好产城融合，要牢牢抓住"产、城、人"三个要素，努力实现人、产业和城市的良性互动、协调发展。

推进城镇化要强化产业支撑。贯彻落实五大功能区域发展战略，按照"产业跟着功能走、人口跟着产业走、建设用地跟着产业和人口走"的要求，科学调整和完善产业布局，培育和壮大各类产业，坚决避免产业单一、区域同构。

推进城镇化要完善城市功能。按照"职住平衡、功能复合、配套完善、绿色交通、布局融合"的要求，在建成区，优化产业布局和产业结构、完善配套设施、提升服务功能；在新建区，城市公共服务设施要与产业发展同步规划、先期建设、提前使用，防止"拉链式"工程建设在新建区重演。

推进城镇化要突出以人为本。"人"是"产"和"城"的结合点。从满足人的需要出发，合理规划布局各种生产生活重大设施，推进教育、卫生、文化等基本公共服务均等化，不断提高市民生活质量。增强城市就业支撑，提升城镇人口承载能力，有序推进农业转移人口市民化。

3. 城乡统筹的城镇化

城乡统筹，就是把城市与农村、农业与工业、农民与市民作为一个整体，全局规划、统一考虑，把城乡发展的问题进行综合研究、统筹解决，建立城乡共同发展的市场经济体制，实现以城带乡、以工促农、城乡一体的协调发展格局。城乡统筹主要包括经济社会一体化、基本公共服务均等化和平等权利基础上体制一体化等内容。重在弥补我国城乡二元分治对农村发展留下的欠缺，保持城乡资源配置的基本均衡，从而实现城乡一体化发展。在城乡统筹理论的引导下和城乡统筹的现实背景下，新型城镇化已经成为题中之意。城镇化是一个农村人口不断向城镇转移，城镇数量增加，规模不断扩大的历史过程，包括人口职业、产业结构和土地等要素的变化。新型城镇化的核心首先是要着眼农民、涵盖农村，实现城乡基础设施一体化、公共服务均等化，促进城乡经济社会共同发展，实现共同富裕。

未来在推进区域城乡统筹发展的进程中，除了不断强化城镇和新型农村社区在社会资源配置、供给多元服务、推动社会治理和管理制度创新以及缩小城乡公共服务水平的差距等方面外，还应进一步发挥城镇和新型农村社区应有的提供公共服务的潜力，改善社会资源配置和新型农村社区的治理模式。城市农民工所需公共服务的保障，要求城市有完善的规划，除了改变现有城市规划中一直沿用以户籍人口"千人指标"的公共服务设施配套标准之外，要按照城市实际人口发展规模将农民工纳入人口规划进行宏观测算，提供充足的城市公共服务设备供应，还应针对农民工群体在年龄结构、受教育程度、生活需求、兴趣爱好、消费习惯等方面与城市其他人群的差异性，深化研究农民工群体的公共服务设施需求特征及其公共服务设施配套种类和标准，加强城市公共服务设施规划的针对性。

4. 低碳生态的城镇化

低碳生态城镇化是指在实现自然生态系统良性循环的前提下，以低碳生态经济体系为核心，以实现社会可持续发展为目的，使城镇经济、社会、生态效益实现最佳结果。具体到实践中是指坚持以人为本，以生态产业化为动力，以因地制宜，优势互补，统筹兼顾，相辅相成为原则，以低碳生态文明建设为主体，推进大中小城市和农村小城镇的生态化、集群化、现代化的发展，全面提升城镇化的质量和水平，走科学发展、集约高效、功能完善、环境友好、社会和谐、个性鲜明、城乡一体、大中小城市和小城镇协调发展的生态城镇之路。

低碳生态城镇化的"生态"就是要将低碳生态文明建设融入城镇化的过程中去,由过去片面注重追求城市规模的扩张,转变为以提升城镇的生态文明、公共服务等内涵为中心,真正使我们的城镇成为具有较高品质的宜居宜业之所。低碳生态城镇的"城镇"已不是一般概念的城镇,而是与其所处的区域是一个有机的生态系统,是人、自然与社会、环境和谐共生、协调发展的生态型可持续发展城镇。低碳生态城镇化是一个不断探索创新的低碳生态化发展过程,同时也是人类自身发展的过程,它与传统小城镇的发展有本质的区别。低碳生态城镇化目前真正代表了城镇未来的发展方向和战略目标,是人们实现城镇可持续发展的有效途径。

5. 全面协调的城镇化

区域协调发展已成为经济结构调整的重要内容,但农业转移人口市民化进程的滞后直接影响了城镇化的质量,长期以来的区域不平衡和城乡二元结构并没有发生根本改变,还形成了城市内部"新二元结构",农村呈现空洞化趋势,造成了巨大的经济成本和社会代价。城镇化与区域经济发展和产业整体布局缺少衔接,区域产业结构布局上容易出现盲目性和同质性。承接发达地区的产业转移是眼下中小城镇工业化的途径之一,很容易重现发达地区城镇化过程中以牺牲环保、资源枯竭、农民土地利益损失为代价的旧发展模式的弊端。

区域协调发展事关社会主义现代化建设的全局和全面建成小康社会奋斗目标的实现。积极稳妥推进城镇化要注重提升城镇发展质量和水平,更多地依靠经济发展方式转型和城乡区域发展协调互动来增强长期发展后劲。

(四) 研究城市(镇)化的必要性

21世纪是"城市世纪"。世界各类国家分别处在城市化发展的不同阶段上,西方发达国家经过200多年的历程,已经走完了城市化的起步阶段、加速发展阶段,开始转向城郊化阶段;而大多数发展中国家伴随着工业化的进程,各种资源正在急速地向城市集中,处于城市化加速发展的关键时期。国际社会都将城市化作为深刻影响21世纪人类社会的两大主题之一,予以高度关注。

城市化改变着人们的生存方式。随着社会生产力发展，人们独立的、个体的生产劳动再也不能适应社会化的需要，于是逐步走向专业化分工、协作，实现了生产方式社会化；生活方式也由封闭的自给自足的农村自然经济走向商品化的城市工业经济。经济交换关系加强，实现了生活方式市场化；相应地，居住地点由分散的乡村地区迁往功能互补、网状分布的城市，实现了居住方式的网络化。这一切是经济社会发展的必然结果，也是社会形态向高层次发展和社会进步的重要标志，加快城市化是世界经济社会发展的普遍规律。

城市化是现代化的一个突出特征。现代化就是从传统的农业社会、农业文明向现代工业社会、工业文明转变的过程，城市化过程与现代化进程是相生相伴的。在现代化进程的不同阶段，表现为不同的城市化特点。一开始，工业经济的发展促使城市化过程加速，农村优质要素向城市集聚，使城市工业劳动生产率明显提高，实现了工业的现代化；当城市化发展到一定程度时，开始有要素从城市向农村扩散，产业分工多样化，城乡居民生活都有提高，实现工农业的现代化和其他行业的现代化；随着城市化进一步发展，城市和乡村资源融合，共生共长，实现社会的现代化。因而，城市化是现代化的一个方面，城市化是现代化不可逾越的发展过程。

城市化的过程就是资源向城市集聚的过程，也是经济增长中心形成的过程。大量的研究表明，城市经济具有资源集聚效应和带动效应。城市作为某区域的中心地，高强度聚集着大量的物质、资金、技术、人才、信息等物质资源和社会资源，经济活动在空间上相对集中，使得经济活动更加节约成本费用，提高效率，增加效益。同时，通过其较强的经济、文化、科技、教育、人才等资源优势，带动周围地区经济、文化、教育、科技的发展，组织和领导产业布局与产业结构调整，进而推进现代化进程。

中国正在急速地向现代化国家迈进，这是一个工业化、城市化和社会现代化三位一体的文明演变过程，也是一个社会转型、产业结构提升、人口大规模移动的过程。因此，研究现代化进程中城市化发展规律具有重大意义。

（五）我国加速城镇化的必要性

城市化是我国现代化进程的必经之路，而由我国突出的人与资源矛盾和二元经济结构决定了我国的城市化道路不同于其他国家的城市化道路，即城镇化道路。

我国是一个人均资源贫乏的大国。人口占世界的1/4，国土面积占世界的7.2%，人均耕地仅有世界的1/5，人均森林资源为1/6，水资源为1/4，各项资源的人均值基本上都位于世界后列。同时我国人口增长过快、农村人口基数大，目前的13亿人口中，农村人口8亿多，庞大的农业人口与有限的农业资源的尖锐矛盾，致使农业低效、农民贫困，影响了农村稳定，成为我国"三农"问题最直接的原因。

我国是一个二元经济社会结构尤为突出的发展中大国。新中国成立以后，我们选择了"优先发展重工业"的工业化战略，农业部门自然成为所需资金的一个重要来源，国民收入分配向工业和城市倾斜。在城乡管理方面，实行"城乡分治，一国两策"的管理模式，突出地表现为将城乡居民分为农村户口和城镇户口两种不同的户籍，这就人为地将城市居民和农村居民划分为两个在发展机会和社会地位方面极不平等的社会集团。这种"城乡分治"体制，一方面使城市的现代工业与农村中的传统农业的劳动生产率差距拉大，使城乡居民收入差距拉大；另一方面，这种体制把农民限制在农村，导致了农业劳动力无法向城市转移，抑制农村经济的发展和城镇化进程，从而形成城乡之间发展的"鸿沟"，而现代化的历史任务就是对这种相对落后的国民经济结构进行改造，使之成为同质的一元经济结构，结构转换的核心问题是实现传统农业部门的剩余劳动力向现代非农产业转移，即从乡村向城镇转移。随着一国农业剩余劳动力转移完毕，农业劳动的边际生产力也就与非农产业劳动的边际生产力趋于相等，农业部门与非农部门的发展水平、城乡居民的收入水平也趋于均衡，因此，要实现现代化，转换我国的二元经济结构，就必须推进我国城镇化发展进程。

由于历史的原因，我国目前的城镇化水平还不高。因此，加快城镇化进程是我国经济社会发展的必然选择。

1. 城镇化是历史发展的必然，是加快中国现代化进程的客观要求

城镇化是社会生产力发展的必然结果，是社会进步的重要标志，是完成落后农业国向发达工业国跨越的必由之路，也是实现经济结构优化和产业结构提升的重要途径，在中国，没有农村的工业化、城镇化和现代化，就没有整个国家的工业化、城市化和现代化，城镇化是现代化突出的特征之一，我国2/3以上的GDP和税收来自城市，90%以上的科研力量集中在城市，加快城镇化进程，提高城镇化水平，是我国在21世纪加快现代化步伐的客观要求。

2. 城镇化是全面建设小康社会，逐步消除城乡二元经济结构，从根本上解决"三农"问题的重要途径

随着农业生产技术的进步，农业发展对劳动力的需求日益减少，农业剩余劳动力与农民有限的土地资源占有形成尖锐的矛盾。增加农民收入和减少农村人口是一个问题的两个方面。因此，加快农业剩余劳动力转移，减少农村人口，提高农业劳动生产率，推进城镇化是实现农民富裕的根本性措施。

提高城镇化水平，优化城乡经济结构，可以带动农村经济体制和经济增长方式的根本转变。调整地区结构，缩小城乡差距，有利于从根本上解决"三农"问题，促进社会结构的转型、思想观念的更新和现代文明的普及，实现城乡一体化发展，推动社会全面进步。

3. 城镇化是扩大国内需求，拉动经济增长，促进国民经济健康发展的持久动力

城镇化滞后于工业化是我国现阶段经济发展的一个突出矛盾。早在20世纪70年代，我国工业增加值占国内生产总值的比重已达50%以上，但城市化率却严重滞后，长期停留在30%以下，到目前，城市化水平依然落后于工业化。明显偏低的城市化率使得大批农民被隔离于工业化进程之外，分享不到工业化带来的成果，造成城乡居民之间收入差距拉大，同时导致需求不足的局面提前到来。城乡消费结构转换断档，严重制约了内需规模的扩大。

因此，只有加快城镇化进程才能拉动经济增长，并为经济社会发展提供广阔市场和持久动力。

正如2001年诺贝尔经济学奖得主，美国经济学家斯蒂格利茨所说的：

作为世界上最大的发展中国家，中国的城市化与美国的高科技发展将是深刻影响21世纪人类发展的两大课题。

二、城镇化建设概述

（一）国外城镇化理论研究概述

城市化是一个长期的全球性的动态演变过程，因而，城市化发展理论也在不断地更新完善。在西方发达国家，涌现出许多著名的城市研究学者和一系列城市研究理论，如区位理论、结构理论、人口迁移理论、增长极理论等，都从不同的角度探讨城市化发展规律和影响因素。

（1）区位理论。代表人物是德国经济学家韦伯（A. Weber），德国经济学家克里斯托勒（W. Christaller），以及德国经济学家勒施（A. Losch）等。韦伯的工业区位理论认为，聚集可以带来内部经济和外部经济，聚集的产生和发展可以形成三种不同的聚集区位和布局，即城市经济、地方性经济和工业中心区经济。德国地理学家克里斯托勒（Walter. Christaller）的中心地理论也称为城市区位论，该理论认为，中心地（城市）是为居住在它周围地域的居民提供商品和服务的地方，这些中心性商品和服务依其特性可分成若干档次，因而城市可按其提供的商品及服务划分成若干等级，各城市之间构成了一个有规则的层次关系。根据一定区域内各中心地提供商品和服务的高、中、低档次来分析和定性，可以确定一个中心地在该区域中的地位和作用。德国著名经济学家勒施（A. Losch）全面系统地阐述了区位理论、经济区论和贸易理论，指出城市是非农企业区位的点状集聚，"即使地球是一平坦而均等的球体，城市仍会为了种种理由而产生出来"。大规模的工业企业的发展本身就会扩大组成整个城市；而同类企业和不同企业的聚集会增进聚集经济效应，实现内部经济与外部经济的发展。从而建立起较大的生产综合体，并成为产生城市的重要因素。总之，城市是一种社会生产方式，它以社会生产的各种物质要素和物质过程在空间上的集聚为特征，组成城市的不同城镇个体，子系统之间相互作用使得城市的集聚性创造出大于分散系统的社会经济效益。区位理论探讨了城市化的动力源泉。

(2) 结构理论。典型代表就是美国著名经济学家,1979年诺贝尔经济学奖获得者威廉·阿瑟·刘易斯（W. A. Lewis）。刘易斯在1954年提出了二元经济结构理论,把发展中国家的经济结构概括为现代部门与传统部门,建立了两部门经济发展模型,奠定了剩余劳动力无限供给条件下的二元经济结构理论的基础。他认为,在具有二元经济结构特征的社会里,现代部门与传统部门的对立也表现为城乡之间的对立,因为传统农业部门存在着大量低收入的劳动力,所以劳动力供给具有完全的弹性,工业部门可以获得无限供给的劳动力而只需支付与传统农业维持生存部门相应的工资。在工业化过程中,农业部门为工业输送剩余劳动力,直至农业部门的剩余劳动力被吸收罄尽为止。在这个过程中,工业部门大大扩展,农业只有等待剩余劳动力消失之后,劳动生产率才能有所提高,农业劳动者的收入状况才能有所改善。城市化的过程就是改变传统的二元经济结构为同质的一元经济结构的过程。刘易斯的二元经济结构理论揭示了发展中国家经济发展过程中的城市化普遍存在的现象,并探讨了如何从传统经济向现代经济的转化、最终实现现代经济"一元化"的路径,因而是研究城市化发展的重要理论工具。

(3) 人口迁移理论。具有代表性的是推力—拉力理论、配第—克拉克定理、托达罗的劳动力迁移理论。英国经济学家拉文斯坦（E. G. Rarenstein）等所提出的推力—拉力理论分析了群体迁移的原因,该理论认为,迁移行为发生的原因是迁出地的推力因素和迁入地的拉力因素共同作用的结果。所谓"推力"是指存在着迫使居民迁出的社会、经济和自然压力;所谓"拉力"是指存在着吸引其他地区居民迁入的社会、经济和自然引力。配第—克拉克定理。早在17世纪,英国古典经济学家威廉·配第在他的名著《政治算术》中描述到:制造业比农业、商业比制造业能够得到更多的收入。这种不同产业间相对收入上的差异将会促使劳动力向更高收入的部门转移。后来,英国经济学家克拉克在配第的研究基础上得出了:随着经济的发展,即随着人均国民收入水平的提高,劳动力首先由第一产业向第二产业转移,当人均国民收入水平进一步提高时,劳动力便向第三产业转移,劳动力在产业间的分布状况是,第一产业将减少,而第二、第三产业将增加的结论。后人称之为"配第—克拉克定理",该定理指出随着一国的经济发展,劳动力在三次产业间分布将发生从第一产业转移至第二产业,然后再从第二产业向第三产业转移的变化趋势。托达罗的劳动力迁移理论。美国发展经济学家托达罗(M. P. Todaro)在《发展中国家的劳动力迁移和产生发展模型》一书中认为,人口从农村向城市的迁移不仅取决于城市与农村实际收入的差异,同时还取决于城市就业率的高低和由此而做出的城乡预期收入差异,人口流动基本上是一种经济现象。该模型强调了城乡之间预期收入的差异,也决定了农村劳动力迁移的经济因素。城市化既是农村人口向城市迁移的过程,同时,也是农村的剩余劳动力向城市的第二、第三产业转移的过程。人口迁移理论揭示了劳动力由农村向城市转移,由第一产业向第二产业,然后向第三产业转移的原因。

(4)增长极理论。代表人物是法国经济学家佩鲁(F. Perrcnix)。佩鲁认为,"增长极"是由主导部门和有创新能力的企业在某些地区或大城市的聚集发展而形成的经济活动中心,恰似一个"磁场极",能够产生吸引或辐射作用,促进自身并推动其他部门和地区的经济增长。"增长极"的产生使人口、资本、生产、技术、贸易等高度聚集,产生"城市化趋向"或形成"经济区域",经济活动在空间上集中于少数几个城市,能比分散状态下更快、更有效地引起经济增长。增长极理论阐释了在城市化发展的过程中,以大型、特大型城市为中心,形成城市集群的机理。

城市化是人类社会发展的必然趋势,城市化发展也有其自身特有的规律。如S型发展规律、大城市优先规律、城市化与工业化互动规律等,反映出世界城市化发展过程中的一些共同现象。

(1)S型发展规律。世界大多数国家在城市化进程中,随着经济发展可分为"初期—中期—后期"三个时期,呈现出"起步—加速—缓慢"三个阶段。这是美国地理学家诺瑟姆(Ray. M. Northara)研究提出的城市化进程所经历的轨迹,从形状上看近似于一条被左右拉平的S型曲线。其中,城市化率为30%和70%分别是这条曲线的两个拐点。

(2)大城市优先规律。在世界城市化的进程中,发展最快的是大城市,其次是中小城市,最慢的是小城镇,无论是在城市化初期,还是在城市化中期,大城市在城市数量、城市规模、人口总量上都超前领先增长,这是世界许多国家城市化发展的共同规律。

(3)城市化与工业化互动规律。工业化是城市化的根本推动力。城市化的资源聚集效应又促进工业化的发展,工业化与城市化相互推动、相辅相成。两者呈现出十分显著的正相关关系。

上述这些理论对于我们研究城镇化的发展奠定了理论基础,并提供研究工具。

(二) 国内城镇化理论研究概述

1. 中国城镇化发展动力机制

城镇化发展的动力机制是指推动城镇化发生和发展所必需的动力产生机理,以及维持和改善这种作用机理的各种经济关系、组织制度等所构成的综合系统的总和。它是随着生产力的发展水平而不断变化的,不同时代及不同发展阶段的地区具有不同的动力结构。主要概括为如下几个方面进行探讨:

第一,农村工业化推动城镇化。农村工业的发展往往以小城镇为依托,以劳动密集型产业为支撑,促进人口向城镇集中,同时也加速了资本、技术、信息等经济要素的快速转移,服务业也随之发展。农村工业向小城镇的聚集、农村服务业的发展、生产要素转移的过程,实质上就是城镇化的过程。改革开放后乡镇企业大发展,带动人口向城镇转移,走的就是这样的路子。

第二,比较利益拉动城镇化。农业是弱质产业。受到市场和自然双重风险的约束,这样在农业和非农部门之间存在着利益差别,比较利益驱动着农业内部的资本、劳动力等生产要素流向非农部门。正如配第—克拉克定理所描述的那样:随着经济发展,劳动力将首先从第一产业转向第二产业,并随着人均国民收入水平的进一步提高,逐步向第三产业转移。随着劳动在不同产业间的转移,劳动力在空间分布上的重新配置,传统产业向现代产业、农业向非农产业转移,空间分布由分散到集中、由农村向城市(镇)转移。产业结构的演进导致经济的非农化和工业化。产业布局的转移导致人口定居方式的聚集化、规模化,这实际上就是城镇化的发展过程。比较利益的存在将是我国城镇化发展的持久动力。

第三,农业剩余支撑城镇化。这里的农业剩余既包括农业产品剩余,也包括农业劳动力和农业资本等的剩余。在城镇化发展过程中,农业剩余对城镇化的贡献主要体现在提供充足的食物和工业生产原料(产品贡献)、市场(市场贡献)、生产要素(要素贡献)三个方面上,农业剩余的存在是推进城镇化的前提条件,我国在新中国成立初期,农村土改成功,农业连年丰收,有力地支持了城市重点工业项目的完成,推动了我国现代城市的产生和我国城镇化的起步。改革开放后,乡镇企业发展、小城镇模式诞生,不少成分在于农村发展、农民富裕、农业剩余后的再推进。

第四,制度变迁促进城镇化。城镇化作为伴随社会经济增长和结构变迁而出现的社会现象。与制度安排及其变迁密切相关,有效的制度创新和安排可以促进资源的合理聚集、推动城镇化的发展。例如,温州龙港镇就是一个制度创新的产物。龙港建镇于1984年,建镇之初,在全国率先进行土地有偿使用制度、城镇户籍管理制度和股份合作企业制度"三大改革",吸引了大莆农民自带资金、技术进镇,成功地走出了一条不依赖国家投资,主要靠农民自身力量建设现代化城镇的新路子,为中国城镇化做出了有益的探索,被誉为"中国第一座农民城"。

2. 中国城镇化道路主要主张

关于城镇化道路。多年来一直是理论界争论的热点问题。概括来说,主要有:小城镇战略、大城市战略、中小城市战略、城市群组战略四种观点,在理论和实践方面,这几种城镇化战略都有充分的理由来支持,并且,这些观点至今仍然在继续地争论着,因而,对几种主张的深入分析有助于正确认识城镇化的发展方向。

(1)小城镇战略[①]。改革开放以后,在农村经济体制改革的大背景下,解决乡镇企业发展和农村剩余劳动力出路的现实需要,使得重点发展小城镇的观点成为中国城镇化战略选择的主流理论。

小城镇战略的主要理论依据是,我国农村人口众多、剩余劳动力就业压力大,仅仅依靠现有的大中城市来消化巨大的农村剩余劳动力,是不切实际的幻想,而小城镇,由于进城门槛较低,适合绝大多数农民的承受力,能够就近解决问题。同时,小城镇是城市与农村的结合点,它加强了城乡之间的联系,将城市中的高科技、文化、经济联系推向农村,协调了城乡之间的均衡发展,而小城镇本身的发展也为大中城市的发展奠定了坚实的基础。因而,小城镇是带动农村经济和社会发展的一个大战略。

从实践效果上看,20世纪80年代中期以来,小城镇在我国,特别是在

---

① 田要武.关于中国城镇化道路选择的思考[D].中共中央党校硕士学位论文,2005.

人口稠密、农村工业基础雄厚的江南地区获得了快速的发展。蓬勃兴起的小城镇以及乡镇企业的大发展对广大农村的经济和社会发展产生了巨大的推动作用。

但是,遍地开花的小城镇发展模式也暴露出其局限性:①普遍适用性不强。小城镇发展的基础是农村工业化,我国江浙地区历史上就有手工业的传统,发展小城镇有基础,而广大中西部地区农村工业基础薄弱,发展小城镇效果不佳,出现了一些"空壳镇""形象镇",有镇无业,起不到吸收劳动力的作用。②土地资源浪费。乡镇企业、小城镇、住宅是侵吞土地的三大因素,而人地矛盾突出是严重制约我国经济发展的瓶颈因素。③环境污染难以治理。小城镇基础设施较差,以资源的粗放投入生产为主,排污量大、治污能力不强,并且,一旦污染就难以治理。因此我国的城镇化不能单单依赖于小城镇模式。

(2)大城市战略。近年来,我国学术理论界由于小城镇战略弊端的显现,又提出大城市优先发展的理论观点,即认为我国城镇化道路的重心应当放在发展大城市或特大城市上。

大城市战略的主要理论依据是:其一,世界城市化的历史发展轨迹表明,大城市具有优先发展的规律,即首先由少数大城市孤军突起式地发展,达到一定的规模后,才形成大批小城镇跟进式的快速发展。其二,许多研究表明,大城市在综合经济实力、经济和社会发展效益,以及对区域经济社会发展的组织作用等方面都要比小城市大。欧美日等国在工业化过程中都充分发挥了大城市的特殊作用,在资本聚集、人口聚集、规模效应、辐射带动效应及经济高速、持续增长方面都对这些发达国家的经济起到了难以估量的作用,并形成了像伦敦、东京、汉城、台北等占全国(或地区)总人口 1/10 以上的特大型城市。其三,中国人口问题与土地承载力过小之间的矛盾要求大城市和特大城市的相应发展来加以缓解。大城市是经济活动、商业交往的中心,商业、服务业的需求和消费数量巨大,聚集效应造成了经济的高度繁荣,经济繁荣和人口密集也创造了无数的就业机会。

从实践上看,大城市虽然一直受国家政策控制,其数量增长慢于小城市和中等城市,但是,大城市在城市总人口中的比重以及在全国 GDP 中的份额仍然居首位。特别是大城市在大区域、跨区域乃至国际经济发展中的影响力越来越大。亚洲国家由于人口密度大、资源有限，因此，大城市的发展模式更具优势。

一般来说，对大城市战略持批评态度的人们认为，这种模式造成交通拥挤、能源供应不足、环境污染等所谓的"城市病"问题。所有发达国家出现过的城市病几乎都在发展中国家重演过。另外，如果把发展大城市或特大城市提升为我国城镇化的重心，那么，攸关我国发展命运的"三农"问题又该如何得到有效的解决呢？会不会导致新时期的"城市病"？又该如何防范呢？这些问题都是城市化过程中无法回避的重大问题，目前尚未破题。

（3）中小城市战略。鉴于大城市的优点和缺点以及小城镇的优点和缺点，再考虑到中小城市的功能和作用，不少人成为中小城市战略的倡导者。

中小城市战略的理论依据主要是，中小城市兼具小城镇和大城市的优点，又能够相对地避免它们的缺点。首先，大城市具有规模经济和集聚效应，但是，大城市过大、过多，片面追求城市规模，容易导致"城市病"；小城镇虽然门槛低、见效快，但是，小城镇投资效益低下，土地浪费严重，布局分散，城市功能不明显，城市建设无序，管理混乱，其功能远没有预期的那么大，如果将有限的资金投放于适量的中小城市，既可发挥工业生产与城市社区的聚集效应，又可避免大城市人口高度密集的弊端。再说，中小城市在我国城镇化体系中占有重要地位，它是连接大城市和小城镇的中间环节，如果实力增强和规模扩张，自然会发展成为大城市，也会与大城市一起构成城市群、城市带；同时，中小城市自身具有较强的聚集功能和辐射功能，能够形成较高的经济效益，并带动周边区域的发展。

在实际上，中小城市虽然有一定发展，但其数量、规模、质量等都有待于提高。

中小城市存在的问题足以引起人们的关注，如产业结构不合理，经济效益较低，基础设施落后，生态环境不良等。由此来看，中小城市的发展是中国城镇化进程中亟待解决的问题。

（4）城市群组战略。目前，我国正在形成以广州、深圳为中心的珠江三角洲，以上海为中心的长江三角洲，以北京、天津为中心的环渤海三个集中连片的城市区域，因而，城市带、城市群组理论应时而生。

城市群组战略的主要理论依据是：其一，长期以来，围绕我国城市化战略之争主要有三种观点——大城市论、小城镇论、中小城市论，但实践的结果是，无论专注于发展哪一类城市或城镇，都难以解决我国城市化问题。在此情况下，只有借鉴当今世界城市化的先进经验，从系统论的观点出发实施城市群组战略，才能克服以上不足。

其二，城市群是城市化发展到一定阶段的必然产物。从经济活动在空间的扩展演变规律来看，其顺序是由"点"到"线"，再到"面"，在大城市的发展中，周边城市的发展与中心城市相呼应，当城市集中到一定的程度时，城市集群就出现了，它往往能够带动整个国家的经济发展。

其三，工业属于城市经济，工业化与城市化和社会现代化是一个三位一体的文明演变过程。因而，与欧美城市化道路不同，工业化后发国家首先需要的是效率，它需要在很短的期间内走完工业化先发国家几百年走过的道路，因此它不得不选择大城市的发展模式来加速它的工业化进程。

其四，从国际竞争的角度看，一个国家真正能够参与到国际竞争中的实际上是大城市、大城市圈、大城市群。21世纪是全球合作与竞争的世纪，以纽约、伦敦、巴黎、东京等大城市为中心形成的大城市群正成为这场竞争的主角，从这个意义上说，如何健康地发展大城市群是中国城镇化进程中最大的课题。因此中国急需制定发展大城市群的战略和政策。

以上各种观点的激烈交锋以及今天我国社会所出现的多种激荡和繁杂矛盾都表明：中国正在急速地向现代化国家迈进，城镇化必将加速。要实现我国既通过城镇化增强城市群的竞争力，又要加速农村剩余劳动力转移的目标，单纯依靠某一种城镇化战略，都难以完成多元的任务目标的，应采取综合性的城镇化战略。

3. 新型城镇化发展综述

2014年1月20日，《国家新型城镇化规划》修改完毕并上报，规划明确了新型城镇化建设目标、战略重点和配套制度安排。①

2013年12月召开的中央城镇化工作会议讨论了《国家新型城镇化规划》，有关部门根据会议讨论情况做出修改。

权威人士表示，新型城镇化建设将坚持以人口城镇化为核心，以城市

---

① 降蕴彰. 城镇化规划两会前后将出 涉及20城市群上万城镇[EB/OL]. 新浪财经，2013-04-23.

群为主体形态,以综合承载能力为支撑,全面提升城镇化的质量和水平。在农民工市民化方面,将着力推进解决已转移到城镇就业的农业转移人口落户问题和有能力在城镇就业、居住的常住人口市民化问题。①

2014年3月,国务院印发了《国家新型城镇化规划(2014~2020年)》,并发出通知,要求各地区各部门结合实际认真贯彻执行。②

《国家新型城镇化规划(2014~2020年)》,根据中国共产党第十八次全国代表大会报告、《中共中央关于全面深化改革若干重大问题的决定》、中央城镇化工作会议精神、《中华人民共和国国民经济和社会发展第十二个五年规划纲要》和《全国主体功能区规划》编制,按照走中国特色新型城镇化道路,全面提高城镇化质量的新要求,明确未来城镇化的发展路径、主要目标和战略任务,统筹相关领域制度和政策创新,是指导全国城镇化健康发展的宏观性、战略性、基础性规划。

2014年9月16日,中共中央政治局常委、国务院总理李克强主持召开推进新型城镇化建设试点工作座谈会并作重要讲话。李克强对各地的积极探索给予肯定。③

对于城镇化的推进,李克强指出,我国各地情况差别较大、发展不平衡,推进新型城镇化要因地制宜、分类实施、试点先行。国家在新型城镇化综合试点方案中,确定省、市、县、镇不同层级、东中西不同区域共62个地方开展试点,并以中小城市和小城镇为重点。④

发展改革委副秘书长范恒山2015年2月28日指出,要抓好国家新型城镇化综合试点工作。经过筛选论证,已经确定了江苏、安徽两个省和62个城市(镇)作为试点地区,围绕农业转移人口市民化成本分担机制等开展改革探索。

---

① 城镇化规划已基本定稿:户籍或成突破口 [EB/OL]. 新浪财经,2013-05-25.
② 中共中央、国务院印发《国家新型城镇化规划(2014~2020年)》着重解决好农业人口落户城镇问题 [EB/OL]. 凤凰网,2014-03-17.
③ 李克强强调:扎实推进以人为核心的新型城镇化 [EB/OL]. 中国政府网,2014-09-19.
④ 新型城镇化确定62地开展试点 要公布实施差别化落户政策 [EB/OL]. 中央政府门户网站 www.gov.cn,2014.

· 试点名单

表1-1 中国新型城镇化综合试点名单

省	江苏省、安徽省
计划单列市	宁波市、大连市、青岛市
省会城市	河北省石家庄市、吉林省长春市、黑龙江省哈尔滨市、湖北省武汉市、湖南省长沙市、广东省广州市、重庆市主城九区
地级市（区、县）	北京市通州区、天津市蓟县、吉林省吉林市、黑龙江省齐齐哈尔市、黑龙江省牡丹江市、上海市金山区、浙江省嘉兴市、福建省莆田市、江西省鹰潭市、山东省威海市、山东省德州市、河南省洛阳市、湖北省孝感市、湖南省株洲市、广东省深圳市光明新区、广东省东莞市、广东省惠州市、广西壮族自治区柳州市、广西壮族自治区来宾市、海南省儋州市、四川省泸州市、贵州省安顺市、云南省曲靖市、甘肃省金昌市、青海省海东市、宁夏回族自治区固原市
县级市（区、县）	扬州市、高邮市、河北省定州市、河北省张北县、山西省介休市、内蒙古自治区扎兰屯市、辽宁省海城市、吉林省延吉市、浙江省义乌市、福建省晋江市、江西省樟树市、山东省郓城县、河南省禹州市、河南省新郑市、河南省兰考县、湖北省仙桃市、湖北省宜城市、湖南省资兴市、四川省阆中市、贵州省都匀市、云南省大理市、西藏自治区日喀则市桑珠孜区、陕西省高陵县、青海省格尔木市、新疆维吾尔自治区伊宁市、新疆维吾尔自治区阿拉尔市
建制镇	扬州市江都区邵伯镇、江苏省仪征市月塘镇、江苏省宝应县氾水镇、浙江省苍南县龙港镇、吉林省安图县二道白河镇

资料来源：公开资料整理。

· 第三批试点名单

北京市顺义区、延庆区、平谷区金海湖镇，天津市西青区张家窝镇、静海区大邱庄镇、静海区团泊镇，河北省唐山市迁安市、秦皇岛市卢龙县、邯郸市涉县、邢台市南和县，山西省临汾市侯马市、吕梁市交城县、太原市古交市马兰镇、晋城市城区北石店镇，内蒙古自治区通辽市科尔沁左翼中旗、巴彦淖尔市乌拉特中旗、呼伦贝尔市鄂伦春旗大杨树镇，辽宁省沈阳市辽中区、本溪市本溪县、鞍山市台安县桑林镇、锦州市北镇市沟帮子镇，吉林省通化市梅河口市、延边州敦化市、四平市公主岭市范家屯镇、延边州珲春市敬信镇、黑龙江省伊春市、黑河市北安市、黑河市逊克县、绥化市绥棱县，上海市奉贤区、宝山区罗店镇、青浦区重固镇，浙江省衢州市开化县、湖州市吴兴区织里镇、绍兴市柯桥区钱清镇、金华市婺城区汤溪镇，福建省福州市福清市、漳州市长泰县、龙岩市上杭县、宁德市古田县，江西省萍乡市、赣州市、抚州市、吉安市井冈山市，山东省济南市、淄博市、烟台市、聊城市、潍坊市诸城市、临沂经济技术开发区，河南省鹤壁市、郑州市新密市、郑州市登封市、许昌市长葛市，湖北省荆门市、随州市、宜昌市长阳县、黄石市大冶市、襄阳市老河口市，湖南省湘潭市、郴州市、永州市祁阳县、永州市东安县芦洪市镇，广东省韶关市、潮州市、肇庆市四会市、梅州市丰顺郾留隍镇，广西壮族自治区桂林市荔浦县、钦州市浦北县、百色市靖西市、南宁市横县六景镇，海南省澄迈县福山镇、保亭县三道镇、琼中县湾岭镇，重庆市永川区、璧山区、潼南区，四川省遂宁市、达州市、自贡市富顺县、巴中市南江县，贵州省六盘水市盘县、黔西南州兴义市、黔东南州凯里市、黔南州独山县、三都县，云南省保山市腾冲市、楚雄州楚雄市、德宏州瑞丽市、大理州剑川县沙溪镇，西藏自治区日喀则市拉孜县、山南市扎囊县桑耶镇、林芝市巴宜区鲁朗镇，陕西省延安市、榆林市神木县、商洛市山阳县、宝鸡市岐山县蔡家坡镇，甘肃省白银市会宁县、天水市麦积区、庆阳市华池县，青海省海北州海晏县、海南州贵德县、果洛州玛沁县、海东市循化县街子镇，宁夏回族自治区银川市、吴忠市盐池县、石嘴山市惠农区红果子镇，新疆维吾尔自治区巴音郭楞州库尔勒市、吐鲁番市鄯善县鲁克沁镇、阿勒泰地区布尔津县冲乎尔镇，新疆生产建设兵团五家渠市。①

三、乡村振兴与新型城镇化

当下的中国作为世界第二大经济体，经济社会大发展，物质文化需要基本得到满足，人民物质生活得到保障，人民已经从对基本的物质需求转

---

① 关于公布第三批国家新型城镇化 综合试点地区名单的通知. 中华人民共和国国家发展和改革委员会，2016.

向对更美好生活的追求。但过去几十年的经济发展，并没有很好地惠及所有地区、所有人的所有方面，中国发展还存在着"不平衡、不充分"问题。通过牺牲农业保工业，以及牺牲农村保城市的城乡二元政策，造成了严重的城乡二元结构。在全要素流动的当下，以及在收益驱动下，几乎是由农村向城市单向流动的，造成本来就捉襟见肘的农村要素存量更是濒临枯竭，也出现了大量的问题。从"五位一体"视角审视这些问题，集中表现为政治上基层民主被侵蚀，有些地方村委选举流于形式，贿选、暴力选举问题突出；经济上农村贫困地区和贫困人口依旧存在，东西部发展不平衡，农村内部贫富悬殊；社会治理难度大，农村"涉黑"问题突出，"空心化"严重，公共服务不足，诚信缺失；生态污染严重，破坏农村生态基础，村民身心健康遭受严重损坏；传统文化逐渐消亡。

乡村振兴战略正是在这个背景之下提出的，但需要注意的是，乡村振兴绝不是简单的农业振兴。过去提出的新型城镇化、城乡一体化、城乡融合发展等战略以城市发展为核心，城市第一，乡村第二，发展的重心是城市，乡村的发展被忽略，城乡两条腿走路变成了城市的"单腿跳"。更有甚者，在具体执行过程中农村的肌理正在被破坏，如前述农村存在的问题就是明证。因此，乡村振兴战略绝不仅仅是"三农"振兴，更不是简单的经济发展战略，它是对过去乡村发展思路、发展布局的一种反思、修正、补充和丰富，甚至是超越。它是一种新的发展思维，是一种由城市偏斜到城乡融合的新思维，是促就中国社会平衡发展、充分发展的新思维，是一种全面统筹发展的新思维，更是推进新型城镇化的必经之路。

在具体工作实践中要突出融合发展，形成新型工农城乡关系。乡村的振兴和发展重点要发挥乡村的功能，实现乡村和城市的融合，以新型城镇化引领乡村振兴。要树立城乡融合发展的理念，实施城镇化与村镇化双轮驱动发展战略，坚持城乡一体化发展，体现农业农村优先原则，把公共基础设施建设的重点放在农村，建立健全城乡融合发展体制机制和政策体系，推动新型工业化、信息化、城镇化、农业现代化同步发展，推动城乡要素、产业、居民、社会和生态融合，促进城乡要素自由流动、平等交换和公共资源均衡配置，加快形成工农互促、城乡互补、全面融合、共同繁荣的新型工农城乡关系，实现城乡共建、共享、共荣和城乡居民生活质量的等值化。

同时，完成乡村振兴的宏大战略，要强化乡村振兴的人才支撑，把人力资源开发放在首位。

一方面，要培养造就一支懂农业、爱农村、爱农民的"三农"工作队伍，培育新型职业农民和乡土人才；另一方面，要以更加开放的胸襟引来人才，用更加优惠的政策留住人才，用共建、共享的机制用好人才，掀起新时代"上山下乡"的新热潮。

中央一号文件部署了培育新型职业农民，全面建立职业农民制度，实施新型职业农民培育工程；加强农村专业人才队伍建设，特别是要扶持培养一批农业职业经理人、经纪人、乡村工匠、文化能人和非遗传承人等政策。

要发挥科技人才支撑作用。探索新机制，全面建立高等院校、科研院所等事业单位专业技术人员到乡村和企业挂职、兼职和离岗创新创业制度，发挥好各类农业科技人员的作用。

此外，中央一号文件还鼓励社会各界投身乡村建设，创新乡村人才培育引进使用机制。具体包括研究制定允许符合要求的公职人员回乡任职的管理办法等两大政策和建立多方式并举的人力资源开发机制等"三大机制"。

四、新型城镇化建设对策

（一）以小城镇为重点

大力发展小城镇，缓解中心城市的压力，满足市民高品质生活的需求。以中心城市为龙头，整合利用和优化配置区域资源。中心城市、副中心城市、小城镇只有统筹兼顾才能协调发展。树立全市"一盘棋"的观念，发挥好衔接点、中间带的功能，一面对接中心城市，另一面对接小城镇，实现区域设施共建、资源共享、优势互补、联动发展。

（二）推动农村现代化

一是做强农村基础设施，创造宜居环境。通过科学规划，统筹使用，积极推进公共服务设施向农村延伸，向新型社区靠近，实现城乡统筹、一体发展；强力推进省、县、乡、村四级路网建设，推进省道升级改造、乡村通达通畅道路；乡镇卫生院、村村通广播电视、农家书屋、农村电网省级改造、农田水利等设施基本实现全覆盖。

二是抓好教育事业，加快城乡进步。大力发展教育事业，按照"扩大规模、适度集中；巩固基础、打造名校"的思路，调整优化学校布局，让更多的农村学生享受优质教育资源；在国家优惠扶持政策的基础上，通过补助生活费等方式，鼓励和引导没有进入高中的初中毕业生全部进入职业中学学习，并为社会培养更多合格的劳动者。

三是解决次级矛盾，助推农民进城。大力开展劳务培训，转移农村剩余劳动力，积极与入驻企业沟通，搭建就业服务网络平台，建立用工发布制度，促进农民就地转化为产业工人；统筹城乡居民各类生活保障，及时落实各项惠民补贴政策；积极探索新型户籍管理办法，深化农村土地管理制度改革，放宽农村居民进城落户条件，增加县城常住人口；深入开展城乡环境综合整治，持续改善城乡风貌；控制城市房产价格，大力修建保障性住房，改善农村D级危房，免除居民生活的后顾之忧，加快农民进城步伐。

（三）推动农业产业化

农业产业化是提高农村劳动生产率、释放农村劳动力的有效途径。要进一步完善城镇集聚人口、产业、资金、技术、信息等功能，积极引导农村第二、第三产业向城镇集聚，大力培育有利于解决农民就业、促进农民增收的龙头企业和农村经济合作组织，支持企业以适用的经营模式、合理的分配形式引导农民参与农业产业化经营，以此提高农民的组织化程度。

（四）探索"飞地经济"

发展工业园区可以引进产业项目，并通过生产生活设施共用降低建设成本，是推进新型工业化和城镇化的结合点。要积极推动省级开发区与镇区进行区划整合、功能整合、机构整合，让园区共享城镇基础设施和各种资源条件，并让城镇通过园区提高对产业、人口的承载能力。要探索发展"飞地经济"，建立跨市、镇异地落户项目利益共享机制，集合力量推进工业园区建设。

第二章　新型城镇化背景下的城市群建设

一、城市群之于新型城镇化

综观世界发达地区城镇化进程的推进，既不是个别城市的"一城独大"，也不是少数地区的"简单均衡"，而是通过发展城市群，推动区域协同发展，深化城市优势互补，共享自然、人文、社会资源，实现共同振兴。

从世界发展进程中看，城市群的形成分为以下四个阶段：

第一阶段是工业化前期，城市多为分散、均衡的点状分布，且相互之间联系松散；

第二阶段是工业化时期，一些经济发展较快的城市成为一个区域的中心城市；

第三阶段是进入工业化中后期，中心城市的周边相继出现一些次级中心城市，城市之间的联动效应增强；

第四阶段是后工业化时期，逐步形成多中心、网络化的城市布局。

从世界区域与城市群发展的历程可以看出，生产要素的流动汇集与扩散是城市群发展与区域联动的重要内涵。发展城市群的最大优势在于打破"一亩三分地"的行政藩篱，将一定区域内的各个省份和地区捆绑在一起，通过人流、物流、信息流等资源的整合汇集，来实现生产要素的有序流动与优势互补。

"十三五"时期,新型城镇化建设站在新起点、面临新任务,其中城市群建设作为我国新型城镇化建设的重要载体和实现途径,走紧凑集约化道路既是现实的需要,又是可持续发展的长远要求。

平均粗放的城镇化模式效率低下,违背可持续发展原则。进入21世纪以来,中国的经济社会迅速发展,综合国力不断增强,城镇化进程也进入快速推进阶段,1978~2015年,中国城镇化率由17.92%跨越式发展到56.1%,城镇人口从1.7亿人跃升至7.7亿人[1],取得的成就举世瞩目。但我国城镇化发展方式是分散平均粗放式的,这种模式使得产出效率低下,导致像上海、北京这样特大型城市的产出规模明显低于世界水平,尤其低于发达国家的水平。目前中国的城镇化已出现蔓延式扩张发展的倾向,这种平均粗放的城镇化是不可持续的,中小城市和小城镇人均占用土地远高于大城市,其土地资源利用效率低。

在资源环境约束下,中国城镇化建设必须走集约紧凑化道路,既是现实环境的需要,也是实现可持续发展的必然要求。城市群作为空间集聚经济的一种表现形式,是市场经济规律驱动下形成的城市空间布局,它能够提高土地利用率,实现城市基础设施的规模经济,有效缩小地区收入差距。在最近20年中,大城市的极化作用与集聚效应越来越明显,并成为中国经济增长的主要引擎。因此,集约、智能、绿色、低碳的新型城镇化发展战略必然要求走以特大型城市为核心的城市群发展道路,向纽约城市群、伦敦城市群、东京城市群、北美五大湖城市群等国际城市群看齐。

二、城市群发展模式主要内容

紧凑集约型城市群发展模式是世界级城市群成长的必然选择。紧凑集约型城市群主要包括以下三点内容:

城市群空间紧凑发展。由于土地级差地租的存在,引起空间要素的向心集聚,形成了填充式扩展和垂直扩张;集聚的同时,不具备竞争性的空

---

[1] 郝伟伟,张梅青,刘宗庆.紧凑集约型城市群是我国新型城镇化的必由之路[N].光明日报,2016-12-14.

间要素被推移至城市群外围，形成了蔓延式扩张和平面扩张。城市群内部各种生产要素在空间上的集聚程度是衡量土地集约利用的核心指标，城市群空间紧凑度决定着城市群的形成与发育程度。据测度，在我国长江三角洲城市群空间紧凑程度最高，其次是珠江三角洲城市群，京津冀都市圈的空间紧凑程度与长三角和珠三角城市群存在较大差距。合理调控城市之间的空间紧凑程度，提高城市群土地集约利用效率，对于有效保护耕地，提升城市群综合实力及城镇化水平具有重要意义。

城市群产业紧凑发展。产业聚集和产业结构演变是城市群空间集聚与扩展的直接动力。产业结构特征决定城市群结构，城市群内部各城市之间按照产业技术经济联系，在产业合理分工和产业链延伸过程中所体现出的产业集群和产业集聚程度，是评价城市群综合紧凑度的首要指标。我国京津冀城市群内部经济发展不平衡，缺乏明显的产业分工且区域内产业链联系不紧密、产业梯度落差大，导致整个城市群产业紧凑程度不高，制约了京津冀城市群整体紧凑发展水平。

城市群交通紧凑发展。高效完善的交通网络系统是城市群紧凑集约发展的先导条件和重要支撑。大力发展公共交通运输系统，尤其是轨道交通体系能够促进城市群内产业结构优化和空间结构调整，对于促进城市群内各区域一体化发展、城市与郊区紧密联系发挥着极为关键的作用。因此，提高城市群内节点城市之间的交通通达性，能够有效地提高整个城市群的紧凑程度[①]。

三、城市群发展历程及现状

城市群是新型城镇化的主体形态，是经济社会发展的重要载体。

长期以来，中国的城镇化一直处各自为政的状态。2006年，《国家"十一五"规划纲要》首次提出"把城市群作为推进城镇化的主体形态"，2014年明确将城市群作为新型城镇化的主导和基调。国家最初确定的国家级城市群有三个，即长三角、珠三角和京津冀。之后，《国家新型城镇化规

---

① 郝伟伟，张梅青，刘宗庆. 紧凑集约型城市群是我国新型城镇化的必由之路 [N]. 光明日报，2016-12-14.

划》中又增加了长江中游城市群、成渝城市群。

传统的省域经济和行政区经济逐步向城市群经济过渡，城市的集聚效应日益凸显。2015 年，京津冀、长江三角洲、珠江三角洲三大城市群以 5.2% 的国土面积集聚了 23% 的人口，创造了 39.4% 的国内生产总值，[①] 成为带动我国经济快速增长和参与国际经济合作与竞争的主要平台。同时，东部地区的山东半岛城市群、海峡西岸城市群，中部地区的中原城市群、长江中游城市群，西部地区的成渝城市群、关中城市群、北部湾城市群，东北地区的哈长城市群、辽中南城市群等都保持较快发展，对我国新型城镇化进程起到巨大的推动作用。

2016 年 4 月，国务院常务会议通过《成渝城市群发展规划》，再次引发全社会对城市群建设的关注。

2017 年 9 月 15 日，国家发改委组织召开部分省区城市群规划编制工作座谈会。会议指出，城市群是新型城镇化的主体形态，在城镇化格局中具有"纲举目张"的独特作用，是经济社会发展的重要载体。在十九大报告中，重点提出了"区域协调发展战略"和"乡村振兴"战略，确立了以城市群为主体形态、以区域协调发展为总体目标、以乡村振兴为重点战略任务的城市化格局，体现了新时代中国特色社会主义城市发展的必然趋势和根本要求。2018 年 1 月 15 日，国务院发布关于《关中平原城市群发展规划》（以下简称《规划》）的批复。《规划》提出，要把关中平原城市群打造成为内陆改革开放新高地，充分发挥关中平原城市群对西北地区发展的核心引领作用和我国向西开放的战略支撑作用。

十八大以来，我国高铁投资建设突飞猛进。到 2016 年末，全国高铁里程达到 2.3 万公里，比 2012 年末新增里程 1.4 万公里。如果说高铁加速了资源向城市群和中心大都市的流动，那么城市轨道交通则有利于提高大城市、大都市圈内部的流动速率。根据公开统计数据，过去 5 年（2012~2016年），拥有地铁运营线路的城市由 17 座增加至 27 座，运营线路里程由 1740 公里增长至 3169 公里。[②]

[①][②] 国家统计局。

四、城市群旅游与新型城镇化

党的十八届五中全会提出的创新、协调、绿色、开放、共享新发展理念，指出了经济发展新常态下破解各种问题的大思路，展示了中国下一阶段发展的大逻辑，指明了中国未来前进的大方向。其中，绿色发展理念的提出为我国产业变革和经济转型指出了一条主要方向。旅游产业是方兴未艾的朝阳产业，全球旅游业对经济发展的贡献已经超过石油业、钢铁业、汽车业等，成为名副其实的世界第一大产业，目前已成为现代服务业发展与产业转型升级的新增长点。鉴于旅游业高度的区域开放性和产业关联性，城市群已成为区域旅游业重要的空间载体，城市群旅游的发展有利于推进城市群产业结构的转型升级和绿色发展。

新型城镇化是以人为核心、以城市群为主体形态、以综合承载能力为支撑、以体制机制创新为保障的城镇化，选择的是走以人为本、四化同步、优化布局、生态文明、文化传承的中国特色城镇化道路。城市群旅游属于典型的绿色产业，我国的城市群旅游潜力巨大，可以形成经济社会发展的增长点，这对于新型城镇化的发展会起到积极的引导作用。

城市群旅游的发展有利于促进人的城镇化。城市群旅游的发展能充分发挥旅游业的虹吸效应和关联效应，促进城市群产业结构转型升级并带动相关产业发展和增加就业机会，第三产业比重的持续上升和产业链的拉长可以促使旅游辐射区的农业劳动者通过产业身份转型解决农民的身份问题；城市群旅游的发展能有效地促进人流、物流、资金流、技术流、信息流等新型城镇化发展要素的集聚，以旅游为核心的上下游产业链融合发展可以引导新型城镇化实现就地城镇化；城市群旅游的发展可以促进城市与乡村腹地之间的互动，一方面不断完善城乡的基础设施和公共服务配套，另一方面不断提高农民的生活水平和生活质量，使城乡居民能够平等地享受到公共服务和社会福利，切实促进以质量为内涵的人的城镇化。

城市群旅游的发展有利于完善城镇化的主体形态。《国家新型城镇化规划（2014~2020年）》提出，以城市群为主体形态推进新型城镇化，城市群旅游作为城市群发展的重要驱动力，已经成为完善城镇化主体形态的主要推动力。城市群旅游的发展能够优化城市群的资源配置，促进城市群产业结构的转型升级，逐渐成为城市群转型经济的热点和主流；能够提升城市群的整体形象，通过"旅游形象驱动"战略优化城市群内部的投资环境和生活环境，创造城市群品牌，提升城市群的知名度和美誉度；能够健全城市群功能，创建出城市职能明确、城市布局合理、大中小城市协调发展的城市群体系；能够推动城市群经济的发展，在刺激消费、扩大内需和促进经济增长等方面具有显著的优势。因此，发展城市群旅游已成为新型城镇化道路的必然选择，为全面推进和完善我国以城市群为主体形态的城镇化建设奠定了重要基础。

城市群旅游的发展有利于优化城镇化的空间布局。城市群旅游的发展要求关联产业与其同步发展，从而直接或者间接地带动城际交通、通信、商业、金融、建筑等行业的发展以及城市群空间布局的优化，使得城市群周边区域实现联动发展，构建合理的城镇化布局。城市群旅游的发展要求良好的经济、社会和生态环境倒逼地方政府等主体寻找新的对策，提升城镇化发展的水平和质量，拓展城市群发展空间，优化城镇化的空间布局。发展城市群旅游，政府需要通过城市群规划和土地利用规划，重构产业空间布局，提高产业集聚与产业效率，形成"城市辐射城乡、城市群辐射城市群"的城镇化布局。发展城市群旅游，要求政府打破城乡二元经济结构，统筹城乡一体化发展，要求发达地区带动欠发达地区，统筹区域一体化发展，从而实现城市群的利益共享与共赢，使城镇化的推进在空间布局上以制度约束、以政策规范，进而实现全方位均衡。

城市群旅游的发展有利于实现绿色城镇化。旅游是世界上发展最快的朝阳产业和名副其实的世界第一大产业，城市群旅游是旅游和城镇化发展的必然产物，对于城镇化的绿色化发展起着非常重要的引导作用。城市群旅游的发展能够推动城镇化的主体形态绿色化，新型城镇化的推进要以城市群为主体形态，多中心的城市群可以避免城市功能过于集中而导致的"城市病"，同时相对集中的城市群也可以避免城市功能过度分散而导致的成本浪费，走绿色的生态文明之路；城市群旅游的发展能够促进城镇化宏观布局的绿色化，统筹城乡和区域一体化，实现周边区域联动发展，走集中均衡发展之路，集中即以较少的空间承载高密度的人口和高强度的产业，均衡即在东中西部大尺度范围内形成若干个城镇化密集区，实现城镇化宏观布局的绿色化。发展城市群旅游能够增进城镇化建设的绿色化，将城镇化建设和自然人文环境融为一体，以生态文明建设为抓手打造环境友好型的绿色城镇化。

综上所述，以绿色发展理念为引领发展城市群旅游，要加强引导和规划，发挥关联效应、集聚作用和推动作用，促进以质量为内涵的人的城镇化。通过发挥城市群旅游在城市群发展中的资源配置、旅游形象驱动、健全城市群体系、经济发展推动等作用，推进以城市群为主体形态的新型城镇化建设。通过构建城市群旅游的区域联动发展、发展环境倒逼、产业布局重构、统筹城乡和区域一体化等机制，优化新型城镇化的空间布局。通过发挥城市群旅游在新型城镇化的主体形态绿色化、宏观布局绿色化和城乡建设绿色化中所起的重要作用，实现生态环境友好的绿色城镇化。总之，城市群旅游作为潜力巨大的绿色产业，其发展会大大促进城乡经济、社会、生态、文化等方面的可持续发展，对于我国新型城镇化的快速推进和美丽中国建设具有很强的引导作用。①

五、新型城镇化过程中城市群建设新特点

2015年底召开的中央城市工作会议指出，要以城市群为主体形态，科学规划城市空间布局，实现紧凑集约、高效绿色发展，优化提升东部城市群，在中西部地区培育发展一批城市群、区域性中心城市。随着城镇化优化布局的发展，区域间城镇化水平差异缩小。

分地区看，中西部地区城镇化加速发展，与东部地区和东北地区的城镇化水平差异趋于缩小。

2016年，我国东部地区城镇人口比重65.94%，与2012年相比，提高4.08个百分点，年均提高1.02个百分点；东北地区城镇人口比重61.67%，提高2.07个百分点，年均提高0.52个百分点；中部和西部城镇人口比重分别为52.77%和50.19%，与2012年相比，分别提高5.57个和5.46个百分点，年均提高1.39个和1.36个百分点。②

综合来看，东部地区和东北地区城镇化发展正向成熟阶段迈进，中西

---

① 焦霄黎，张红凤.以城市群旅游引导新型城镇化 [EB/OL].光明日报，2017-06-20.
② 2017年国家统计年鉴.

部地区城镇化还处于快速发展阶段，中西部地区城镇化的快速发展与经济增长互为支撑。

根据统计数据显示，我国已经有10个省份超过了60%，主要位于沿海发达地区，其中，上海、北京和天津均超过80%，达到了发达国家的水平。

虽然流动人口规模庞大，平均每6个人中就有1人是流动人口，但随着农村外出农民工增速回落和农村转移人口在城镇落户政策的实施，流动人口增速减缓，特别是近两年流动人口出现了负增长。

随着产业由沿海地区向中西部地区的转移，中西部地区的经济发展不断加快，收入也在不断增加，与沿海发达地区的收入差距不断缩小，就近就业、就地城镇化成为很多人的选择。在这种情况下，落后地区的外出农民工增速呈逐年回落趋势。而对东部沿海发达地区来说，城镇化率已经比较高，按照城镇化三阶段论，超过60%的城镇化率就意味着这些地方已经迈入城镇化的成熟阶段。在这个阶段，未来城镇化的一大特点是人口从中小城市流向中心大城市，大都市圈加快发展。①

---

① 林小昭. 我国城镇化率将近60% 城市群将成未来主战场［EB/OL］. 第一财经日报，2017-10-13.

第三章 新型城镇化建设下的县域经济发展

一、新型城镇化建设下县域经济的重要性

（一）城镇化与县域经济的关系

1. 农村城镇化推动县域经济快速增长

农村城镇化是指通过不断的发展将农村转变为城镇，以提高我国的城市化水平。从根本上来讲，农村城镇化就是通过工业的不断发展将农村人口转变为非农业人口。实现农村城镇化具有两个方面的优势：其一，能够将农村的剩余劳动力进行转移与充分利用，为经济的发展提供更多的劳动力；其二，能够形成集聚效应，引导更多的乡镇企业不断向着城镇转移。随着农村城镇化进程的不断推进和普及，城镇中的人口与企业的数量都得到了不断的增加，人口的增加可以进一步扩大城镇的规模。这就是所谓的城镇极化作用，能够更好地引导城镇周边的生产要素向城镇聚集。农村城镇化的城镇极化作用一方面降低了农村的人口数量，一定程度上为农民生产规模扩大、收入增加、技术集约化发展创造了条件；另一方面能够实现城镇经济更好的发展，为县域经济的发展提供充分的动力。

2. 农村城镇化加快农业现代化进程

现代农业的主要特点为规模经济。当前，我国的城镇化水平不足，导致农业生产效率较低、生产成本较高，经济效益得不到有效的提高。实现

农村城镇化能够实现农村人口的降低，促进农村土地的不断集中，提高土地的规模经营与集约化程度，从而实现生产效率的提高与生产成本的降低。同时，农村城镇化不断深入促进了城镇人口数量的增加，并对各类农副产品有了更高的新需求，进一步促进了县域农村生产结构的调整，促进了农业的发展，加快了农业的现代化进程。

（二）县域经济推动新型城镇化发展

县域经济的发展是推动中国城镇化、促进民生改善的根本支撑点，但县域经济的发展要与民生、环境保护和产业升级结合起来，在更高层次上实现高质量增长。

1. 提升县域经济质量

县域经济的发展是推动中国城镇化、促进民生改善的根本支撑点。县域经济的发展一方面能够带来消费需求的大幅增长，促进内需、外需结构的平衡，基础设施建设也将带来投资的增长，为工业经济的增长带来巨大动力；另一方面也有利于夯实工业发展的基础，提高中国工业的国际竞争力。

然而，县域经济的发展不能重复过去的老路，而是要在更高层次上实现高质量增长。在中国社科院工业经济所原所长金碚看来，县域经济的发展要与民生结合起来。县域范围的人口占全国人口的比重接近70%，这些人口中绝大部分人无法转移到大型城市，因此只能通过发展县域经济，稳步推进城镇化，从而改善民生。县域经济的工业化有利于解决农村转移人口的就业问题，促进基础设施的完善。[1]

县域经济的发展还要与环境保护结合起来。县域经济在发展中往往需要比城市工业耗费更多的资源，产生更多的排放。下一阶段，县域经济发展应加强环境保护，推进生态园区建设，发展循环经济，使不同类型企业在生态产业链中相互依存、相互协作，减少或消除工业活动对环境的影响。

县域经济发展应与产业升级结合起来。"低、小、散"是县域经济产业发展中面临的突出问题，很多企业被锁定在价值链低端，消耗了大量资源却仅仅获得微薄的加工费。"在下一阶段县域经济的发展中，应推动产业整

---

[1] 中国社会科学院经济学部、中国社会科学院数量与技术经济研究所. 经济蓝皮书，2017.

合，建设产业集群，鼓励技术改造，引导企业规模化和集约化发展。"

2. GDP 增速趋于放缓

目前全年我国 GDP 保持了增长稳健、结构优化的发展态势。明年我国仍处于重要战略机遇期。未来两年中央政府将着力深化改革开放、推动结构调整和转型升级。

坚持实施积极的财政政策和稳健的货币政策。只要宏观经济运行处于合理区间和主动调控范围之内，就不应因财政收支的压力和财政形势的变化而对宏观经济政策做出大的调整。在保持财政政策和货币政策稳定的局面下，让市场学会自我调节，为市场的自我调节留足必要空间，进而营造公平竞争的市场环境，奠定市场在资源配置中起决定性作用的基础，进一步处理好政府和市场的关系。

自 2008 年开始，中国连续 30 余年的高增长已经基本结束，国民经济落入一个新的次高速增长平台。特别需要指出的是，中国的经济减速是经济增长结构发生变化的结果，是一个发生在实体经济层面上的自然过程，无法通过政策调整来改变它。在支撑经济增长的诸结构中，最重要的生产要素结构和产业结构正在发生变化。正是这些结构的变化使得中国经济增长进入了新的时期。劳动力和资本投入增长率下降、技术进步缓慢，这三个因素叠加导致未来我国的经济增长率将趋于下降。

（三）新型城镇化是县域经济的新动力

新型城镇化并不是把人"装"进城镇就完事。更重要的是让农民工进城后，有工作干，有良好的生活环境。

突出产业支撑，联动推进新型工业化和新型城镇化；壮大县域经济，推进城镇化与新农村建设良性互动，塑造城镇风貌特色，提升城镇整体形象等，是加快推进新型城镇化必须要面对和完成的课题。

在"县域经济""镇域经济"蓬勃发展的背景下，一大批工商业强市（县、区）蓬勃崛起，包括长三角的昆山、江阴、无锡、太仓、义乌、东阳、萧山、诸暨、余杭等，珠三角的顺德、南海、东莞、宝安等，它们下属的容桂、乐从、龙江、横店、花桥、大唐等专业集镇也形成了 GDP 接近或超过百亿的产业强镇。

新型城镇化高度重视工业化、信息化、城镇化的互动关系和协调发展，成为新兴生产力的培育基地,为县域经济的发展注入了新的发展动力。

二、中国县域经济的发展现状分析

(一) 我国重视县域经济发展

县域经济是国民经济的中观层次,相对具有基础性、区域性、层次性、综合性、枢纽性、农村性、集聚性、扩散性等特点,是一个功能相对完备和健全的经济系统。目前我国的"县域经济"单位大约有2100个。县域经济在我国国民经济建设中的重要地位具体体现在以下几个方面:

1. 县域经济是中国的"民生经济"

目前,中国县域人口大约有9.35亿人,占全国总人口的73%。也就是说,县域经济的发展将从根本上解决中国绝大多数人口的生存和发展问题,县域经济是地地道道的"民生经济"。另外,县域也是中国目前"3P"问题(Pollution——污染、Population——人口、Poverty——贫困)的集中区域,也是民生问题的集聚点。可以肯定的是,县域经济若没有大发展,中国的"民生问题"就不可能从根本上解决。县域经济是和中国绝大多数国民的生活紧密联系在一起的,"民生问题"是县域经济发展要解决的首要问题和根本问题。中国是发展中国家,消除贫困是当前经济社会发展的一个核心主题,而县域则集中了中国主要的贫困人口。因此,壮大县域经济、消除贫困是当前我国解决"民生问题"的基本举措。

2. 县域经济是中国的"国本经济"

进入21世纪以来,县域经济GDP占全国GDP总量的比重一直在56%以上。我国的矿山、原油等能源和资源供应地大多分布在县域,县域是我国工业资源的主要供给地。同时,县域也是我国劳动力资源的主要供给地。农业是县域经济在整个国民经济体系中所承担的重要分工,县域是中国农业发展的地域依托,县域经济肩负着保障国家粮食安全的重大职责。同时在财政收入、金融、基建投资等诸多方面县域经济都发挥着重要作用,县域经济是中国名副其实的"国本经济",肩负着"固本强基"的重大职责。

3. 县域经济是中国最根本的生态经济

目前,县域国土面积896万平方公里,占中国国土总面积的93%。中国主要的山川、河流、湖泊、森林、草地、湿地等主体生态资源大多分布在县域。县域经济的发展要从根本上维护中国的国土资源和生态基础,建立和维护城市及其城市经济发展的生态屏障。同时,由于中国特殊的地理位置和气候环境,中国的生态问题将直接影响亚太地区的人居环境。因此,中国的县域经济是最基本的生态经济,也是未来中国及亚太地区清洁生产的环境基础。

4. 县域经济是中国的"稳定经济"

目前中国有7亿多经济资源人口,其中3.6亿人属于县域农业人口,1.8亿人从事于农业相关产业。也就是说,县域经济发展将解决我国80%以上劳动力的就业和收入问题。而且县域是目前我国弱势群体最大的聚居地,是二元结构矛盾的突出区域,也是各种社会危机的高发区。我们知道,中国历代的政权危机大多是在县域演化的。由于生存危机演化的农民起义是中国传统社会统治政权被颠覆的主要因素,故历代治国都强调"郡县治,则天下安"。目前建设全面小康社会就是要从根本上解决传统中国经济社会治理遗留下来的不稳定问题,而县域"三农"问题是当前影响中国稳定与发展的核心问题。只有壮大县域经济,从根本上解决"三农"问题,一个稳定、文明、发展的现代化中国才算真正建立起来。

5. 县域经济是中国巨大的市场后备

目前在县域范围内有五六万个小城镇和集镇,集中了全国一半以上的购买力,占全国零售商品总额的1/2以上。如果加上农民从城市购买的部分,则达70%以上,集中了全国货币流通量的60%。而且,目前我国县域消费大多是初级消费品,如果消费层次提高,将对我国的内需是一个巨大的启动。另外,从中国的国际竞争来说,县域将是我国企业参与国际竞争壮大实力的大后方,是中国经济国际化竞争的巨大市场后备和消费支撑。

6. 县域经济是进入工业化中期阶段后中国经济新的增长极

进入工业化中期阶段以后,产业结构要升级换代。大中城市逐渐向内涵式城市化发展,强调要素功能,生产功能逐渐向县域转化。随着县域经济市场化、城镇化、工业化和农业产业化的发展,县域经济将成为中国第一、第二产业发展的主要支撑,也成为"中国制造"的基础和主体。县域经济板块的产业结构优化调整将成为21世纪前半期中国经济新的增长极和促进对外经济合作强化竞争力的基础。

7. 县域经济是未来中国区域经济合作与发展的主要基础

随着"市县分治、省县直辖"等县域管理体制改革的深入和要素市场的发展完善，县域将被赋予更多的经济和社会发展的自主权，也将成为中国区域经济发展与合作的主要基础。县域以其丰富独特的资源、廉价劳动力和低成本的进入优势，将会逐渐取代城市经济成为未来中国区域经济合作的基础，也将会成为未来中国对外经济合作打造"中国制造"的主要基础。

8. 壮大县域经济是解决"三农"问题的基本依托

目前，"三农"问题是我国建设全面小康社会的主要障碍，也是当前党和国家工作的重中之重。不管中央政策怎样完善，"三农"问题解决的具体落实最终必须依靠县一级来完成。解决"三农"问题必须以发展壮大县域经济为依托，只有县域经济发展壮大并良性运作，才能够通过结构调整和角色转换从根本上解决"三农"问题。[①]

（二）中国县域经济发展现状

我国县域的整体特征是县域经济体庞大，地域广阔且人口众多。截至2015年底，全国共有县级行政区划单位2850个（其中市辖区921个、县级市361个、县1397个、自治县117个、旗49个、自治旗3个、特区1个、林区1个），乡级行政区划单位39789个（其中区公所2个、镇20515个、乡10172个、苏木152个、民族乡990个、民族苏木1个、街道7957个）（资料来源：国家民政部）。我国县域国土总面积约为890万平方公里，占全国国土总面积将近93%，县域人口总数占全国人口的70%以上，也就是说我国大部分人口都生活在县域。全国县域地区生产总值占全国GDP的50%以上，贡献了我国一半以上的国民生产总值。

工信部所属的赛迪顾问股份有限公司于2017年7月13日发布的《2017年中国县域经济百强白皮书》显示，我国百强县中，东部地区共占76席、中部地区占15席、西部地区占8席，东北地区仅占1席。整体呈现出"东多西少、强省强县"的分布格局。

2016年百强县的土地总面积、总人口、地区生产总值分别为20.5万平方公里、9050万人、8.2万亿元。这意味着百强县以全国2%的土地面积、

---

① 闫恩虎．县域经济论纲 [M]．广州：暨南大学出版社，2005．

6%的人口创造了超过全国11%的GDP。其中,更有21个县(市、旗)的GDP超过了千亿元级别,"苏南四小龙"昆山、江阴、张家港、常熟全部突破2000亿元,包揽百强县前四,成为我国县域经济的标杆。

另外,百强县人均GDP高达9.7万元,进入工业化后期。百强县富裕程度高,城镇居民人均可支配收入39165元,比全国平均水平(33616元)高出16.5%;消费能力也强,人均社会消费品零售总额为3.1万元,比全国平均水平(2.4万元)高出29%。并且,2016年百强县的固定资产投资总额达5.4万亿元,占地区生产总值的65.4%,远低于全国平均水平(81.5%)。这表明百强县正逐步摆脱投资依赖,向以消费、服务为主的经济结构转变。①

(三) 中国县域经济规模分析

2016年我国县域经济总体规模约36.49万亿元,同比2015年的35.12万亿元增长了3.9%,近几年我国县域经济规模如图3-1所示。

图3-1 2010~2016年中国县域经济总体规模增长趋势

资料来源:根据中国产业信息网数据整理。

---

① 赛迪县域经济研究中心.2017年中国县域经济百强白皮书.

(四) 中国县域经济增长模式

1. 区位优势发展型

这类县域主要利用沿海、沿边或紧邻政治经济中心的区位优势，发展港口经济、服务经济和贸易经济等，属于较早实现经济腾飞的地区，主要集中在我国东部沿海地区。

2. 产业主导发展型

这类县域主要利用自身具有比较优势地位的资源和产业实现经济发展。如利用自然资源优势、国家重点产业布局优势、传统优势产业等。产业主导发展型根据产业不同可以分为工业主导型、农业主导型和服务业主导型等。

3. 市场导向发展型

市场导向主要包括面向国内市场和面向国际市场，也即内向型和外向型。在我国东部具有区位优势的县域，发展外向型经济、开展跨国贸易是其发展的主要特征。而一些内陆县域由于位置所限，其市场主要面向周边地区，大多属于内向型。

三、全国百强县总体发展现状分析

（一）全国百强县排行

截至2017年6月，除港澳台外，全国县级行政区（不包括市辖区）有1897个，包括366个县级市、1360个县、117个自治县、49个旗、3个自治旗、1个林区、1个特区。

表3-1 2017年中国县域经济100强完整名单

排名	县（市）	所属省市区
1	昆山市	江苏省
2	江阴市	江苏省
3	张家港市	江苏省
4	常熟市	江苏省

续表

排名	县（市）	所属省市区
5	石狮市	福建省
6	太仓市	江苏省
7	义乌市	浙江省
8	晋江市	福建省
9	慈溪市	浙江省
10	宜兴市	江苏省
11	龙口市	山东省
12	余姚市	浙江省
13	海宁市	浙江省
14	长沙县	湖南省
15	准格尔旗	内蒙古自治区
16	诸暨市	浙江省
17	荣成市	山东省
18	丹阳市	江苏省
19	桐乡市	浙江省
20	广饶县	山东省
21	胶州市	山东省
22	即墨市	山东省
23	伊金霍洛旗	内蒙古自治区
24	南昌县	江西省
25	平湖市	浙江省
26	扬中市	江苏省
27	温岭市	浙江省
28	嘉善县	浙江省
29	迁安市	河北省
30	海门市	江苏省
31	神木县	陕西省
32	玉环市	浙江省

续表

排名	县（市）	所属省市区
33	海盐县	浙江省
34	瓦房店市	辽宁省
35	乐清市	浙江省
36	靖江市	江苏省
37	溧阳市	江苏省
38	浏阳市	湖南省
39	三河市	河北省
40	瑞安市	浙江省
41	永康市	浙江省
42	福清市	福建省
43	寿光市	山东省
44	乌审旗	内蒙古自治区
45	阿拉善左旗	内蒙古自治区
46	桓台县	山东省
47	邹平县	山东省
48	莱州市	山东省
49	格尔木市	青海省
50	启东市	江苏省
51	章丘市	山东省
52	滕州市	山东省
53	招远市	山东省
54	象山县	浙江省
55	昌吉市	新疆维吾尔自治区
56	垦利县	山东省
57	长兴县	浙江省
58	新郑市	河南省
59	海安县	江苏省
60	宁乡县	湖南省

续表

排名	县（市）	所属省市区
61	德清县	浙江省
62	南安市	福建省
63	莱西市	山东省
64	蓬莱市	山东省
65	平度市	山东省
66	长乐市	福建省
67	邹城市	山东省
68	诸城市	山东省
69	四会市	广东省
70	奉化市	浙江省
71	宁海县	浙江省
72	如皋市	江苏省
73	海城市	辽宁省
74	东阳市	浙江省
75	惠安县	福建省
76	肥城市	山东省
77	临安市	浙江省
78	郫县	四川省
79	府谷县	陕西省
80	石河子市	新疆维吾尔自治区
81	泰兴市	江苏省
82	巩义市	河南省
83	新泰市	山东省
84	锡林浩特市	内蒙古自治区
85	东台市	江苏省
86	荥阳市	河南省
87	宜都市	湖北省
88	义马市	河南省

续表

排名	县（市）	所属省市区
89	嵊州市	浙江省
90	青州市	山东省
91	如东县	江苏省
92	桐庐县	浙江省
93	安吉县	浙江省
94	新昌县	浙江省
95	新密市	河南省
96	龙海市	福建省
97	蓟县	天津市
98	岱山县	浙江省
99	乳山市	山东省
100	安宁市	云南省

资料来源：根据公开资料整理。

（二）总体发展特征

（1）各区域县域经济发展很不平衡。东部地区占据百强县的76席，仅苏浙鲁就有66个，其中江苏省苏州市的4市、南通市的3市2县，浙江省嘉兴市的3市2县、宁波市的2市2县，山东省青岛市的4市等全线上榜。而广东、辽宁、安徽、江西、陕西、四川、云南、新疆等省（区）均仅有1县入榜，黑龙江、吉林、山西、青海、甘肃、宁夏、广西、贵州、西藏等省（自治区）的县域则无缘百强榜。

（2）在长江经济带、"一带一路"等国家倡议的带动下，中西部一些县（市）依托资源优势和产业基础，大力推进供给侧结构性改革，积极承接东部发达地区产业转移，创新招商引资方式方法，正式成为县域经济发展的"领头羊"。

如湖北省仙桃市以发展开放型经济为着力点，抢抓海峡两岸经贸合作不断深化的历史机遇，大力开展对台招商，不断探索与台商合作和服务台商的新途径，形成了台资企业扎堆集聚的"仙桃现象"；云南省安宁市牢牢把握滇中新区核心区、"一带一路"重要节点的双重机遇，筑牢"四根柱子"、激活"三大引擎"，形成了在滇中有绝对优势、西部有错位优势、南亚东南亚有先发优势的现代产业体系。

（3）在全球新一轮科技革命和产业变革孕育兴起、国内经济步入"新常态"的背景下，百强县增长动力逐渐从资源驱动、投资驱动转向创新驱动、绿色驱动，走出了各具特色的发展道路，其县域名片也在悄然改变。

如"煤城"山东省龙口市大力推进科技创新，攻关突破铝材料高端环节和核心技术，从"全国煤炭资源型城市"成功转型为"国家级铝及铝合金加工高新技术产业化基地"；"鹤乡"江苏省射阳县大力发展"生态+"经济，既推动产业生态化，又推动生态产业化，从"天下粮仓生态射阳"向"沿海绿色生态循环经济的典范"升级。

表 3-2 2017 年各省市区百强县（市）数量排名

排名	省市区名称	百强县（市）数量
1	浙江省	26
2	山东省	22
3	江苏省	17
4	福建省	7
5	河南省	5
5	内蒙古自治区	5
6	湖南省	3
7	陕西省	2
7	河北省	2
7	辽宁省	2
7	新疆维吾尔自治区	2
8	江西省	1
8	广东省	1
8	四川省	1
8	湖北省	1
8	天津市	1

续表

排名	省市区名称	百强县（市）数量
8	云南省	1
8	青海省	1

资料来源：根据公开资料整理。

（三）百强县综合竞争力

在科学发展测评前100强县（市）中，东部地区占据了61席，中部、西部和东北部分别占21席、12席和6席。分省份来看，江苏独占鳌头，占据20席；山东和浙江各占15席和14席。江苏省昆山市连续13年位列中国中小城市科学发展测评第一名，中部、东北部和西部第一名仍然保持不变，分别为湖南省长沙县、辽宁省海城市和内蒙古自治区准格尔旗。在京津冀地区，排名最靠前的河北迁安市仅名列第19。

表3-3 2017年全国中小城市综合实力百强县（市）排行榜

排序	城市	排序	城市
1	江苏昆山市	14	浙江余姚市
2	江苏江阴市	15	山东即墨市
3	江苏张家港市	16	福建石狮市
4	江苏常熟市	17	山东荣成市
5	浙江慈溪市	18	江苏丹阳市
6	湖南长沙县	19	河北迁安市
7	江苏太仓市	20	内蒙古准格尔旗
8	福建晋江市	21	江苏海门市
9	江苏宜兴市	22	福建福清市
10	辽宁海城市	23	江苏扬中市
11	山东龙口市	24	浙江海宁市
12	浙江义乌市	25	浙江瑞安市
13	浙江诸暨市	26	江苏如皋市

续表

排序	城市	排序	城市
27	浙江玉环市	55	江苏句容市
28	辽宁瓦房店市	56	浙江象山县
29	江苏海安县	57	河南巩义市
30	福建南安市	58	河南荥阳市
31	江苏启东市	59	山东青州市
32	山东莱州市	60	辽宁大石桥市
33	山东招远市	61	山东莱西市
34	浙江温岭市	62	江苏高邮市
35	福建惠安县	63	江苏新沂市
36	山东新泰市	64	江苏仪征市
37	浙江德清县	65	福建安溪县
38	江苏邳州市	66	安徽宁国市
39	山东广饶县	67	安徽肥西县
40	陕西神木市	68	山东茌平县
41	河南新郑市	69	吉林延吉市
42	山东肥城市	70	河北武安市
43	新疆库尔勒市	71	江苏沛县
44	江西南昌县	72	安徽当涂县
45	浙江平湖市	73	黑龙江安达市
46	江苏如东县	74	安徽肥东县
47	河北任丘市	75	内蒙古霍林郭勒市
48	浙江长兴县	76	江苏建湖县
49	河南禹州市	77	云南安宁市
50	陕西府谷县	78	山东昌邑市
51	浙江嘉善县	79	山东桓台县
52	辽宁庄河市	80	山东齐河县
53	浙江永康市	81	山西孝义市
54	内蒙古托克托县	82	江西贵溪市

续表

排序	城市	排序	城市
83	河南永城市	92	湖南醴陵市
84	广西平果县	93	湖北宜都市
85	宁夏灵武市	94	安徽天长市
86	贵州仁怀市	95	河北香河县
87	安徽长丰县	96	四川西昌市
88	湖北大冶市	97	湖北仙桃市
89	贵州盘州市	98	江西樟树市
90	山东禹城市	99	河南长葛市
91	广东四会市	100	海南琼海市

资料来源：人民日报。

（四）百强县的投资潜力

据了解，中国中小城市投资潜力评价一级指标有三个，分别是基础条件、创新能力和政府效力。

2017年，中国中小城市投资潜力指数达到82.1，与2016年相比提高了0.5。随着高速网络完善和高铁建设进一步加快，中小城市的通达性进一步增强。城市基础设施的完善则有效地提升了中小城市的承载力。2016年以来，全国范围内特色小镇建设的热潮，为中小城市和小城镇加快发展增添了新的动力。

分区域看，东部、中部、西部和东北部投资潜力分别为84.1、82.8、79.5和79.6，中部和东北部提升速度略快。

表3-4　2017年全国中小城市投资潜力百强县（市）排行榜

排序	城市	排序	城市
1	江苏昆山市	5	浙江海宁市
2	浙江慈溪市	6	辽宁海城市
3	福建晋江市	7	河北迁安市
4	湖南长沙县	8	江苏海安县

续表

排序	城市	排序	城市
9	安徽宁国市	39	河南永城市
10	江西南昌县	40	内蒙古托克托县
11	浙江玉环市	41	浙江永康市
12	浙江龙游县	42	山东桓台县
13	福建南安市	43	河南灵宝市
14	山东肥城市	44	河南长葛市
15	湖北仙桃市	45	江苏高邮市
16	四川新津县	46	江西贵溪市
17	黑龙江安达市	47	山东新泰市
18	河南禹州市	48	山东茌平县
19	湖北汉川市	49	江苏启东市
20	江苏盱眙县	50	湖北天门市
21	江苏邳州市	51	江苏句容市
22	山东齐河县	52	湖北大冶市
23	浙江瑞安市	53	河北正定县
24	山东即墨市	54	湖北宜都市
25	福建安溪县	55	河北固安县
26	河南孟州市	56	江苏灌云县
27	云南安宁市	57	吉林磐石市
28	浙江嘉善县	58	江苏如东县
29	河南荥阳市	59	安徽肥东县
30	河北涉县	60	安徽天长市
31	安徽当涂县	61	山东昌邑市
32	江苏东海县	62	安徽肥西县
33	陕西凤翔县	63	河北滦县
34	宁夏灵武市	64	广东四会市
35	山西孝义市	65	陕西韩城市
36	河南巩义市	66	陕西岐山县
37	辽宁庄河市	67	河北辛集市
38	内蒙古霍林郭勒市	68	山东沂水县

续表

排序	城市	排序	城市
69	吉林榆树市	85	黑龙江宁安市
70	河北定州市	86	河北香河县
71	湖南醴陵市	87	安徽庐江县
72	山东禹城市	88	广西北流市
73	贵州怀仁市	89	山西沁源县
74	宁夏平罗县	90	湖北宜城市
75	江苏新沂市	91	安徽泗县
76	安徽长丰县	92	河南偃师市
77	江苏睢宁县	93	新疆吉木萨尔县
78	贵州盘州市	94	山东庆云县
79	安徽巢湖市	95	辽宁岫岩县
80	江苏金湖县	96	贵州都匀市
81	江西樟树市	97	黑龙江嫩江县
82	山西阳高县	98	安徽南陵县
83	广西平果县	99	陕西凤县
84	陕西吴起县	100	黑龙江林甸县

资料来源：人民日报。

（五）工业百强县发展状况分析

1. 纵向比较

（1）东部及资源型县（市）上升较快，辽宁下降幅度较大。2016年排名上升的县（市）有57个，上升较快超过15位次的有21个，主要为东部及中西部资源型县（市）。从具体指标来看，东部县（市）上升较快的主因在于城镇居民可支配收入及创新指标较好，资源型县（市）上升较快的主因在于城镇化率、利润率及人均GDP、人均工业增加值指标占优。2016年排名下降的有28个，下降超过15位次的有12个，主要为东部及东北县（市）。从具体指标来看，下降较快的主因在于工业增速、利润率及创新指标较差，尤其是辽宁各县（市）问题突出导致排名降幅较大，平均下降超过30位。此外，昆山、江阴及晋江等6地排名保持不变。

（2）东部撤县设区加快，东北县域工业发展形势严峻。2016年共有9个县（市）退出百强县（市），主要原因为撤县设区。近几年来，基于城市发展扩张、纳入统一规划建设等考虑使撤县设区速度正在加快，9个县（市）中有7个县（市）由于撤县设区退出百强。尤其是吉林前郭县由79名直接退出百强，进一步凸显了当前东北地区工业形势的严峻。2016年共有9个新进县（市），以东部地区为主，共计5个进入百强，其中浙江包揽4个，表明东部发展优势仍然优于中西部；中西部新进4个，主要以资源型城市为主。

（3）苏鲁浙三省县域贡献大，中西部追赶步伐正加快。分省来看，苏鲁浙三省百强数量占比依然保持在50%以上，表明苏鲁浙三省县域工业经济对我国整体县域工业继续保持较大贡献。从增减变化来看，内蒙古新增2个，江苏、浙江、河南、贵州、宁夏各新增1个，新进县（市）以资源型为主；浙江撤县设区提速，但进入百强数量增加，反映浙江县域工业竞争力在增强；辽宁因工业下行数量减少1个。从区域分布看，东部在撤县设区步伐加快的背景下，百强仍保持为67个，始终处于主导地位，表明东部在我国县域经济的主体地位短期内难以撼动；中西部新增3个，反映中西部追赶步伐正在加快；长江经济带受益于区域发展战略，进入百强的县（市）大幅增加；东北大幅减少3个，反映东北正经历工业下滑，亟待解决工业发展面临的瓶颈。

（4）规模指标继续扩大，工业及利润增速显著放缓。2016年百强的产值、利润、投资等规模指标继续扩大。GDP达7.6万亿元，占全国GDP的比重由11.1%增长到12%；规模以上工业企业利润总额1.1万亿元，占全国的比重由17.1%增长到17.6%；工业投资总额达2.4万亿元，占全国的比重由11.5%增长到11.9%，表明在新常态下，投资继续对县域工业的发展发挥着关键作用。相比规模扩大，百强工业增速开始放缓，由11.7%下降到10.1%，降低了1.6个百分点，虽然仍高于全国7%的增速，但下降速度快于全国1个百分点，则说明县域工业持续较快发展压力显著增大；规模以上工业企业主营业务收入利润率均值由8.7%下降到7.9%，下降了0.8个百分点，虽然仍高于全国5.9%的利润率，但下降幅度超过了全国0.5个百分点，反映县域工业企业抗风险能力相对较弱。

2. 横向比较

（1）基础条件影响力最强，县域仍处于壮大规模阶段。经测算，百强县（市）基础发展水平对整体竞争力影响最显著。百强基础条件、运行绩效和发展活力指数与竞争力指数相关系数分别为 0.93、0.64 和 0.73，反映了当前我国县域工业发展仍处于壮大规模阶段，发展基础仍是保障县域工业竞争力的最重要条件。其次是发展活力，在各地转型步伐加快的情况下，百强县（市）积极开展投资活动、加大科技研发投入提升竞争力。近年来，在经济下行压力加大的环境下，工业运行绩效有所下滑，百强运行绩效与竞争力水平相关性相对较低。

（2）分布以发达经济圈为主，长江经济带发展潜力大。从所属经济圈来看，百强县（市）中位于长三角经济区的共计 31 个，环渤海经济区 31 个，海峡西岸经济区 10 个，中原经济区 10 个。经济圈的分项指标显示，各大经济圈的基础条件、运行绩效差距较小，但长三角经济区发展活力远优于其他经济圈，占据了 50 强中的 25 个席位，发展活力前 10 强均位于此区域，而中原经济区的县域工业发展活力滞后，亟待突破。从当前重大区域发展战略来看，长江经济带地区百强占比达 42%，进入 50 强的共计 22 个。从分项指数看，长江经济带县域工业发展活力绝对占优势，占据了发展活力 50 强中的 31 个席位，每万人发明专利数达到 5.7，远高于百强 3.4 的均值，反映此区域在创新力方面拥有绝对优势，未来县域工业经济的发展潜力较大。

（3）工业强县（市）创新能力强，苏浙引领县域创新。随着创新驱动战略深入实施及高新技术产业的快速发展，部分强县（市）的创新能力突出。各省处于排名第一的百强县（市）专利授权量、万人发明专利拥有量及 R&D 经费投入强度均处于前列。昆山、晋江、龙口、慈溪的 R&D 经费投入强度高于全国 2.1%的平均水平，昆山、慈溪每万人发明专利拥有量远高于全国 6.3 的平均水平，昆山已经超过欧美发达国家 14 的平均水平。分省来看，苏浙创新能力遥遥领先，各项指标均值均远高于其他省份，苏浙专利授权数是其他省份的几倍，每万人发明专利拥有量也超过全国平均水平，技术创新 10 强县（市）全部位于苏浙，江苏占 6 席，浙江占 4 席，技术创新 20 强浙江占 10 席，江苏占 9 席，这也反映出县域间创新能力差距较大。

（4）资源型地区发展活力不足，制约地区可持续发展。2016年工业百强县（市）中资源型县（市）占比超过35%，但是，资源型县（市）发展活力指数排名普遍集中在50位以后，发展活力后10位的县（市）中有9个是资源型县（市），资源型县（市）竞争力最强的准格尔旗发展活力仅排36位，排名14的神木县发展活力甚至排在97位，反映了资源型地区发展活力严重不足的问题。部分县（市）发展活力较差的原因在于工业投资较低，比如大石桥市仅为66亿元，神木县仅为117亿元，都远低于百强243亿元的均值。更关键的影响因素在于创新发展严重滞后，技术创新排名大部分集中在50位之后，技术创新指数远低于百强24.3的均值，19个县（市）的技术创新指数低于10，资源型地区的可持续发展受到严重制约。

（5）主导产业仍以传统产业为主，新兴产业发展滞后。我国工业百强县（市）仍以传统产业，尤其是以机械、轻工、纺织、石化和建材行业为主。其中，机械主要以机械加工制造为主，产品多处于产业链低端，终端产品少；轻工主要以食品初级加工为主，形成大企业及品牌效应的少；纺织以服装加工为主，满足县域发展劳动力密集产业的需求。仅有不到20个县（市）将技术含量较高的汽车及电子信息行业作为主导产业。仅有23个县（市）的新兴产业为主导产业，以新能源、新材料为主，其分布以苏浙鲁为主，"中国制造2025"十大领域中县域能涉足发展的领域更少，新兴产业在县域层面发展相对滞后。

3. 板块分析

（1）东部继续领跑工业百强，苏鲁浙领先优势显著。东部县（市）继续保持领先优势，工业百强县（市）占比达67%，分布相对密集。从分项指数看，东部百强县（市）的基础条件、运行绩效、发展活力指数均值为59.1、55.9、53.2，发展活力指数远优于其他区域，发展活力前20强均位于东部。从分省百强个数来看，东部苏鲁浙领先优势显著，三省进入百强的县（市）个数占比达55%，进入50强的占比高达68%。江苏工业百强县（市）在全省县（市）占比超过47%，16个县（市）排名进入前五十，10强中有5个位于江苏，排名前四的昆山、江阴、常熟和张家港均位于江苏。山东百强占比超过25%，拥有百强数量最多，13个进入前五十，龙口、广饶进入10强。浙江百强占比超过24%，6个进入前五十，慈溪进入10强。这些都表明东部地区仍是我国工业经济平稳运行和县域经济发展壮大的主要贡献力量，百强县（市）总体规模结构优、质量效益较好、可持续发展能力强。

（2）中西部增长快活力弱，西部百强均为资源型城市。中部百强县（市）占比18%，西部占比10%，且分布较为分散。中部六省均有县（市）入围百强，其中河南、湖南表现突出，两省百强占比超过中部的72%，湖南有3个进入前20强。西部进入百强的全部为资源型城市，说明西部县域工业发展高度依赖资源型产业。从分项指标来看，中西部县域的发展活力指数分别为41.6、37.2，远低于全部百强49.2的均值。从具体指标来看，中西部的工业增速分别为12%、10%，高于东部9.9%的增速，追赶步伐加快。但中西部百强县（市）每万人发明专利数仅为1.5和0.5，远低于东部的4.5，创新已成为制约中西部县域工业转型升级和可持续发展的重要瓶颈。

（3）东北地区百强入围较少，运行绩效问题凸显。东北作为传统老工业基地，入围百强的县（市）仅占5%，黑龙江、吉林均无县（市）入围，辽宁入围排名集中在50名之后，排名普遍大幅下降，反映东北地区县域工业整体竞争力不足。从分项指标来看，东北地区基础条件和运行绩效均值均低于其他区域，尤其运行绩效40.3的均值远低于全部百强56的均值；从具体指标来看，东北地区县域城镇化率偏低（52.8%），工业占比下降，工业增速放缓（5.7%），主营业务收入利润率低位运行（4.7%），部分县域出现负增长，每万人发明专利均值低于东中部，创新驱动力不足，这些均表明东北地区当前运行绩效问题突出，工业发展的质量效益堪忧，工业下行压力也加大。

表 3-5 县域工业竞争力评价指标体系

一级指标	二级指标	三级指标
基础条件	产业规模	工业增加值
		人均工业增加值
		工业增加值增速
		GDP
		人均 GDP
	产业结构	工业增加值占地区 GDP 的比重
		工业企业从业人员占地区从业人员的比重
		高新技术产业占比
		园区工业总产值所占比重
		工业出口交货值占销售收入的比重
	产城融合	城镇化率
运行绩效	劳动绩效	工业劳动生产率
		城镇居民可支配收入
	资本绩效	利润总额
		规模以上工业企业主营业务收入利润率
	绿色绩效	单位工业增加值能耗
		单位工业增加值用水量
		单位工业增加值二氧化硫排放量
		工业固体废物综合利用率
发展活力	投资积累	工业投资总额
		高技术产业投资占比
	技术创新	研究与试验发展经费投入强度
		大中型工业企业 R&D 人员占比
		专利授权数
		每万人发明专利拥有量
		每万人实用新型和外观设计专利拥有量
	两化融合	互联网宽带用户普及率
		大中型企业数字化设计工具普及率

资料来源：中国信息通信研究院。

表 3-6 2016 年中国工业百强县（市）统计分析

2016年排名	地区	地级市	县（市）	竞争力指数	基础条件排名	运行绩效排名	发展活力排名	2014年排名
1	江苏	苏州	昆山市	90.5	1	9	2	1
2	江苏	无锡	江阴市	90.4	5	5	4	2
3	江苏	苏州	常熟市	87.2	2	15	3	4
4	江苏	苏州	张家港市	85.2	3	32	1	3
5	福建	泉州	晋江市	80.9	4	10	17	5
6	内蒙古	鄂尔多斯	准格尔旗	79.8	6	4	36	8
7	山东	烟台	龙口市	75.6	12	8	23	10
8	江苏	苏州	太仓市	75.5	15	34	5	13
9	浙江	宁波	慈溪市	74.8	10	55	6	12
10	山东	东营	广饶县	73.4	19	2	19	16
11	江苏	无锡	宜兴市	72.6	14	51	7	11
12	河北	唐山	迁安市	72.3	13	3	56	14
13	湖南	长沙	宁乡县	71.9	16	12	22	20
14	陕西	榆林	神木县	71.7	7	7	97	7
15	湖南	长沙	长沙县	71.1	8	67	27	17
16	湖南	长沙	浏阳市	70.4	9	60	25	15
17	江苏	南通	海门市	69.3	32	11	9	32
18	江苏	镇江	丹阳市	69.1	17	38	16	28
19	浙江	绍兴	诸暨市	68	22	19	10	21
20	山东	青岛	即墨市	68	18	28	18	24
21	新疆	巴音郭楞	库尔勒市	67.1	20	1	72	36
22	辽宁	大连市	瓦房店市	66.7	11	74	24	9
23	山东	威海	荣成市	65.9	21	40	12	19
24	山东	青岛	胶州市	64.5	24	26	20	25
25	浙江	宁波	余姚市	62.3	33	72	8	33
26	内蒙古	鄂尔多斯	伊金霍洛旗	61.7	29	6	76	48
27	福建	泉州	南安市	60.4	27	33	47	56
28	浙江	温州	乐清市	59.1	43	36	14	63

续表

2016年排名	地区	地级市	县（市）	竞争力指数	基础条件排名	运行绩效排名	发展活力排名	2014年排名
29	山东	青岛	平度市	57.4	34	52	31	34
30	河南	郑州	巩义市	57.4	26	64	51	30
31	江苏	常州	溧阳市	57.4	45	47	15	47
32	山东	济南	章丘市	57.2	23	68	54	51
33	江苏	泰州	泰兴市	57.2	54	18	32	59
34	河南	郑州	新密市	56.5	42	21	49	57
35	山东	枣庄	滕州市	56.1	25	71	62	27
36	山东	滨州	邹平县	55.9	28	43	74	29
37	浙江	金华	义乌市	55.8	39	58	29	40
38	江苏	南通	启东市	55.6	60	54	13	55
39	江苏	南通	海安县	54.2	87	44	11	87
40	山东	烟台	莱州市	54	44	20	68	53
41	江苏	徐州	邳州市	54	71	35	26	42
42	山东	潍坊	诸城市	54	48	48	38	44
43	江苏	泰州	靖江市	53.4	55	24	55	50
44	江苏	南通	如皋市	52.2	52	89	21	54
45	浙江	嘉兴	海宁市	52.1	62	66	33	43
46	福建	泉州	石狮市	51.4	35	49	81	85
47	河南	郑州	荥阳市	51.2	41	42	79	61
48	山东	济宁	邹城市	51.1	30	79	83	49
49	山东	东营	垦利县	51.1	63	17	86	98
50	陕西	榆林	府谷县	51	37	25	95	52
51	江苏	南通	如东县	50.9	89	41	34	69
52	福建	福州	福清市	50.7	61	88	30	45
53	内蒙古	鄂尔多斯	乌审旗	50.5	77	77	31	新进
54	山东	潍坊	寿光市	50.4	59	82	37	35
55	福建	泉州	惠安县	50.2	31	50	98	62
56	河南	郑州	新郑市	50.1	65	14	93	75
57	福建	福州	长乐市	49.7	57	39	78	94

续表

2016年排名	地区	地级市	县（市）	竞争力指数	基础条件排名	运行绩效排名	发展活力排名	2014年排名
58	江苏	镇江	扬中市	49.7	83	83	56	新进
59	贵州	遵义	仁怀市	49.6	67	67	27	新进
60	河南	郑州	登封市	49.4	64	22	89	67
61	浙江	温州	瑞安市	49.4	74	76	41	99
62	辽宁	鞍山	海城市	49.2	36	100	28	22
63	浙江	嘉兴	桐乡市	48.9	84	65	42	83
64	河南	三门峡	灵宝市	48.9	75	16	91	72
65	浙江	金华	永康市	48.8	91	91	61	新进
66	内蒙古	鄂尔多斯	鄂托克旗	48.6	40	93	66	86
67	内蒙古	鄂尔多斯	达拉特旗	48.5	79	13	96	89
68	山东	烟台	蓬莱市	48.4	88	30	70	71
69	安徽	合肥	肥西县	48.2	50	90	60	68
70	河南	许昌	禹州市	48	90	37	65	73
71	山东	烟台	招远市	48	46	45	92	39
72	河南	许昌	长葛市	48	49	53	88	88
73	山东	青岛	莱西市	47.9	66	80	57	66
74	广东	揭阳	普宁市	47.4	38	81	90	80
75	山东	泰安	新泰市	47.1	47	83	84	23
76	浙江	台州	温岭市	47	68	77	64	46
77	湖北	宜昌	宜都市	46.9	73	57	75	90
78	山东	淄博	桓台县	46.1	69	84	67	81
79	江苏	宿迁	沭阳县	46	92	70	53	78
80	江西	南昌	南昌县	46	86	92	45	92
81	宁夏	银川	灵武市	46	80	80	91	新进
82	辽宁	大连	庄河市	45.9	58	98	61	18
83	福建	漳州	龙海市	45.9	70	59	87	58
84	浙江	湖州	长兴县	45.7	98	98	62	新进
85	山东	潍坊	高密市	45.5	81	69	71	82
86	河北	沧州	任丘市	45.4	53	46	99	76

续表

2016年排名	地区	地级市	县（市）	竞争力指数	基础条件排名	运行绩效排名	发展活力排名	2014年排名
87	山东	潍坊	青州市	45.2	95	87	46	97
88	浙江	嘉兴	平湖市	44.9	94	94	75	新进
89	河北	邯郸	武安市	44.9	51	95	80	38
90	湖北	黄石	大冶市	44.7	72	94	63	84
91	辽宁	沈阳	新民市	44.7	97	85	40	65
92	江苏	盐城	东台市	44.3	85	96	52	95
93	湖南	株洲	醴陵市	44.2	76	97	59	93
94	山东	泰安	肥城市	43.9	82	86	77	37
95	山西	吕梁	孝义市	43.7	56	99	73	60
96	辽宁	营口	大石桥市	43.7	78	63	100	64
97	浙江	湖州	德清县	43.5	99	99	73	新进
98	江苏	泰州	兴化市	43.5	93	78	69	100
99	河南	濮阳	濮阳县	43.4	100	100	23	新进
100	河北	唐山	遵化市	43.4	96	29	94	96

资料来源：中国信息通信研究院。

（六）全国工业百强县发展建议

1. 创新驱动，加快补齐县域工业经济发展短板

优化资源要素配置机制，构建有利于创新发展的市场环境、投融资体制、人才机制和社会诚信体系。打破行政垄断力量，推动创新资源向县域经济适当下移。推动县域企业与高等院校、研究机构开展交流合作，引进先进科技成果及人才、设备、信息、管理等优势资源，重点解决技术难点和关键问题，增强县域技术创新能力。积极搭建企业技术创新"孵化"平台，整合县内科技资源，促进科技成果转化。

2. 平台部署，推动建立各具特色的县域商业生态系统

选择有条件的县（市）试点实施各具特色的平台化战略，将整个县域作为一个平台，形成"县域平台服务系统—平台核心盈利能力—平台商业生态系统"关键要素。同时，将政府、企业、商家及消费者全部纳入平台，加强政策引导和支持，尊重企业家的创新精神，重视消费者的需求带动作用，不断提升平台的服务能力和竞争力，最大限度地调动企业的积极性，创造适合本地特征的盈利模式，不断形成新的经济增长点。

3. 联动发展，加快推进县域工业融入区域经济圈

把握国家重点城市群、都市圈和区域一体化等发展战略，融入区域性产业链和生产网络。明确自身在城市体系中的战略定位和角色分工，优化发展空间和产业功能布局；利用空间节点优势，多渠道、多形式地融入城市群和都市圈的协同格局，构建功能互补、分工合理的区域发展体系，在区域城镇体系中承接来自大中城市的技术、资本、人才、信息、管理等要素辐射溢出，促进研发、生产和服务的交流融合；推进县（市）对接省市产业转移和建立产业链互补环节，促进其与周边交流合作，融入区域经济圈。

4. 数据先行，推动县域工业经济分享大数据红利

支持建立国家产业基础大数据平台，推动县域经济单元积极地融入大数据平台管理，推动县级政府数据资源开放，积极引导社会数据资源开放。综合利用政府和社会信息资源，支持民营企业进入大数据领域。统筹数据资源管理，制定政府数据资源管理办法，编制数据资源的地方技术标准规范，加强数据资产的知识产权管理，统筹数据交换、交互和使用需求。科学管理相关政策的落地和实施效果，为开展政策模拟、评估奠定基础。

四、中国县域经济发展存在的问题

1. 产业结构不合理

县域经济大部分以农业经济为主，三产结构中农业产值比重较大，农业人口众多，农业发展缺少龙头企业；有的县农业比重超过50%。农业是一个提供稳定就业的产业、旱涝保收的产业，既不能带来大量税收，也不能使农民收入大幅增加。产业结构单一现象严重，"一业独大"，一方面对其他产业发展不利，另一方面其自身发展也有周期性、波动性。

要素资源缺乏。劳动力、资金、土地等生产要素向城市集中，导致县域发展产业缺乏必要的要素资源支撑。城镇化水平低，发展缓慢，第三产业发展缺乏经济基础。镇域经济不发达，小城镇发展落后。从百强县发展经验来看，都有很强的镇域经济作支撑，特别是长三角和珠三角一带的专

业镇,发展各类单一化、专业化的产业,一个图钉、一双袜子、一个打火机都可以做成一个大的产业,甚至还可以形成产业链、产业集群。

2. 财政负担重

一是赤字问题。有调查数据显示,全国平均每个县赤字在1亿元以上,全国赤字县占全国县域的比重大约3/4,赤字总量占地方财政总量的80%,县级财政基本上是"吃饭财政"。有的县完全依靠中央转移支付。

二是县域金融问题突出。县域金融机构数量少,有些主要以吸储为目的,贷款不在本地发放。县域本身经济活力不够,金融支持点不足,容易进入"难贷款,贷款难"的恶性循环。

三是过分依赖土地财政。土地出让金已经成为地方财政收入的主要来源。土地财政容易导致盲目推进工业化和城镇化。把工业化等同于建开发区工厂、基地,一方面导致大量失地农民,另一方面导致了各县在招商引资方面的无序竞争,高污染、高耗能、高耗材项目转移到中西部地区。把城镇化等同于城镇建设,搞政绩工程、形象工程、大马路、大广场、豪华办公楼等,由此造成资金浪费。

3. 技术创新人才不足

一是整体受教育年限低。百强县前10位的县人口平均受教育年限7年多,低于全国城市平均年限8年多,差1年。

二是教育落后,人才不足,特别是有技术、懂市场、熟悉法律的高层次人才十分匮乏。

三是农村青壮年劳动力外流严重,剩下的从事农业生产,且外流人员不愿意回乡务农,也不懂农业生产技术。

四是县域基础设施和公共服务落后,工资水平低,发展机会少,无法吸引高素质人才,甚至本地大学生毕业宁愿在一二线大城市漂着,也不愿意回到县里工作。

4. 思想观念落后

当前县域普遍存在思想观念滞后,从而制约县域经济发展。主要制约因素有:

第一,主观能动性较差。"等、靠、要"的惰性比较严重,等上级给项目,等财政给支持,靠银行贷款,缺少敢闯敢试、敢为天下先的改革精神;跳不出、不适应生产力发展的旧的条条框框的束缚,墨守成规,无所作为。

第二，习惯于计划经济的思维定式。不善于运用市场机制运作和管理经济，发展经济的思路死、路子窄、办法少。

第三，眼光不开阔。考虑和处理问题带有狭隘的地方观念，开放的市场经济观念意识较差。

第四，人力资源观念淡薄。对人力资源在经济发展中的重要作用认识不足，不善于发挥运用灵活手段引进人才，特别是高层次的科技创新人才和高级管理人才；用人环境不宽松，缺乏公平和效率观，不善于为人尽其才创造舞台和机会。

5. 高等资源要素缺乏

与城市经济比较，县域经济所拥有的诸种资源要素，包括自然资源、地理位置、气候条件、初级劳动力等，其基本生产资源要素居多，缺少高技术人才及科教机构、领先学科、现代化的电信网络等高等生产要素。受传统观念和财力等因素的影响，我国县域人口受教育程度较低，人口素质不高，影响了先进的技术和生产方式与方法在县域的推广应用，以及农村剩余劳动力向城镇的转移。

6. 政策体制性影响较大

一是很多部门中央垂直管理，如税务、土地、工商、金融等，有利于中央统一管理，防止地方保护主义，建立全国大市场；但削弱了地方经济调控的手段；另外也增加了县级政府与垂直管理部门的互相推诿、踢皮球、服务意识欠缺等问题。

二是县级政府动用各方面力量发展经济、调控经济的手段不强，自主加强公共服务的能力普遍较弱。

三是政府机构设置过多，人员过多。

四是地改市导致县域经济边缘化，相当于县级政府多了一个婆婆，造成了行政成本加大，行政效率降低，行政资源弱化。

五、中国县域经济发展的对策分析

（一）路径选择

县域经济发展是一项综合系统工程。在新常态条件下，推动县域经济发展，应健全质量更好、结构更优的县域产业体系，加快县域新型城镇化建设，促进县域经济绿色转型，创新公私合作的县域投融资模式，依托城市群和都市圈实现县域协同发展、充分释放县域改革红利。①

1. 健全质量更高、结构更优的县域产业体系

县域经济发展要适应我国经济阶段性的发展特征和运行规律，实现质量更好、结构更优的发展"新常态"，促进自身经济发展方式要真正从规模速度型粗放增长转向质量效率型集约增长，经济发展动力正从要素驱动的增长向创新驱动的增长转变。首先，以新型工业化为依托，加快推进农产品的精深加工、产业化和工业的集聚化，推动制造业产业链各环节的专业化、服务化，大力发展研发、设计、现代物流、互联网金融等生产性服务业，壮大主导产业，改造传统产业，培育新兴产业。重点以市场为导向，宜工则工、宜商则商、宜农则农、宜游则游，发展一批特色优势突出、功能定位清晰、集聚效应明显、辐射带动力强、财政贡献率高的主导产业，发挥特色竞争优势，同时"有进有退"，加大淘汰落后产能力度，继续化解过剩产能，改造提升传统产业，将有潜力的新兴产业加快培育成为主导产业。其次，加快发展县域服务业，特别是要充分利用信息技术，推动物联网、移动互联网的发展和应用，挖掘县域信息消费、文化消费、生活消费服务业潜力，切实发挥现代服务经济对县域经济增长的拉动作用。最后，实施县域经济创新驱动战略，通过科技创新，促进经济发展方式的转变和经济产业结构的优化，重点围绕工业化和信息化深度融合的需要，发展智能制造，鼓励发展基于互联网的柔性制造、个性化定制、智慧物流等新型制造模式，支持县域技术创新、业态创新、商业模式创新等多元创新发展，加快推动县域产业从要素驱动、投资驱动向创新驱动转型，培育壮大产业竞争新优势。

2. 加快推动县域新型城镇化建设

县域经济发展需要走新型城镇化道路。而新型城镇化不仅仅只是一个城镇规模扩张、空间扩大的过程，而是要立足统筹城乡，由"物的城镇化"向"人的城镇化"转变。因此，加快推动县域新型城镇化发展，首先，要促进产城融合，从县域环境资源条件出发，促进人口城镇化、产业城镇化

---

① 李建伟，赵峥. 我国县域经济发展的主要挑战与路径选择 [J]. 山东经济战略研究，2015 (6).

和空间城镇化协调发展，推动城镇化与工业化、农业现代化以及服务业的融合，将产业发展与人口集聚、城镇建设结合起来。其次，要提升县域城镇的承载和服务能力，以现有县城和部分基础条件好、发展潜力大的建制镇为基础，因地制宜、科学规划，构建合理的乡镇、村体系和村落空间布局，围绕县域城镇居民最关心、最直接、最现实的住房、交通、教育、医疗等民生需求，完善基础设施并发展县域服务业，发挥县城和中心镇在市与乡之间的产业、要素、资源配置等方面的衔接功能，优化城镇功能，提高城市生活质量，提升城市发展品质。最后，县域城镇化发展要结合城镇化制度建设，积极稳妥地推进户籍制度改革、社会保障制度改革和农村产权制度改革，完善农村土地流转和征地补偿制度，形成城乡人口公共服务共享机制，以及有利于促进城乡人口迁移转换的体制机制。

3. 促进县域经济绿色转型

新常态是经济减速转型提质的新阶段，也是绿色发展提质的新契机。大量实践证明，一个地区拥有生态资源优势往往更有发展前途和发展后劲。因为长期来看，拥有好的生态环境就意味着投资创业有更大的优势，聚集优秀人才、吸纳先进生产要素有更大的空间。县域经济发展必须把绿色发展作为引领经济新常态的重要力量，坚持绿水青山就是金山银山的理念，充分发挥生态环保的引导作用和倒逼机制，大力发展循环经济和节能环保产业，培育以低碳排放为特征的新的经济增长点，促进县域形成节约能源资源、保护生态环境的产业结构、增长方式和消费模式，走科技含量高、经济效益好、资源消耗低、环境污染少、人力资源优势得到充分发挥的绿色经济道路，创造更多的绿色财富和生态福利，把生态比较优势转化为生态竞争优势。同时，值得注意的是，尽管发挥资源禀赋优势的承接产业梯度转移是经济欠发达县发挥后发优势及实现赶超跨越发展的有效路径，但以资源高消耗、环境高污染为代价承接产业转移，不仅难以获取产业发展的主动权，反而往往容易长期处于发展被动地位。因此，县域经济发展要承接国内外先进的产业转移，更要明确绿色发展理念，使承接产业转移符合经济规律、地方实际、国家产业政策发展方向和资源环境保护要求，促进承接产业转移与推动产业转型升级、区域经济增长与绿色发展的同步。

4. 创新公私合作的县域投融资模式

从目前的情况看，县域经济发展仍然需要财政金融支持。特别是对于欠发达地区而言，仍需通过实施增量返还、财政贴息等方式，用于扶持产业项目发展，并积极鼓励农村金融发展，支持各类金融机构搭建融资平台，为县域重点工业园、龙头企业、专业合作社、家庭农场等经济组织协调融资。同时，更重要的是，县域经济不能单纯地依靠传统财政金融模式，而应利用我国的民间资本存量优势，建立社会资本稳定投入机制，突出发挥民营经济在促进县域经济发展、推动县域城镇化建设方面的作用。现阶段，应充分把握混合所有制经济改革机遇，重点创新政府公共部门与民营企业合作、国有经济体与民营经济体相结合的PPP模式，把县域政府部门的社会责任、战略规划与民营企业的创业精神、民间资本结合到一起，政府、企业、公众共同制定战略规划，鼓励社会资本参与城市基础设施的投资和运营，发挥民营企业的市场效率优势，以生产要素互换为基础，支持民营资本自行融资开发县域城镇基础设施，以市场化经营城市为手段，主动承担市场风险，通过商业地产开发、住宅房地产开发、专业市场开发等项目运作，实现资本增值，建立县域发展的可持续投融资机制。

5. 依托城市群和都市圈推动县域协同发展

在城镇经济体系中，县域经济有相对稳定的空间区域，有比较独立的自组织生产体系和行政管理主体，是相对独立的区域经济体。但这并不意味着县域经济是封闭的"诸侯经济"。相反，在区域一体化日益加强的趋势下，县域经济发展应立足自身禀赋，主动突破行政地域边界，以区域市场为主导，在更大范围的城市群和都市圈内进行资源配置，形成跨区域的协作机制。一方面，县域应利用自身空间节点优势，多渠道、多形式地融入城市群、都市圈的协同格局，构建功能互补、分工合理的区域发展体系，在区域城镇体系中承接来自大中城市的技术、资本、人才、信息、管理等要素辐射溢出，促进城乡之间研发、生产、服务、销售等方面的交流融合。另一方面，县域应把握国家推动重点城市群、都市圈和区域一体化发展的战略机遇，明确自身在城市体系中的战略定位和角色分工，优化发展空间和产业功能布局，积极建设卫星城镇和次级增长中心，主动承接中心城市的人口、产业转移，联动城乡融合发展。

6. 充分释放县域改革红利

从我国经济发展历程来看，启动我国经济快速增长进程最根本的因素就是改革。20世纪80年代的经济体制改革打破了计划经济的束缚，使个人、企业的自主性和活力得到巨大的释放,且一直影响至今。在经济新常态下,要素成本和资源环境的红利相对减少,但政府改革创新的红利仍在增加。县乃国之基,自秦朝以来绵延2500余年的县域,是我国历朝历代国家治理的基本单元。同样,县域改革也是国家全面深化改革的重要领域。从目前的情况来看,从宏观管理体制上对县域发展"松绑",加快推进"扩权强县"改革步伐,通过扁平化放权式改革使县级政府具有更大的自主权,在财政体制、经济管理、社会管理等方面赋予县域更多的权限,这将是县域改革的趋势。但是,值得注意的是,新一轮县域改革不是搞政策洼地,不是要政策、争优惠、占资源,而是在市场发挥资源配置决定性作用基础上的体制创新。因此,县域经济改革需要利用、执行并创新产业、土地、税收、信贷、投资、科技、人才等各项改革政策,通过政策引导各类要素通过市场机制向县域经济转移集中。同时,县域尽管从行政管理角度上说是一致或相似的,但从自然地理、地理区位、资源禀赋等角度来说则是类型多样、千差万别的,不同地区县域经济的潜在增长率、结构调整的空间和创新发展的驱动力不尽一致。因此,主动适应新常态,在全面深化改革方面,既要强调统一性,也要尊重差异性,要将改革的顶层设计和基层创造结合起来,既要领会和贯彻落实改革顶层设计的战略意图,又要坚持从实际出发,开展不同区域的差异化试点,充分调动地方干部和群众的创新活力,大胆实验,鼓励地方先行先试,在全国推广的创新政策和执行机制方面走在前列。

(二) 政策建议

从国家宏观上来讲要支持县域经济的发展,不仅是农村经济的问题,同样也是宏观经济的问题。解决了县域经济问题,也就为解决"三农"问题提供了重要基础。

首先,要按照工业反哺农业,城市支持农村的方针,对作为农林经济重要组成部分的县域经济制定相应的特殊政策。要本着多予、少取,放活的原则,在财政、税收、金融、信贷、投资等一系列政策上,支持县域经济,建立合理的激励机制,促进县域经济的发展。[1]

在财政政策方面,要根据新的要求,对县域经济发展实行更加优惠的

---

[1] 张可云. 区域经济政策 [M]. 北京:中国轻工业出版社,2010.

财政税收政策，可以适当调整现行的财政体制。为促进县域经济发展，应适当调整市县财政收入分配体制，促进财力分配向县乡倾斜，给县级政府更多的调节余地。

其次，加大对县域经济发展的税收政策支持。是否可以考虑研究对县域新办的企业给予税收优惠政策，以解决企业初期发展的困难。县域经济发展确实很难，当地的条件各方面都有限，那么政府在税收政策方面如果能够给予适当的不同于城市企业的一些政策，就能够吸引一些资金向县域经济转移。

再次，在金融信贷方面还是要深化农村金融体制改革，加大对县域经济的金融支持力度。为县域经济发展提供金融服务。要健全融资担保机制，要探索建立健全县域企业融资担保机构，以解决县域经济的中小企业担保难问题。要深化信用社政策。要真正把农村信用社办成面向"三农"、服务"三农"的农村金融机构。

最后，投资政策。一是要积极调整投资结构，加大对县及县以下的投入力度。二是加强农村基础设施建设，国家在公共设施的建设投资上也要加大对县域经济的支持。这样既能够改善县域的区位条件和发展环境，也能够直接带动县域经济的发展。

（三）主要思路

县域经济发展的方向清晰可见：从城市到乡村，新型城镇将进一步向县域转向，在大城市发展过剩的情况下，县域的"补短板"会更为重要，而且，创造性提出的"农业供给侧改革"和"农村土地流转"问题将给县域注入更为旺盛的生机与活力，县域面临着更多的机遇。

1. "补"县域短板

首先值得关注的是县域的"补短板"。2016年，可以说是一线城市房地产疯狂的一年，深圳、北京、上海以及苏杭等城市房价暴涨，与三四线城市房地产的寒冷形成鲜明对比。中央经济工作会议要求"深入推进'三去一降一补'"，去房地产库存方面，确定"分类调控，因城因地施策"，其重点正是解决三四线城市房地产库存过多问题。县域房地产库存正是"去库存"的短板，中央要求，要把去库存和促进人口城镇化结合起来，提高三四线城市和特大城市间基础设施的互联互通，提高三四线城市教育、医疗等公共服务水平，增强对农业转移人口的吸引力。

人口城镇化的重心在县域，关键点也在县域，在我国县域城市功能较为薄弱的情况下，只有增大县域内的新型特色小城镇的吸引力、承载力，才能吸引更多的农村人口到城镇落户，从而进一步推动城镇化的进程。

大城市的城市功能过剩，而县域范围内的城镇功能又远远不足，这就需要发挥政府有形之手的调控，把大城市过剩的功能转移到县域中来。因而，中央特别提到，"特大城市要加快疏解部分城市功能，带动周边中小城市发展"，疏解大城市的城市功能，既可缓解大城市"贪大求全"而引发的"城市病"，又可让一些城市功能尚不足的县域城镇注入新的力量。譬如眉山市仁寿县视高镇的天府新区的高端装备制造、新一代电子信息和现代服务业的功能，让以前的视高小镇迅猛发展，且已成为一个充满活力的新型魅力小城。大邑县安仁镇3.2平方公里之内密集地聚集着27座民国时期的公馆，是国内目前规模最大的近代地主庄园建筑群，集聚了独一无二的历史人文资源和景观资源，发展成为"中国博物馆小镇"。

中国的城市远远不足，城镇人口7.7亿人，城市仅653个，与3.21亿人口的美国10158个城市相去甚远，城市不足与县域城镇功能尚欠缺的"短板"，需要县域有更大的发展。2016年中央经济工作会议的定调，已将更多的政策关注和资源投向县域，期望带来县域的更快发展。

2. 农业供给侧改革

此次，中央创造性提出的"农业供给侧改革"问题。解决"三农"问题，县域是重点和难点。

中央提出，"深入推进农业供给侧结构性改革"，这里提出了几大任务：一要把增加绿色优质农产品供给放在突出位置，狠抓农产品标准化生产、品牌创建、质量安全监管；二要加大农村环境突出问题综合治理力度，加大退耕还林、还湖、还草力度；三要积极稳妥改革粮食等重要农产品价格形成机制和收储制度；四要抓好玉米收储制度改革，做好政策性粮食库存消化工作；五要严守耕地红线，推动"藏粮于地、藏粮于技"战略加快落地，保护和提高粮食综合生产能力；六要广辟农民增收致富门路等。

这表明，作为"三农"问题承载体的广大县域，2017年将在2016年的基础上，持之以恒地推进农产品种植结构的调整，从农、林、牧、副、渔等多个方面，缩减玉米种植，扩大土豆生产，稳定生猪供应，适当增大牛、羊比重等。农村环境的综合整治将进一步加大特色小镇、幸福美丽新村的建设力度。农业现代化继续推进，"藏粮于地、藏粮于技"战略的持续将加大农村基础设施的建设，推动农业技术、生物基因技术更多地进入农业，农业科技化程度将进一步加深，新型农村经营主体也会更加普遍，土地流转和规模化经营将提升农业生产效率。农业供给侧结构性改革可以说是2017年县域的兴奋点，目前，我国在农业科技化、自动化领域存在着很大的发展空间。

3. 释放农村土地活力

中国经济发展最大的后劲正是县域，而县域的发展是未来的增长点。因而，很多专家说，中国的城镇化将会持续释放发展动力，推动中国经济持续健康地发展。

中央经济工作会议上提出要"细化和落实承包土地'三权分置办法'"，而具体的措施有两种：一是深化农村产权制度改革，明晰农村集体产权归属，赋予农民更加充分的财产权利；二是统筹推进农村土地征收、集体经营性建设用地入市、宅基地制度改革试点。

推进农村承包土地"三权分置"的细化与落实的改革，是培育新型农业经营主体和服务主体的需要。此间，县域需要推进简政放权、放管结合等重要领域和关键环节的创新改革，推动城乡区域协调发展，开展"大众创业、万众创新"，促进新动能发展壮大、传统动能焕发生机。要加快现代农业建设，促进农业提质增效和农民持续增收，从而更好地统筹民生改善与经济发展，织密扎牢民生保障网。

在推进中央各项经济任务时，县域还要更有力、更扎实地推进脱贫攻坚工作，把工夫用到帮助贫困群众解决实际问题上，推动精准扶贫、精准脱贫各项政策措施落地生根。

第四章　中国小城镇建设与新型城镇化

一、中国小城镇发展历程

(一) 小城镇崛起的充分条件

一般而言，在城市化进程中，影响小城镇崛起的必要条件有：特定的区位条件（如交通枢纽、边境口岸、军事要塞等），资源条件（如各类资源型小城镇），经济条件（如市场地、工厂驻地、开发区驻地等），社会文化条件（如行政中心驻地、科技城等）。此外，小城镇的崛起还受到若干宏观背景条件（即充分条件）的制约。

一是制度和政策创新的作用。如改革开放初期，在农村工业化的制度创新和政策激励的驱动下，乡镇企业的崛起和集聚催生了一大批小城镇；大量外资企业的引进同样促成了一些小城镇的繁兴。

二是大中城市的牵引和带动效应。大中城市的快速发展引领和带动了周边地区（主要是大都市区）大量小城镇的兴起，形成了众星拱月的区域城镇化格局。

三是国家是否真正步入区域差距较小的发展时期。综观国际上许多小城镇发展比较成功的国家，基本上处于区域差距较小的发展时期。这一时期的人口流动方向已不再以城乡迁移为主，或从农村向大中城市的迁移和集聚为主，而是转变为以都市区内部的迁移（人口从中心城区向郊区小城镇迁移）为主，或都市区之间的迁移（人口从高成本的都市区向成本相对较低的都市区迁移）为主，从而为小城镇的发展提供了人口和各种经济要素乃至人力资本的支撑。

四是国家是否真正步入追求生活质量提升的发展阶段。小城镇的真正优势在于空气清新、饮用水洁净、生活环境幽净、生活成本较低，另外，停车场地也较充裕。处于这一发展阶段的小城镇才会成为以追求生活质量提升为目标的中产阶级向往的宜居之地。

从上述宏观背景条件来看，目前我国传统的农村工业化模式因其固有的弊端（如空间布局分散、污染治理成本高、用地浪费大等）而渐趋式微；大中城市大多尚处于以内聚为主的发展时期，虹吸效应仍大于辐射效应；区域发展差距依然较大，农村人口向大中城市流动和集聚的态势仍会在一定时期内持续；绝大多数小城镇（大都市区范围内的小城镇除外）还缺乏足够的吸引力而成为富足的中产阶层长久的栖居之地，顶多只是他们短期休闲或短暂旅游的过往之地或临时居留地而已。因此，在一定程度上，中国当前仍不具备小城镇普遍崛起的充分条件，也就是说，小城镇还不应成为当前全国各地新型城镇化的普遍发展重点。当然，重点小城镇或中心镇例外。

（二）小城镇建设的意义综述

1. 小城镇建设是加快农村经济发展的助推器

近年来，"三农"问题已成为我国经济社会发展的重中之重。"三农"问题解决得如何直接关系到我国能否实现中华民族的伟大复兴。在社会高速发展的今天，"三农"问题已经不可能只依靠农村内部来解决，而是要借助工业化来促动农业，从而带动农业的大发展，但如何发展农村的工业？只有实现农村的城镇化，农村工业的发展才能产生集聚效应，才能充分利用农村的资源优势，促进农村闲散劳动力的充分就业，从而全面促进农村经济的发展。况且，小城镇作为联系大中小城市和农村的纽带，有利于农村经济的繁荣，并成为推动农村经济发展繁荣的助推器。

2. 小城镇建设是解决城乡差距的重要途径

改革开放以来，我国经济快速发展，取得举世瞩目的伟大成就，已然成为全球经济的助推器，经济总量跃居世界第二。但从国内来说，伴随而来的城乡差距越拉越大，城乡利益冲突逐渐凸显，因此，在这个背景下，加快小城镇建设对解决城乡差距具有现实意义。发展小城镇使得农村人口流向传统城市外的小城乡,对于提高农村闲散人员就业具有很大帮助,而且在一定程度上,缓解大量农村人口流入城市所造成的冲突。况且可以依托小城镇发展一般性的服务业,增加农民收入,从而逐步缩小城乡之间的差距。

3. 小城镇建设有利于维护农村社会稳定

我国有10亿农民,因此,农村在我国经济社会中具有基础性作用,农村的稳定很大程度上决定着我国社会的稳定。从保持农村社会的稳定看,社会越是组织化和多元化,社会结构就越是稳定。小城镇发展将促进农村经济专业化分工水平和多元化程度的提高,还能在社会管理、经济合作、文化娱乐和信息传播等方面发挥对农民的组织协调作用,从而有利于农村社会结构的稳定。

(三) 小城镇在城镇化中的作用

小城镇在整个城镇体系中的基础性地位和在区域经济发展中的特殊区位,决定了小城镇在城镇化战略中的农村地域性经济文化中心的作用。

1. 缔结城市与农村的桥梁

城市是现代生产力和先进文化的聚集地,城镇化进程从某种意义上来说,就是城市文明的发展及其向农村扩散和传播的过程。由于我国城市与农村之间无论是在空间距离还是在发展水平上都相差较远,因而城市先进的经济和文化难以直接传播到农村。小城镇作为城乡系统的中间产物,在经济性质、人口构成和文化特征等方面都处于城市和农村的过渡状态。这种性质决定了小城镇在城乡交流中的纽带地位和桥梁作用。

城镇化的主要效果是"规模聚集效应"。在城镇化体系中,小城镇起着"承上启下"的作用。在城镇化过程中,大中城市与小城镇都会遇到自己难以解决的矛盾和困难,比如小城镇发展目前最难解决的是建设资金问题。大中城市在发展过程中会不断遇到空间日益狭窄、地价昂贵、劳动成本上升的问题。若把大中城市和小城镇的发展结合起来,就会取长补短,相得益彰。此时,小城镇就会成为城市向农村延伸的桥头。小城镇的这种上承大城市下启广大农村的职能作用是其他任何中间环节不可取代的。

我国土地辽阔,山区丘陵占相当一部分,农民人口多且居住分散,历史上形成了方圆三五十里有一个小城镇的布局。周围农民到那里赶集购物、出售农产品。基层政权和文化教育设施也多建在小城镇,小城镇成乡头城尾,是城乡之间的一个连接点。作为城市与农村、工业与农业的结合部,小城镇的轴心作用对中国城乡经济社会的发展举足轻重。由于小城镇的经济定位于劳动密集型的工业、配套于工农业和农村的服务业、农副产品加工业和以地方资源保障为主体的特色经济,因而既有助于加速城市工业的升级换代和减轻城市资源、环境压力,也因其适度规模的集聚使分散于农村的人力、财力和物质资源产生应有的规模和集聚经营效应;由于小城镇的人口和经济规模普遍较小,基础设施和环保投资不大,因而易于建设和发展;由于小城镇近邻农业和农村,更有助于从资金、技术方面"反哺"农业,从文教卫的规模集聚和社会保障等方面促进农村的发展;又由于全国为数众多的小城镇"镶嵌"于东西南北中,因而有助于全国城乡经济社会的协同发展。小城镇的这种特点有助于推进我国城乡一体化的职能作用,也是其他任何中间环节不可取代的。

2. 服务农村生产和生活

小城镇一方面聚集城市扩散的产业、物资、技术、人才等要素,另一方面聚集农村的非农产业、劳动力、自然资源等初级产品。小城镇作为农村地域性经济文化中心,对农村经济社会发展具有城市所不可替代的作用。由于农村经营及居住的分散性,大量直接与农业、农民联系的服务都得依托更贴近农村的小城镇来提供。作为农村区域经济中心,小城镇就是在引导农业从经营理念到操作方式的变革,提高土地生产率和劳动生产率,转移农村剩余劳动力,增加农民收入等。

另外,我国城市人口的需求已逐步趋于饱和,要从根本上持续地扩大内需总量,重在改善和提高约 2/3 小城镇和农村人口的生活水平,满足他们的物质和非物质消费需求。显然,通过加强小城镇劳动密集型产业的发展,一方面可以促进过剩农业人口的城镇化转移并提高其收入保障下的消费购买力;另一方面有助于推动农业和农村经济的发展,提高农村人口的收入和消费水平。此外,小城镇基础设施和农村路网、基本农田水利的建设、生态环境改善、文教卫等事业的发展,也必然能够拉动内需的大幅增长,进而促进城市工业产品和服务业剩余能量向乡镇转移,形成一个"城市、集镇和农村相互促进、共同发展,城乡居民收入持续增加"的良性循环。小城镇的这种拉动内需的职能作用也是其他任何中间环节无法取代的。

3. 促进城乡协调发展

小城镇的区位特征决定了小城镇在区域经济发展中的定位是上连城市下带农村。而城乡协调发展直接关系到整个国民经济的持续稳定健康发展。小城镇把城市的思想观念、技术信息、管理经验、生活方式传播到广大农村，成为广大农民接触城市文明的媒介，又通过自身的聚集辐射功能带动周围农村地区经济文化的发展。这既有利于加强城乡联系和缩小城乡差距，又有利于促进城乡经济社会的协调发展。

4. 小城镇的发展便于消化农村剩余劳动力的作用

我国农村现有 2 亿多剩余劳动力，是导致中国"三农"问题长期难以有效解决的症结。改革开放以来，城市经济的快速发展和对劳动力需求的增长引发了日益高涨的"民工潮"，但城市对技术素质较低的农村剩余劳动力的吸纳和安置能力毕竟有限，再加上与城市居住成本、生活习俗的差异和农村家庭的"拖腿"，迫使这些"农民工"只能游历于城乡，既加剧了交通压力又引发了子女教育、照顾老人和夫妻情感等社会问题及农业生产的弱劳化。而由于小城镇与农村之间地缘关系紧密，其城乡之间的半径最短，农民进入小城镇比进入大、中城市付出的机会成本要低得多，遭遇风险之后迁出的成本也低得多，不会出现成规模失业人群集中居住的"贫民窟"和相关的社会不稳定的问题。因而，小城镇作为农村剩余劳动力和人口转移的根本出路和有效场所，具有如下优势：一是可以减少剩余劳动力外出的盲目性和过度流动性；二是可以弥补农忙时期劳动力的不足；三是通过农村人口的适度移居，有助于加快全国人口城镇化、农业现代化和农村富裕化进程，带动区域经济社会的健康发展。小城镇的这种优势便于消化农村剩余劳动力的作用同样是其他任何中间环节不可取代的。

二、中国小城镇发展模式解析

（一）中心城市依托型小城镇

这种类型的小城镇一般离中心城市较近，距离在 0~50 公里，具有明显的区位优势，其社会经济发展的基础主要是对中心城市的依托，受中心城市的辐射，这一类型小城镇实际上是城市功能扩散的结果，或者说这种类型的小城镇是依托中心城市的。按与中心城市的距离和受中心城市辐射程度的不同，这种类型的小城镇又可分为城郊型小城镇和卫星城镇型小城镇。

城郊型小城镇距离中心城市一般在 0~30 公里，属于中心城市经济圈。这种形式的小城镇处于城乡结合部，其经济发展的动力源于中心城市社会经济的强烈辐射、拉动，一般是中心城市的农副产品供应基地，随中心城市规模的扩大而可能成为中心城市的一部分。河北省怀来县沙城镇就是典型的城郊型小城镇，该镇位属京畿要地，区位优势明显、交通便利，有京张高速公路、110 国道和京包（北京—包头）、大秦铁路穿过。

卫星城镇型小城镇距离中心城市一般为 30~50 公里。这种小城镇的发展主要受中心城市的辐射，但受中心城市的辐射强度不如城郊型小城镇。随着大城市人口的增长和经济的发展，中心城市的环境、交通、住房均趋于饱和状态，卫星城市逐步承担起中心城市向外扩散的一些城市功能。

按国际小城镇发展的经验，随工业化程度的加深，城市化将会由生产要素向大中城市集中的集中型城市化阶段进入一个生产要素向城郊或小城市转移的分散型城市化阶段（即"逆向城市化"阶段）。而我国目前已经进入工业化的中后期，今后中心城市依托型的小城镇将会有广阔的发展空间。另外，随着交通、通信、科技等的发展，以及中心城市辐射能力的增强，这种类型的小城镇距离中心城市的距离将会增加。

（二）工业型小城镇

工业型小城镇的主导产业是工业，工业是其社会经济发展的基础。这类小城镇按工业的发展基础、类型的不同又可分为资源依托型工矿业小城镇、传统制造业型工业小城镇，以及现代工业催生型小城镇三种类型。

资源依托型工矿业小城镇都具有丰富的自然资源，尤其矿产资源，传统的采掘、加工工业构成这种类型小城镇社会经济发展的基础。这类吃"资源饭"的小城镇，由于具有资源优势，历史上一般有发展传统采矿、加工业的传统，传统采掘、加工工业占其总产值的 60% 以上。这种类型的小城镇在资源丰富的河北邯郸、山西大同、西部资源丰富的地区比较普遍。由于这种类型的小城镇的社会经济发展建立在资源密集型、环境污染型产业的基础上，而且企业普遍存在规模不经济，必然面临可持续发展问题，且受国家产业政策的影响较大。我们认为，在经济发展过程中注意可持续发展战略，从长远来看实现产业结构升级或经济结构转型，是这类小城镇的出路所在。

传统制造业型工业小城镇是指具有发展传统加工业的历史传统，传统加工业的产品在一定区域、行业内具有相当优势，长期以来传统加工业在社会经济发展过程中起着决定性作用。以河北省枣强县大营镇为例，大营镇的皮毛加工业历史悠久，最早可追溯到商代，古有"天下裘都"之称。改革开放以来发展迅速，皮毛加工业在地方经济中起着决定性作用。近年来，皮毛业的产值已经占到大营镇工农业产值的70%以上，皮毛加工业在地方工业中的比重超过95%，农民纯收入中90%以上出自皮毛业。这种类型的小城镇当前面临的主要问题是如何实现对传统技术的改造。

现代工业催生型小城镇工业已有相当程度的发展，社会经济发展是建立在现代工业发展基础上，其工业发展最初源于大中城市现代工业沿交通干线、周边地区的辐射，而工业的发展拉动区域农业、商业乃至整个经济的发展，使人口向小城镇聚集，而且这种小城镇往往呈现群落的形式出现。苏南地区城镇化的轨迹就是现代工业催生型小城镇的典范。苏南地区的小城镇（尤其宁沪线、济宁线附近）多是在改革开放以后，随着南京、上海等城市现代工业向这一区域的辐射，在城乡结合部建立起大量现代乡镇工业。而乡镇工业的不断发展壮大，使苏南可以最大限度地采取以工补农、以工带农、以工建农的措施，缩小城乡差别，打破传统的二元结构，从而在城乡结合部建立起大量现代工业催生型的小城镇。由于这类小城镇的社会经济发展是建立在现代工业基础上的，而这种现代工业往往又是大中城市现代工业辐射的结果，因此这类小城镇的工业对大中城市的现代工业往往有相当的依赖性，如何保持镇域经济发展的相对独立性是这类小城镇社会经济协调发展的关键。

工业小城镇的工业在过去，尤其改革开放以来为其镇域经济社会的发展做出了巨大贡献。但在发展过程中普遍存在技术落后、产业结构、产品结构相对不合理的问题；工业企业经营管理粗放，管理水平低，缺少知名品牌。因此如何实现技术升级、产品、产业结构的升级，提高产品质量，创立名牌，建立现代企业制度，实现乡镇企业的二次创业，是这类小城镇向更高层次发展的关键。

(三) 市场带动型小城镇

商业是这一模式小城镇经济的主体。实际上最早的小城镇一般都是建立在市集的基础之上的，经济是依托市场而发展起来的，城镇化的过程实质是市场发育的过程。而现代意义上的市场带动型小城镇一般与农产品初级市场和小商品批发市场联系在一起。"建一处市场，活一片经济，富一方百姓，兴一个城镇"是这种类型小城镇发展历程的真实写照。

农产品初级市场带动型小城镇主要在一些农产品生产基地或农产品集散地具有一定的资源和区位优势。如安徽固镇县王庄镇地处淮北平原的中部，依托国家优质花生基地，吸引了各地客商到该镇交易，从而使其发展成为远近闻名的王庄花生市场，其镇区建设、镇区经济都达到相当高的水平，在当地首屈一指。

而小商品批发市场带动型小城镇，一般附近或就地有生产小商品的传统，而且这些小城镇所处区域的居民一般有很强的市场经济意识。温州中小城镇多属于小商品批发市场带动型，瑞安市城关工业品市场、苍南宜山再生腈纺纺织品市场、苍南县钱库综合商品批发市场等一大批小商品批发市场，吸引了大量来自全国各地的个体经营户，把温州各县、区、乡、村之间的经济活动和全国统一大市场联系起来的同时，使这些小城镇的社会经济得到发展。"小商品、大市场，小城镇、大战略"，是这种类型小城镇社会经济发展的基本战略。

无论是农产品初级市场带动型小城镇，还是小商品批发市场带动型小城镇，在今后的发展过程中都应该坚持以服务为本的原则，同时要逐步实现传统商业向现代商业的转变。

(四) 农业产业化型小城镇

这种模式的特征是农业的商品化程度很高，但这些小城镇并未形成农产品初级市场型的小城镇，而是随农产品商品化的提高、资金的积累，促进了当地农产品加工业发展，进而形成以农产品加工业为主体的农村工业化，并进一步带动商贸业等的发展，在当地形成农业种植、养殖、加工、销售"一条龙"的产业发展模式，即农业产业化（松散），因而称为农业产业化型小城镇。但主要是农产品商品化和农村工业化这两种力量的互动作用，促进了相应区域的小城镇的发展。显然，这种类型小城镇的发展包括以下两个阶段：农业商品化—农村工业化和农村工业化—农村城镇化阶段。其中农产品商品化是基础，它为工业化提供了资金，同时也在这类小城镇发展初期准备了劳动力。农产品加工业是这种类型小城镇发展的关键，它既进一步带动农产品商品化，也带动小城镇其他行业的发展，也是小城镇发展的关键动力。但这种小城镇又不同于工业型小城镇，因为它是以农产品商品化为基础的。这种类型的小城镇往往呈现出向城市化发展的趋势。农业产业化较为发达的胶东半岛小城镇多是沿这条轨迹发展起来的。这种类型的小城镇往往受镇域内农产品资源的限制，虽然实行产业化有利于其降低风险，但其产业链趋于单一化，而且是松散型的产业化，整个经济抗风险能力低，抗风险能力依次是销售、加工、农业。这种类型的小城镇在发展过程中要注意产业结构的适度多元化。

（五）旅游开发型小城镇

这一类型小城镇一般在著名的风景区、旅游点附近，且具有一定的区位优势，有的本身还具有一定特色的自然景观和人文旅游资源，旅游业是这类小城镇的支柱产业。这种类型的小城镇一般凭借其旅游资源发展旅游及其相关产业如商贸、旅游纪念品、旅店、餐饮等一系列行业。建立在自然景观基础上的小城镇，主要分布在自然风光秀丽的九寨沟、黄山、庐山等风景区内或附近。人文旅游资源开发型小城镇主要分布在具有民族风情的少数民族地区，以及一些历史文化古迹周围的小城镇，如陕西咸阳的一些小城镇。另外，在大中城市附近还有一些以农家乐等形式出现的休闲、娱乐型产业为其主导产业的小城镇也属于旅游资源开发型小城镇。

（六）综合型小城镇

综合型小城镇一般地处人口密集的地区、镇域面积较大、镇区人口多、交通便利、三次产业尤其工业和农业均有一定的发展，但在镇域经济中没有形成主导产业，经济总体发展水平不高，其经济的发展主要是各次产业综合作用的结果，因此将这种类型的小城镇归为综合型小城镇。这类小城镇在川西平原、华北平原尤其普遍。

三、中国特色小城镇建设现状

（一）特色小镇建设主要类型

1. 历史文化型小镇

打造历史文化型小镇，一要小镇历史脉络清晰可循；二要小镇文化内涵重点突出、特色鲜明；三要小镇的规划建设延续历史文脉，尊重历史与传统。历史文化型小镇有：莲都古堰画乡小镇、越城黄酒小镇、龙泉青瓷小镇、湖州丝绸小镇、上虞围棋小镇、南浔善琏湖笔小镇、朱家尖禅意小镇、奉化布龙小镇、天台山和合小镇、古北水镇、平遥古城、茅台酿酒小镇、馆陶粮画小镇、石鼻古民居小镇、湘西边城小镇、三都赛马小镇、永年太极小镇、新兴禅意小镇。

2. 城郊休闲型小镇

打造城郊休闲型小镇，一是要小镇与城市距离较近，位于都市旅游圈之内，距城市车程最好在2小时以内；二是小镇要根据城市人群的需求进行针对性的开发，以休闲度假为主；三是小镇的基础设施建设与城市差距较小。城郊休闲型小镇有：安吉天使小镇、丽水长寿小镇、太湖健康蜜月小镇、黄岩智能模具小镇、永嘉玩具智造小镇、下城跨贸小镇、临安颐养小镇、瓯海生命健康小镇、琼海博鳌小镇、旧州美食小镇、花桥物流小镇、小汤山温泉小镇、大路农耕文明小镇、龙溪谷健康小镇、钟落潭健康小镇。

3. 新型产业型小镇

打造新兴产业型小镇，一是小镇位于经济发展程度较高的区域；二是小镇以科技智能等新兴产业为主，科技和互联网产业尤其突出；三是小镇有一定的新兴产业基础的积累，产业园区集聚效应突出。新型产业型小镇主要有：余杭梦想小镇、西湖云栖小镇、临安云制造小镇、江干东方电商小镇、上虞e游小镇、德清地理信息小镇、余杭传感小镇、秀洲智慧物流小镇、天子岭静脉小镇、枫泾科创小镇、新塘电商小镇、太和电商小镇、黄埔知识小镇、朱村科教小镇、福山互联网农业小镇、菁蓉创客小镇。

4. 特色产业型小镇

打造特色产业型小镇，一是要小镇产业特点以新、奇、特等产业为主；

二是小镇规模不宜过大，应是小而美、小而精、小而特。特色产业型小镇主要有：大唐袜艺小镇、吴兴美妆小镇、嘉善巧克力甜蜜小镇、桐乡毛衫时尚小镇、玉环生态互联网家居小镇、平阳宠物小镇、安吉椅业小镇、温岭泵业智造小镇、东莞石龙小镇、信阳家居小镇、文港笔都工贸小镇、亭林巧克力小镇、吕巷水果小镇、王庆坨自行车小镇、秀全珠宝小镇。

5. 交通区域性小镇

打造交通区域性小镇，一是要小镇交通区位条件良好，属于重要的交通枢纽或者中转地区，交通便利；二是小镇产业建设应该能够联动周边城市资源，成为该区域的网络节点，实现资源合理有效的利用。交通区域性小镇主要有：建德航空小镇、萧山空港小镇、西湖紫金众创小镇、新昌万丰航空小镇、九龙山航空运动小镇、安吉航空小镇、宁海滨海航空小镇、北京新机场服务小镇、人和航空小镇、千年敦煌月牙小镇、深沪海丝风情小镇、博尚茶马古道小镇、秦栏边界小镇。

6. 资源禀赋型小镇

打造资源禀赋型小镇，一是要小镇资源优势突出，处于领先地位；二是小镇市场前景广阔，发展潜力巨大；三是对小镇的优势资源深入挖掘，充分体现小镇资源特色。资源禀赋型小镇主要有：青田石雕小镇、定海远洋渔业小镇、开化根缘小镇、西湖龙坞茶小镇、桐庐妙笔小镇、磐安江南药镇、庆元香菇小镇、仙居杨梅小镇、桐乡桑蚕小镇、泾阳茯茶小镇、双阳梅花鹿小镇、陇南橄榄小镇、怀柔板栗小镇、通霄飞牛小镇、金山麻竹小镇、宝应莲藕小镇、花都珠宝小镇。

7. 生态旅游型小镇

打造生态旅游型小镇，一是要小镇生态环境良好，宜居宜游；二是产业特点以绿色低碳为主，可持续性较强；三是小镇以生态观光、康体休闲为主。生态旅游型小镇主要有：仙居神仙氧吧小镇、武义温泉小镇、宁海森林温泉小镇、乐清雁荡山月光小镇、临安红叶小镇、青田欧洲小镇、景宁畲乡小镇、杭州湾花田小镇、万宁水乡小镇、龙江碧野小镇、廊下田园小镇、莲麻乡情小镇、锦洞桃花小镇、联溪徒步小镇、丽江玫瑰小镇。

8. 高端制造型小镇

打造高端制造型小镇，一是要小镇产业以高、精、尖为主，并始终遵循产城融合理念；二是注重高级人才资源的引进，为小镇持续发展增加动力；三是突出小镇的智能化建设。高端制造型小镇主要有：萧山机器人小镇、宁海智能汽车小镇、长兴新能源小镇、江北动力小镇、秀洲光伏小镇、海盐核电小镇、江山光谷小镇、新昌智能装备小镇、南浔智能电梯小镇、城阳动车小镇、中北汽车小镇、路桥沃尔沃小镇、窦店高端制造小镇、爱飞客航空小镇。

9. 金融创新型小镇

打造金融创新型小镇，一是要小镇经济发展迅速的核心区域具备得天独厚的区位优势、人才优势、资源优势、创新优势、政策优势；二是小镇有一定的财富积累，市场广阔，投融资空间巨大；三是科技金融是此类小镇发展的强大动力和重要支撑。金融创新型小镇主要有：上城玉皇山南基金小镇、梅山海洋金融小镇、富阳硅谷小镇、义乌丝路金融小镇、西溪谷互联网金融小镇、拱墅运河财富小镇、乌镇互联网小镇、房山基金小镇、南海千灯湖小镇、万博基金小镇、花东绿色金融小镇、新塘基金小镇。

10. 时尚创意型小镇

打造时尚创意型小镇，一是小镇以时尚产业为主导，并与国际接轨，引领国际时尚潮流；二是小镇应该以文化为深度，以时尚为广度，实现产业的融合发展；三是小镇应该打造一个时尚产业的平台，促进国内与国际的互动交流。时尚创意型小镇主要有：余杭艺尚小镇、滨江创意小镇、西湖艺创小镇、江干丁兰智慧小镇、大江东巧客小镇、安吉影视小镇、兰亭书法文化创意小镇、乐清蝴蝶文创小镇、杨宋中影基地小镇、宋庄艺术小镇、张家楼油画小镇、狮岭时尚产业小镇、增江街1978文化创意小镇。

（二）特色小镇建设参与主体

特色小镇开发的主体要素包括参与特色小镇开发建设运营的各方主体。参与主体只有形成高效的协作联盟，才能让特色小镇塑造得更成功、高效、健康。主体要素基本上可以划分为政府和企业两大主体。特色小镇建设要坚持政府引导、企业主体、市场化运作，既凸显企业主体地位，充分发挥市场在资源配置中的决定性作用，又加强政府引导和服务保障，在规划编制、基础设施配套、资源要素保障、文化内涵挖掘传承、生态环境保护等方面更好地发挥作用。政府只作为公共服务的采购方，有职责决定公共服务的数量和质量，并在资金上和执行上给予信用保证，不同企业负责提供从规划、投融资、建设和运营的全链条中的单个或者多个服务的生产。

特色小镇塑造的主体要素分为：政府、镇村经济组织、房地产商、投资商、产业基金、产业服务商、规划设计机构和小镇运营商等几大主体。

政府：尽管特色小镇这一全新经济形态是由政府提出并引导的，在国内已经蔚然成风，但归根结底特色小镇运营主体还是企业而非政府。政府负责搭建特色小镇的综合发展平台，为特色小镇的建设和其他参与主体提供相应的政策创新与支持。挖掘本地的特色产业，高效地组织特色小镇的产业规划、总体规划、控制性详细规划、景观规划等，并做好落地规划的实施。提供高效行政服务是特色小镇实施的重要保障。

镇村经济组织：与城市开发建设不一样，特色小镇建设的对象有的是建制镇，有的是非镇非区。在建设范围内尽管不太可能涉及整个镇域范围，但是，很可能会涉及镇村拥有复杂权属关系的国有、集体、民营经济组织。若特色小镇的规划到投建运想高效地实施，与这些组织的利益分配与合作机制等将成为特色小镇实施中绕不开的重要问题。

房地产商：在实际项目的运作中，鲜有特色小镇项目不含地产开发的。现在的房地产开发商也已经渐渐脱离简单粗暴的"拿地—贷款—盖房—卖房"循环。特色小镇能够吸引市场主体的仍是其中的优质土地资产及基于土地的地产项目开发，这是特色小镇能够全面推向市场的资产基础，这种优质资产也是撬动特色小镇整体运营及完善基础设施建设的有效杠杆。特色小镇的发展离不开良好的人居环境的建设，这些是特色小镇发展的基础之一。

投资商：与房产商相对应，投资商将主要为特色小镇的基础设施、公共服务实施以及居住商业等的建设注入资金。特色小镇建设可以充分运用银行、保险、债权、基金、扶持资金、投资机构资金等各类投资商的资金，搭建一个"政府—社会—金融机构"构成的多元化投资平台，在遵循科学合理的投融资规划基础上，为特色小镇全力提供金融支持。

产业基金：除了政府层面的产业基金外，市场主导的产业投资基金已成为助推产业孵化、规模化、并购的重要力量。产业投资基金本质上是一种融资媒介，政府通过成立基金，吸引社会资本以股权形式介入项目公司，参与特色小镇项目的建设和运营。社会资本对市场反应敏感、避风险能力强、活跃度高，是特色小镇开发资金的一项重要来源。其中政府资本和社会资本联动的 PPP 模式，是现行条件下特色小镇的核心投融资模式，且适合投资额度大、运营效益相对较小的小镇基础设施建设、公共服务设施建设以及创业类项目开发。

产业服务商：以产业发展为研究对象，深入研究国家产业发展政策，依据各大产业的发展特点，以构建完善的优势产业链为目标，结合各区域产业结构的实际情况，以政府为主导，企业为经营主体，利用市场化运作手段规划，培育特色小镇来实现产业聚集，同时提供促进企业发展的资金平台、技术平台、人才交流平台、市场交易平台等资源综合体来促进产业升级。专业的产业咨询、产业招商、企业服务等机构正成为真正意义上的产镇融合发展服务商。

规划设计机构：特色小镇涉及规划设计、投融资、建设运营、服务等多项内容，在所有的环节中，必须规划设计先行，以免造成低水平重复建设而形成新的库存。特色小镇正成为各地加快推进新生城镇化的新平台和房企转型升级的新路径。为了防止一哄而上的造镇运动，科学合理、因地制宜的规划设计是防止出现"千镇一面"的基础保障。因此规划设计机构必须深度了解特色小镇运营的特色需求，明确特色小镇建设的目标导向和重点任务，紧密衔接其他重要规划，确保充分规划的引领和指导作用，结合特色小镇所在地域和资源禀赋，明确产业定位和发展方向，强化产业、空间协同发展。加强核心区空间控制，挖掘、塑造特色文化品牌。

小镇运营商：特色小镇的运营需要资金、人才、管理、营销、企业等各类资源的共同发力，是一个系统性的工程，所以特色小镇的运营商实际上是一个多主体系统工程的导入者，是一个综合运营平台。可借助 PPP 运作模式，搭建包括资本机构、产业运营商等元素的一体化第三方运营平台，撬动社会资本投入，可有效实现项目落地，从操作流程上有效运营时间，后期如引入商业、旅游方面的运营商，项目的持续营利性及良性资本收益可期。基于当前 PPP 模式的推广与成熟，特色小镇建设已经具备了在市场层面上将规划、资本、运营管理等不同平台整合到一起的基础。

(三) 特色小镇建设创新方向

首先是观念创新。特色小镇不是传统的行政建制镇，也不是改革开放以来的各类开发区和产业园区。因此既不能用行政思维去推动，也不能以大开发的模式去建设。[①]

特色小镇从字面上看，就是有特色的小地方。"有特色"主要是指产业有特色，不管是制造还是服务，也不管是文化还是旅游，其实都是产业，都必须有特色；"小地方"主要是指有一定数量的人口，集聚在一个相对狭小的地理空间上。

这个空间不一定就对应某个行政区划，但在这个空间里活动的主体，一定有极为紧密的经济、社会和人文的联系。由业而聚人，由人而兴文，由文而引游，最后自然地、历史地发展成为一个产业、文化、旅游和社区的有机体。

其次是产业创新。要顺应信息化与工业化、制造业与服务业深度融合发展的大趋势，集中力量发展信息、环保、健康、旅游、时尚、金融、高端装备制造和文化创意等万亿产业。

不一定是这些产业的主体生产基地，但一定是其中主要的研发、孵化和创制平台，是这些产业崛起的领跑者和持续推动者；也不一定是这些产业全产业链的集大成，但一定是其中关键和核心环节的制高点。

还有一些小镇要做强做优丝绸、黄酒、茶叶、剑瓷等历史经典产业，不但使之成为古典技艺和文化传承的载体，更应当推陈出新、古为今用，引领和创造新的需求，开辟和拓展新的市场。

再次是要素创新。过往我们习惯于关注土地、能源、资金等物质性的要素供给，这是与投资驱动发展的模式相适应的。

但是当下应运而生的特色小镇却要求我们更多地关注科技进步、管理创新和劳动者素质提高或者人力资本投入等创新型要素的供给。

没有领军人物，就没有研发团队；没有研发团队，就没有科技创新；没有科技创新，就没有产业变革，而没有产业变革，小镇的产业基础就没有特色竞争优势可言，最终特色小镇仍然只是一个产业简单集聚的园区，

---

① 刘亭.特色小镇要坚持做好四个创新[J].经济观察，2015 (12).

特色小镇也就名存实亡了。

最后是制度创新。对于特色小镇的发展，李强省长一再强调要坚持"政府引导、企业主体、市场化运作"。

并且提醒"各地在特色小镇规划建设中，一定要摒弃'先拿牌子、政府投资、招商引资'等传统做法，认真谋划、落实项目，先找企业、先干起来"。这是针对过往我们在开发区、工业园区和新城开发过程中，"政府主导"的行政化通病提出来的。

在空间规划、基础设施配套、基本公共服务健全以及市场秩序维护等方面，政府当然责无旁贷。

但在科技创新、产业创新等领域，政府还是要有足够的敬畏和谦卑，还是要让市场充分发挥对资源配置的"决定性作用"。即便是政府提供的政策扶持，也要注意方式方法的创新。譬如省里就确立了有奖有罚的土地供给方式和期权式的财政奖励方式。

特色小镇生于创新，也只能成于创新。改革作为制度创新，正是特色小镇的灵魂。让我们以观念创新为引领，以产业创新为基础，以要素创新为抓手，以制度创新为保障，以全面的创新发展赢取特色小镇规划建设的新进展。

（四）中国特色小镇名单公布

2016年10月13日在杭州召开的中国特色小（城）镇建设经验交流会上，住建部公布了第一批中国特色小镇名单。

推进特色小（城）镇建设的理念在于"新"，核心在于"特"，根本在于"改"。必须牢固树立和贯彻落实中央提出的"创新、协调、绿色、开放、共享"五大发展理念，从实际出发，力求把小（城）镇的特色做精做强，在差异定位中开阔大视野，在细分领域中构建大产业，在错位发展中形成大格局。

各地区在培育发展特色小（城）镇过程中，必须坚持因地制宜，提倡形态多样性，鼓励各地发展符合实际、特色鲜明、宜居宜业的新型小城镇，防止一哄而上；坚持产业建镇，加快发展特色优势产业，促进城镇经济转型升级，防止"千镇一面"；坚持以人为本，补齐城镇基础设施、公共服务和生态环境三块短板，增强城镇承载功能，防止形象工程；坚持市场主导，更加尊重市场规律，提高政府管理和服务的能力水平，防止政府大包大揽。

第一批中国特色小镇名单在各地推荐的基础上,经专家复核,会签国家发改委、财政部,共认定了127个。

表4-1 第一批中国特色小镇名单

北京市(3个)	房山区长沟镇
	昌平区小汤山镇
	密云区古北口镇
天津市(2个)	武清区崔黄口镇
	滨海新区中塘镇
河北省(4个)	秦皇岛市卢龙县石门镇
	邢台市隆尧县莲子镇
	保定市高阳县庞口镇
	衡水市武强县周窝镇
山西省(3个)	晋城市阳城县润城镇
	晋中市昔阳县大寨镇
	吕梁市汾阳市杏花村镇
内蒙古自治区(3个)	赤峰市宁城县八里罕镇
	通辽市科尔沁左翼中旗舍伯吐镇
	呼伦贝尔市额尔古纳市莫尔道嘎镇
辽宁省(4个)	大连市瓦房店市谢屯镇
	丹东市东港市孤山镇
	辽阳市弓长岭区汤河镇
	盘锦市大洼区赵圈河镇
吉林省(3个)	辽源市东辽县辽河源镇
	通化市辉南县金川镇
	延边朝鲜族自治州龙井市东盛涌镇
黑龙江省(3个)	齐齐哈尔市甘南县兴十四镇
	牡丹江市宁安市渤海镇
	大兴安岭地区漠河县北极镇
上海市(3个)	金山区枫泾镇
	松江区车墩镇

续表

上海市（3个）	青浦区朱家角镇
江苏省（7个）	南京市高淳区桠溪镇
	无锡市宜兴市丁蜀镇
	徐州市邳州市碾庄镇
	苏州市吴中区甪直镇
	苏州市吴江区震泽镇
	盐城市东台市安丰镇
	泰州市姜堰区溱潼镇
浙江省（8个）	杭州市桐庐县分水镇
	温州市乐清市柳市镇
	嘉兴市桐乡市濮院镇
	湖州市德清县莫干山镇
	绍兴市诸暨市大唐镇
	金华市东阳市横店镇
	丽水市莲都区大港头镇
	丽水市龙泉市上垟镇
安徽省（5个）	铜陵市郊区大通镇
	安庆市岳西县温泉镇
	黄山市黟县宏村镇
	六安市裕安区独山镇
	宣城市旌德县白地镇
福建省（5个）	福州市永泰县嵩口镇
	厦门市同安区汀溪镇
	泉州市安溪县湖头镇
	南平市邵武市和平镇
	龙岩市上杭县古田镇
江西省（4个）	南昌市进贤县文港镇
	鹰潭市龙虎山风景名胜区上清镇
	宜春市明月山温泉风景名胜区温汤镇
	上饶市婺源县江湾镇

续表

山东省（7个）	青岛市胶州市李哥庄镇
	淄博市淄川区昆仑镇
	烟台市蓬莱市刘家沟镇
	潍坊市寿光市羊口镇
	泰安市新泰市西张庄镇
	威海市经济技术开发区崮山镇
	临沂市费县探沂镇
河南省（4个）	焦作市温县赵堡镇
	许昌市禹州市神垕镇
	南阳市西峡县太平镇
	驻马店市确山县竹沟镇
湖北省（5个）	宜昌市夷陵区龙泉镇
	襄阳市枣阳市吴店镇
	荆门市东宝区漳河镇
	黄冈市红安县七里坪镇
	随州市随县长岗镇
湖南省（5个）	长沙市浏阳市大瑶镇
	邵阳市邵东县廉桥镇
	郴州市汝城县热水镇
	娄底市双峰县荷叶镇
	湘西土家族苗族自治州花垣县边城镇
广东省（6个）	佛山市顺德区北滘镇
	江门市开平市赤坎镇
	肇庆市高要区回龙镇
	梅州市梅县区雁洋镇
	河源市江东新区古竹镇
	中山市古镇镇
广西壮族自治区（4个）	柳州市鹿寨县中渡镇
	桂林市恭城瑶族自治县莲花镇
	北海市铁山港区南康镇
	贺州市八步区贺街镇

续表

海南省（2个）	海口市云龙镇
	琼海市潭门镇
重庆市（4个）	万州区武陵镇
	涪陵区蔺市镇
	黔江区濯水镇
	潼南区双江镇
四川省（7个）	成都市郫县德源镇
	成都市大邑县安仁镇
	攀枝花市盐边县红格镇
	泸州市纳溪区大渡口镇
	南充市西充县多扶镇
	宜宾市翠屏区李庄镇
	达州市宣汉县南坝镇
贵州省（5个）	贵阳市花溪区青岩镇
	六盘水市六枝特区郎岱镇
	遵义市仁怀市茅台镇
	安顺市西秀区旧州镇
	黔东南州雷山县西江镇
云南省（3个）	红河州建水县西庄镇
	大理州大理市喜洲镇
	德宏州瑞丽市畹町镇
西藏自治区（2个）	拉萨市尼木县吞巴乡
	山南市扎囊县桑耶镇
陕西省（5个）	西安市蓝田县汤峪镇
	铜川市耀州区照金镇
	宝鸡市眉县汤峪镇
	汉中市宁强县青木川镇
	杨陵区五泉镇
甘肃省（3个）	兰州市榆中县青城镇
	武威市凉州区清源镇
	临夏州和政县松鸣镇

续表

青海省（2个）	海东市化隆回族自治县群科镇
	海西蒙古族藏族自治州乌兰县茶卡镇
宁夏回族自治区（2个）	银川市西夏区镇北堡镇
	固原市泾源县泾河源镇
新疆维吾尔自治区（3个）	喀什地区巴楚县色力布亚镇
	塔城地区沙湾县乌兰乌苏镇
	阿勒泰地区富蕴县可可托海镇
新疆生产建设兵团（1个）	第八师石河子市北泉镇

资料来源：住建部。

7月27日，住建部网站发布《关于拟公布第二批全国特色小镇名单的公示》（建村规函〔2017〕99号），公布了全国第二批特色小镇名单。

第二批公布的特色小镇名单中，江苏、浙江、山东三省最多，均达到了15个，其次是广东省有14个，四川省有13个，湖南、湖北、河南三省分别拥有11个，贵州省、安徽省、云南省、广西壮族自治区各有10个，福建省、山西省、辽宁省、陕西省、重庆市、内蒙古自治区各有9个，江西、黑龙江、河北三省各有8个，新疆维吾尔自治区有7个，吉林省以及上海市各有6个，甘肃省、海南省、西藏自治区、宁夏回族自治区各有5个，青海省、北京市各有4个，天津市以及新疆生产建设兵团各有3个。

表4-2 第二批中国特色小镇名单

北京市（4个）	怀柔区雁栖镇
	大兴区魏善庄镇
	顺义区龙湾屯镇
	延庆区康庄镇
天津市（3个）	津南区葛沽镇
	蓟州区下营镇
	武清区大王古庄镇
河北省（8个）	衡水市枣强县大营镇
	石家庄市鹿泉区铜冶镇

续表

河北省（8个）	保定市曲阳县羊平镇
	邢台市柏乡县龙华镇
	承德市宽城满族自治县化皮溜子镇
	邢台市清河县王官庄镇
	邯郸市肥乡区天台山镇
	保定市徐水区大王店镇
山西省（9个）	运城市稷山县翟店镇
	晋中市灵石县静升镇
	晋城市高平市神农镇
	晋城市泽州县巴公镇
	朔州市怀仁县金沙滩镇
	朔州市右玉县右卫镇
	吕梁市汾阳市贾家庄镇
	临汾市曲沃县曲村镇
	吕梁市离石区信义镇
内蒙古自治区（9个）	赤峰市敖汉旗下洼子镇
	鄂尔多斯市东胜区罕台镇
	乌兰察布市凉城县岱海镇
	鄂尔多斯市鄂托克前旗城川镇
	兴安盟阿尔山市白狼镇
	呼伦贝尔市扎兰屯市柴河镇
	乌兰察布市察哈尔右翼后旗土牧尔台镇
	通辽市开鲁县东风镇
	赤峰市林西县新城子镇
辽宁省（9个）	沈阳市法库县十间房镇
	营口市鲅鱼圈区熊岳镇
	阜新市阜蒙县十家子镇
	辽阳市灯塔市佟二堡镇
	锦州市北镇市沟帮子镇
	大连市庄河市王家镇
	盘锦市盘山县胡家镇

续表

辽宁省（9个）	本溪市桓仁县二棚甸子镇
	鞍山市海城市西柳镇
吉林省（6个）	延边州安图县二道白河镇
	长春市绿园区合心镇
	白山市抚松县松江河镇
	四平市铁东区叶赫满族镇
	吉林市龙潭区乌拉街满族镇
	通化市集安市清河镇
黑龙江省（8个）	牡丹江市绥芬河市阜宁镇
	黑河市五大连池市五大连池镇
	牡丹江市穆棱市下城子镇
	佳木斯市汤原县香兰镇
	哈尔滨市尚志市一面坡镇
	鹤岗市萝北县名山镇
	大庆市肇源县新站镇
	黑河市北安市赵光镇
上海市（6个）	浦东新区新场镇
	闵行区吴泾镇
	崇明区东平镇
	嘉定区安亭镇
	宝山区罗泾镇
	奉贤区庄行镇
江苏省（15个）	无锡市江阴市新桥镇
	徐州市邳州市铁富镇
	扬州市广陵区杭集镇
	苏州市昆山市陆家镇
	镇江市扬中市新坝镇
	盐城市盐都区大纵湖镇
	苏州市常熟市海虞镇
	无锡市惠山区阳山镇
	南通市如东县栟茶镇

续表

江苏省（15个）	泰州市兴化市戴南镇
	泰州市泰兴市黄桥镇
	常州市新北区孟河镇
	南通市如皋市搬经镇
	无锡市锡山区东港镇
	苏州市吴江区七都镇
浙江省（15个）	嘉兴市嘉善县西塘镇
	宁波市江北区慈城镇
	湖州市安吉县孝丰镇
	绍兴市越城区东浦镇
	宁波市宁海县西店镇
	宁波市余姚市梁弄镇
	金华市义乌市佛堂镇
	衢州市衢江区莲花镇
	杭州市桐庐县富春江镇
	嘉兴市秀洲区王店镇
	金华市浦江县郑宅镇
	杭州市建德市寿昌镇
	台州市仙居县白塔镇
	衢州市江山市廿八都镇
	台州市三门县健跳镇
安徽省（10个）	六安市金安区毛坦厂镇
	芜湖市繁昌县孙村镇
	合肥市肥西县三河镇
	马鞍山市当涂县黄池镇
	安庆市怀宁县石牌镇
	滁州市来安县汊河镇
	铜陵市义安区钟鸣镇
	阜阳市界首市光武镇
	宣城市宁国市港口镇
	黄山市休宁县齐云山镇

续表

福建省（9个）	泉州市石狮市蚶江镇
	福州市福清市龙田镇
	泉州市晋江市金井镇
	莆田市涵江区三江口镇
	龙岩市永定区湖坑镇
	宁德市福鼎市点头镇
	漳州市南靖县书洋镇
	南平市武夷山市五夫镇
	宁德市福安市穆阳镇
江西省（8个）	赣州市全南县南迳镇
	吉安市吉安县永和镇
	抚州市广昌县驿前镇
	景德镇市浮梁县瑶里镇
	赣州市宁都县小布镇
	九江市庐山市海会镇
	南昌市湾里区太平镇
	宜春市樟树市阁山镇
山东省（15个）	聊城市东阿县陈集镇
	滨州市博兴县吕艺镇
	菏泽市郓城县张营镇
	烟台市招远市玲珑镇
	济宁市曲阜市尼山镇
	泰安市岱岳区满庄镇
	济南市商河县玉皇庙镇
	青岛市平度市南村镇
	德州市庆云县尚堂镇
	淄博市桓台县起凤镇
	日照市岚山区巨峰镇
	威海市荣成市虎山镇
	莱芜市莱城区雪野镇
	临沂市蒙阴县岱崮镇

续表

山东省（15个）	枣庄市滕州市西岗镇
河南省（11个）	平顶山市汝州市蟒川镇
	南阳市镇平县石佛寺镇
	洛阳市孟津县朝阳镇
	濮阳市华龙区岳村镇
	周口市商水县邓城镇
	郑州市巩义市竹林镇
	新乡市长垣县恼里镇
	安阳市林州市石板岩镇
	商丘市永城市芒山镇
	三门峡市灵宝市函谷关镇
	南阳市邓州市穰东镇
湖北省（11个）	荆州市松滋市洈水镇
	宜昌市兴山县昭君镇
	潜江市熊口镇
	仙桃市彭场镇
	襄阳市老河口市仙人渡镇
	十堰市竹溪县汇湾镇
	咸宁市嘉鱼县官桥镇
	神农架林区红坪镇
	武汉市蔡甸区玉贤镇
	天门市岳口镇
	恩施州利川市谋道镇
湖南省（11个）	常德市临澧县新安镇
	邵阳市邵阳县下花桥镇
	娄底市冷水江市禾青镇
	长沙市望城区乔口镇
	湘西土家族苗族自治州龙山县里耶镇
	永州市宁远县湾井镇
	株洲市攸县皇图岭镇
	湘潭市湘潭县花石镇

续表

湖南省（11个）	岳阳市华容县东山镇
	长沙市宁乡县灰汤镇
	衡阳市珠晖区茶山坳镇
广东省（14个）	佛山市南海区西樵镇
	广州市番禺区沙湾镇
	佛山市顺德区乐从镇
	珠海市斗门区斗门镇
	江门市蓬江区棠下镇
	梅州市丰顺县留隍镇
	揭阳市揭东区埔田镇
	中山市大涌镇
	茂名市电白区沙琅镇
	汕头市潮阳区海门镇
	湛江市廉江市安铺镇
	肇庆市鼎湖区凤凰镇
	潮州市湘桥区意溪镇
	清远市英德市连江口镇
广西壮族自治区（10个）	河池市宜州市刘三姐镇
	贵港市港南区桥圩镇
	贵港市桂平市木乐镇
	南宁市横县校椅镇
	北海市银海区侨港镇
	桂林市兴安县溶江镇
	崇左市江州区新和镇
	贺州市昭平县黄姚镇
	梧州市苍梧县六堡镇
	钦州市灵山县陆屋镇
海南省（5个）	澄迈县福山镇
	琼海市博鳌镇
	海口市石山镇
	琼海市中原镇

续表

海南省（5个）	文昌市会文镇
重庆市（9个）	铜梁区安居镇
	江津区白沙镇
	合川区涞滩镇
	南川区大观镇
	长寿区长寿湖镇
	永川区朱沱镇
	垫江县高安镇
	酉阳县龙潭镇
	大足区龙水镇
四川省（13个）	成都市郫都区三道堰镇
	自贡市自流井区仲权镇
	广元市昭化区昭化镇
	成都市龙泉驿区洛带镇
	眉山市洪雅县柳江镇
	甘孜州稻城县香格里拉镇
	绵阳市江油市青莲镇
	雅安市雨城区多营镇
	阿坝州汶川县水磨镇
	遂宁市安居区拦江镇
	德阳市罗江县金山镇
	资阳市安岳县龙台镇
	巴中市平昌县驷马镇
贵州省（10个）	黔西南州贞丰县者相镇
	黔东南州黎平县肇兴镇
	贵安新区高峰镇
	六盘水市水城县玉舍镇
	安顺市镇宁县黄果树镇
	铜仁市万山区万山镇
	贵阳市开阳县龙岗镇
	遵义市播州区鸭溪镇

续表

贵州省（10个）	遵义市湄潭县永兴镇
	黔南州瓮安县猴场镇
云南省（10个）	楚雄州姚安县光禄镇
	大理州剑川县沙溪镇
	玉溪市新平县戛洒镇
	西双版纳州勐腊县勐仑镇
	保山市隆阳区潞江镇
	临沧市双江县勐库镇
	昭通市彝良县小草坝镇
	保山市腾冲市和顺镇
	昆明市嵩明县杨林镇
	普洱市孟连县勐马镇
西藏自治区（5个）	阿里地区普兰县巴嘎乡
	昌都市芒康县曲孜卡乡
	日喀则市吉隆县吉隆镇
	拉萨市当雄县羊八井镇
	山南市贡嘎县杰德秀镇
陕西省（9个）	汉中市勉县武侯镇
	安康市平利县长安镇
	商洛市山阳县漫川关镇
	咸阳市长武县亭口镇
	宝鸡市扶风县法门镇
	宝鸡市凤翔县柳林镇
	商洛市镇安县云盖寺镇
	延安市黄陵县店头镇
	延安市延川县文安驿镇
甘肃省（5个）	庆阳市华池县南梁镇
	天水市麦积区甘泉镇
	兰州市永登县苦水镇
	嘉峪关市峪泉镇
	定西市陇西县首阳镇

续表

青海省（4个）	海西州德令哈市柯鲁柯镇
	海南州共和县龙羊峡镇
	西宁市湟源县日月乡
	海东市民和县官亭镇
宁夏回族自治区（5个）	银川市兴庆区掌政镇
	银川市永宁县闽宁镇
	吴忠市利通区金银滩镇
	石嘴山市惠农区红果子镇
	吴忠市同心县韦州镇
新疆维吾尔自治区（7个）	克拉玛依市乌尔禾区乌尔禾镇
	吐鲁番市高昌区亚尔镇
	伊犁州新源县那拉提镇
	博州精河县托里镇
	巴州焉耆县七个星镇
	昌吉州吉木萨尔县北庭镇
	阿克苏地区沙雅县古勒巴格镇
新疆生产建设兵团（3个）	阿拉尔市沙河镇
	图木舒克市草湖镇
	铁门关市博古其镇

资料来源：住建部。

（五）中国特色小镇建设资金支持

由中国开发性金融促进会等单位牵头发起的"中国特色小镇投资基金"，2016年10月18日正式启动。投资基金将采取母子基金的结构，母基金总规模为500亿元人民币，未来带动的总投资规模预计将超过5000亿元达到万亿元级别，主要投资于养生养老、休闲旅游、文化体育、创客空间、特色农业等各类特色小镇。有消息称，总额达500亿元的投资基金，提供背后支持的就是国家开发银行。一方面，中国开发性金融促进会就是由国家开发银行发起成立的；另一方面，国家开发银行参与小城镇建设早有先例。

参与小城镇建设对国家开发银行来说几乎可算作传统业务。至少在5年前，国家开发银行就广泛涉足小城镇建设。比如早在 2009 年底，国家开发银行与上海市政府携手合作，由国家开发银行提供 500 亿元人民币融资，支持上海全面提高郊区城镇规划建设水平。从那以后，国家开发银行不仅参与北京昌平、天津滨海等一线城市的小城镇建设，而且在贵州、湖北、湖南、四川、江苏、浙江等多地，开展主题不同的小城镇建设，其中，在湖北由国家开发银行引入市级融资平台，为镇级融资平台担保，累计投入 3.5 亿元支持小城镇建设。

这次发起的"中国特色小镇投资基金"，虽说国家开发银行在明面上不显山、不露水，但发力特色小镇是不争的事实，随着工业化、城镇化进程的不断推进，生态价值凸显，应以永续生态换资本价值，在这个过程中，加快吸引市民、社会资本参与，统筹扶贫开发、特色小镇和生态文明建设，打造花园式的新型城镇化范本。

通过设立子基金和直接投资等方式，浙江政府产业基金截至目前，累计撬动社会资本 3790.77 亿元投入实体经济，充分发挥了财政资金"四两拨千斤"的杠杆引导作用。与此同时，浙江积极推进该省产业基金及区域基金与相关市县合作，设立与特色小镇建设相关的子基金，目前，已投资莲都古堰画乡等 11 个省级特色小镇，直接投入达 17.8 亿元，有力地支持了特色小镇建设。

除了浙江外，北京、广东等地，也非常注重发挥政府基金对特色小镇的助推作用。据了解，北京市正式设立总规模 100 亿元的小城镇发展基金，引导全市 42 个重点小城镇打造成旅游休闲、商务会议、园区经济等五类特色小镇。首批试点镇包括房山区长沟镇、大兴区魏善庄镇和顺义区的李遂镇。据悉，北京用股权基金的方式，探索解决小城镇建设的资金瓶颈问题，这在全国尚属首次。

特色小镇成为这几年工作的一大亮点，今后将得到越来越多的金融支持。基金进入特色小镇，其实就是通过引入第三方主体，实现项目的一体化运营。有关专家指出，基金在特色小镇建设这一领域，本质上就是通过对不同专业机构的导入，以缔约形式，形成一体化的运营平台，最终实现的是集合不同专业机构，从战略规划层面实现特色小镇的整体打造。比如当前采取的 PPP 运营模式，在市场层面上，以企业为主导，形成相关引导基金，与当前政策导向结合，引入国家开发银行、中国农业发展银行等政策性基金，形成的诸如新型城镇化建设基金等，由此形成的资本介入、政策导入，均是现实可行的。

（六）特色小镇建设的障碍与瓶颈

特色小镇是全面建设小康社会的重要组成部分，也是拉动经济增长、促进供给侧结构性改革、推动产业转型升级的重要动力。近年来，全国各地都在大力实施新型城镇化和城乡一体化建设，以特色小镇建设为节点，以美丽乡村建设为纽带，加快完善城乡基础设施，强化特色小镇产业支撑，新型城镇化推进力度不断加大，城乡一体化发展步伐不断加快，城镇化水平不断提高，宜居、宜业、宜游的特色小镇和美丽乡村呈现崭新风貌。

不过，综观目前国内特色小镇建设，也普遍存在一定问题和瓶颈。

一是特色定位不准，存在"千镇一面"的现象。有的地方在特色小镇建设中出现一哄而上、"千镇一面"和低水平重复的现象。有的地方一味复制仿造，搞"大拼盘、大杂烩"，特色不明显，缺乏独特性，特色小镇的产业、文化、旅游等功能未能较好地融合发展。

二是缺乏产业支撑，特色小镇建设后劲不足。有的地方特色小镇建设发展缺乏一定的产业支撑，特色产业发展有待于进一步培育和加强。制约特色小城镇建设和发展的资金"瓶颈"未能彻底打破，筹集资金困难。项目建设存在社会资金、民间资金滞后，投入资金后续不足的问题。

三是特色小镇发展规划有待完善。特色小镇建设规划要与当地生态、文化、产业相结合，有的地方特色小镇规划编制形式较单一，在挖掘村庄自然、历史人文和产业元素方面不到位，没有突出鲜明特色的村庄文化；还有的地方存在重复多次规划，且侧重点各有不同，实施起来无所适从。

归根结底，特色小镇建设是一项民心工程，也是一项长期而又复杂的系统工程，不能重一时整治而忽略长期有效的管理。部分村镇设有建立和健全长效管理机制，不同程度地出现脏、乱、差和"牛皮癣"回潮现象。大部分的培育提升村建设工作主要停留在拆旧拆破、立面出新层面，建设工作的内涵还不深入。基础设施建设大多没有同步建设、及时配套，特别是绿化、美化、亮化等水平有待提升。此外，还存在着重基础设施硬件建设，轻乡风文明软实力建设的现象，不讲卫生等生活陋习还不同程度地存在。

四、特色小镇建设情况分析

(一) 特色小镇运营模式分析

1. 特色小镇的架构研究

(1) 以特色产业为引擎的泛产业聚集结构：特色小镇主要聚焦自身优势的特色产业；延伸产业链，形成"产业本身+产业应用+产业服务"的相关产业集群机构。

(2) 以旅游为引擎的泛旅游产业聚集结构：以特色产业为基础，发展旅游产业；以旅游的十二要素为内容，打造泛旅游产业集群结构。

(3) 旅游目的地架构：特色小镇不完全是旅游，但又必须是旅游；每一个特色小镇都是一个以AAAA级景区为主导的旅游目的地。

(4) 新型城镇化架构：人口聚集带来城市居住及配套服务的发展，进而形成城镇化架构。

(5) 智慧化与互联网引擎：以通信和信息技术为支撑，以游客互动体验为根本，以便捷优化管理为保障的智慧化旅游，可促进产业结构升级。

因此特色小镇是以"双产业"即特色产业与旅游产业为主，"三引擎"即产业引擎、旅游引擎、智慧化及互联网引擎相协调，"三架构"及产业链整合架构、旅游目的地架构（景区）、城镇化架构共同支撑的发展架构。

2. 特色小镇的总体特征

(1) 以特色的产业及环境资源为基础。产业资源是特色小镇打造的前提；环境资源是特色小镇打造的重要依托；资源如何转化为面向市场的核心吸引力是其核心指向。

(2) 以坚定的政府政策及投融资支持为依托。以产业为引领，实现"产业+文化+旅游+社区"的四重功能；各功能之间并不是简单的大糅合，而是相互之间有机地整合与融合。

(3) 以产城一体化综合开发为手段。主要表现为产业的综合发展、功能的综合配置、土地的综合开发、配套的综合建设、目标的综合打造等方面。

(4) 以泛旅游为引擎与目标归宿。拥有完善的城镇及旅游配套设施；

拥有超越一般景区的较高品质的服务（包括旅游服务与公共服务）。

（5）以产业链开发及房产开发为盈利核心。土地一级开发：直接获利，享受升值效益；房产开发：房产销售、房产回收经营；项目开发：经营收益等。

3. 特色小镇的关键在于产业培育

特色小镇的产业为双产业为主，即"特色产业+旅游产业"。

其中自身特色产业主要是指新兴产业或传统经典产业，诸如信息经济、环保、健康、时尚、金融、高端装备等新兴产业；茶叶、丝绸、石刻、文房、青瓷等传统产业。

泛旅游产业主要是指"旅游+农业""旅游+乡村""旅游+工业""旅游+健康""旅游+体育运动""旅游+科技""旅游+教育"等方面内容。

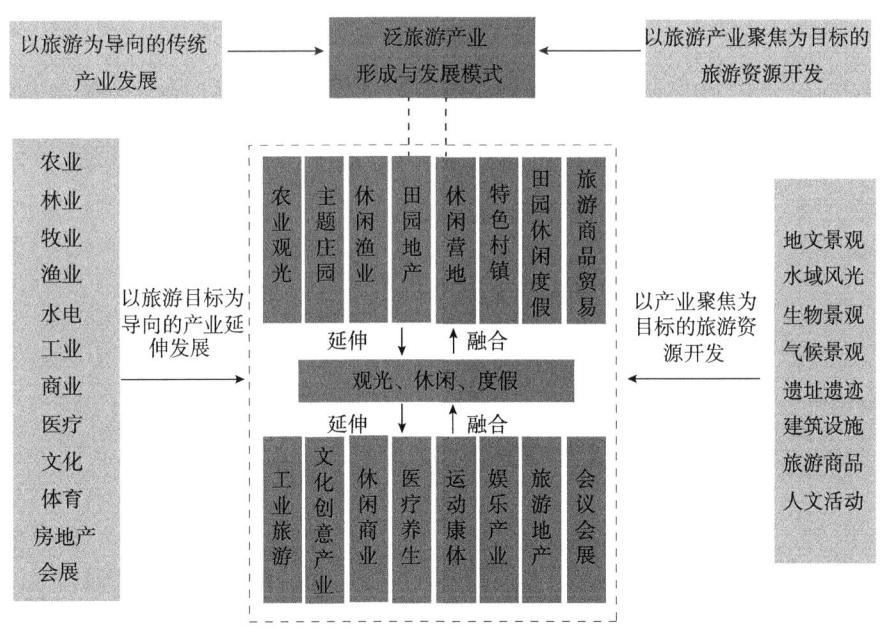

图 4-1 特色小镇泛旅游框架

资料来源：绿维创景。

4. 特色小镇发展的基础是人口聚集

人口聚集的变迁是城市化的重要表现，人口聚集是城市化的基础。人口的两种聚集模式，包括长期居留型聚集与中短期流动性聚集，这两种人口聚集模式的结合，为城镇化发展带来了大量的就业人口和消费人口，形成城镇化发展的基础，决定着城镇发展格局。

(1) 特色产业带动的人口聚集及城镇化发展逻辑。特色产业的发展，形成产业聚集，产业聚集带来就业人口的增加，形成常住居民，常住居民的各种需求，促进地产、金融、公共服务等配套产业及设施的发展，进而推动城镇化架构的形成。

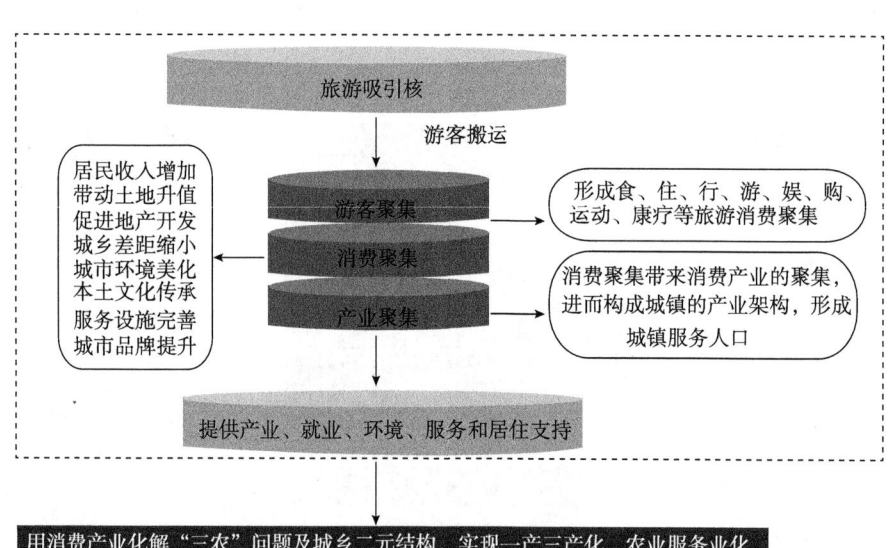

图 4-2　泛旅游产业带动的人口聚集及城镇化发展逻辑

资料来源：绿维创景。

(2) 泛旅游产业带动的人口聚集及城镇化发展逻辑。以"旅游吸引核"为基础，通过旅游的"搬运"功能，形成大规模的外来游客的聚集，游客聚集形成食、住、行、游、购、娱等多样化的消费结构，由此形成消费产业的聚集，构成城镇发展的产业结构，带来大量的就业人口与服务人口。这些人口与当地居民结合,产生对城镇居住、交通、金融、文化等的需求,由此带动城镇化结构的形成。

(二) 特色小镇的综合开发架构

1. 特色小镇的打造要点

(1) 落实城镇化的功能要求,构建"产城人文"一体化的城镇。特色小镇以特色产业与泛旅游产业的整合为支持;大量就业人口及休闲化消费的聚集为动力机制;配套设施及服务的配置为基础依托;就业人口的居住建设与旅游人口的度假居住建设为居住配套;管理、金融、运营的创新为相关保障。

(2) 发挥区域引擎综合效应,带动周边乡村城镇化。特色小镇注重产业培育、经营持续、区域带动三个方面。

(3) 结合具体环境特征,打造生态宜居环境。特色小镇遵循"不占耕地"的用地原则,"大力优化区域生态环境"的生态原则,"挖掘文化,打造美丽特色小镇"的文化原则。

2. 特色小镇的开发架构

特色小镇以特色产业引擎与旅游吸引核为中心,依托核心产业园区与休闲聚集区,形成产业延伸环、居住发展与社区配套网的综合架构。

3. 特色产业项目开发架构

特色产业开发具体落地架构主要分为事业导入与产业开发两个方面。

事业导入主要分为科(产业科研基地)、教(教育培训园区)、文(产业博物馆)、其他(如康复疗养医院)等。

产业开发包括产业本身(科技产业园、产业孵化园、双创中心、创想园等);产业应用(应用示范园等);产业服务(产业+贸易、产业+会议、产业+康养、产业+运动、产业+休闲娱乐等)。

4. 旅游产业项目开发架构

旅游产业项目为"旅游吸引核+休闲聚集+商街+居住"的开发架构模式。

旅游吸引核——特色项目吸引核(包括主题乐园、景区等)、风貌吸引核(包括古镇、艺术、创意等)、广场吸引核(包括激光水秀、篝火晚会等)、餐饮吸引核等。

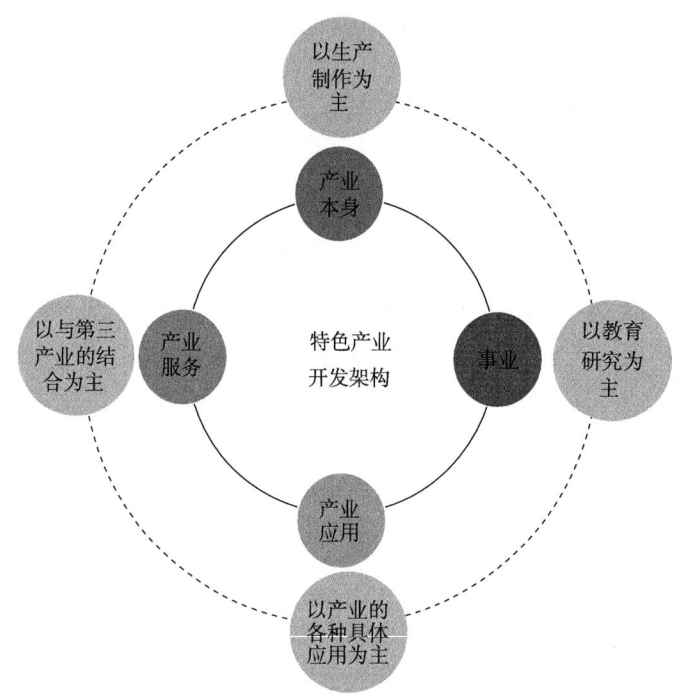

图 4-3　特色产业项目开发架构

资料来源：公开资料整理。

休闲聚集——餐饮聚集、酒吧与夜间聚集、创意客栈聚集等。

商街——创意工坊街区（诸如百工坊、百艺坊等）、娱乐游乐街区（演艺、洗浴、养疗等）、休闲街区与商业地产。

居住——就业与本地居民居住第一居所、大城市与周末居住第二居所、养老与度假居住第三居所等。

（三）特色小镇的运营

1. 特色小镇的商业模式

（1）土地一级开发。仅做土地的一级开发，直接获利；进行一级土地开发，同时通过其他模式（如补贴方案等），享受升值收益结构。

(2) 二级房产开发。包括六大房产结构：一居所地产、商铺型地产、客栈公寓型地产、二居所地产（周末）、三居所地产（度假）、养老地产。通过销售回收经营等方式形成销售运营模式。

(3) 产业项目开发。一是特色产业项目开发，包括科教文卫等产业事业导入及产业园、孵化园等产业本身开发；二是旅游产业项目开发，包括旅游吸引核项目（如主题公园）、休闲消费聚集项目（如休闲商街）、夜间休闲聚集项目（如水秀表演等）；通过项目的运营获得收益。

(4) 产业链整合开发。两大产业链：泛旅游产业链和特色产业链。两大产业链相互支撑，构建区域产业生态圈，包括金融、教育、居住人群、城市化机构和政府政策等。

(5) 城镇建设开发。城市服务：公共交通服务、社会服务等。城市管理：城市智能化管理、政府政策等。城市配套：银行、学校、医院等。

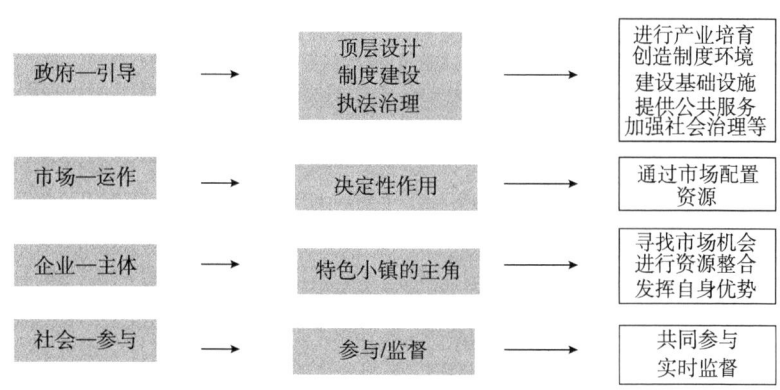

图 4-4　特色小镇的运营模式

资料来源：作者根据公开资料整理。

2. 特色小镇的运营模式

以企业为主体，政府服务，政府负责小镇的定位、规划、基础设施和审批服务，引进民营企业建设特色小镇。

（四）特色小镇建设现状分析

特色小镇，特色创建。目前特色小镇主要有两种创建模式：一是政企合作、联动建设，政府做好大规划，联手大企业培育大产业。二是政府建设、市场招商，政府成立国资公司，根据产业定位面向全国招商。

在特色小镇的发展中，政府重在搭建平台、提供服务，市场主体发挥主要作用。截至目前，众多知名企业都参与到了特色小镇的建设中，从类别看，房地产开发商、产业龙头企业是两股主要的力量。不同于过去的多元化转型策略，建设特色小镇正在成为内地房企转型的新方向。碧桂园、华侨城、绿城等一批领先房企正在打造中国的"小镇计划"，探索用"造城计划"寻找新的利益增长点。

表4-3 中国特色小镇项目动态

玩家	小镇名	具体情况
阿里巴巴	云栖小镇	浙江省首批创建的37个特色小镇之一。云栖小镇位于杭州市西湖区，规划面积3.5平方公里。阿里巴巴首席技术官、阿里云创始人王坚任名誉院长，也是云栖小镇的主要创建者。云栖小镇是以云计算为核心，以云计算大数据和智能硬件产业为产业特点的特色小镇
华侨城	文创小镇	华侨城称，将与政府、城镇和社会资本合作，结合当地农业观光产业，导入文化旅游和公共事业、优化产业结构和形态，构建100座具有中国传统民俗文化特色的小镇。目前已对四川天回镇、安仁镇以及黄龙溪镇、深圳甘坑等进行投资
深圳地铁	基金小镇	深圳地铁集团与前海金控联手，打造前海深港基金小镇，使其成为联系海外主要金融中心及国内主要金融小镇的重要中枢，打造其成为深圳的又一张金融名片
华夏幸福	会展小镇	华夏幸福在南京市溧水区约定区域，打造会展小镇。另近期披露，还拟于重庆、嘉兴、保定造产业新城或特色小镇
碧桂园	科技小镇	2016年8月，宣布启动"科技小镇"计划，已开动三个科技小镇项目，分别是惠东稔山科技生态城项目、惠州潼湖创新小镇项目、惠州潼湖科学城项目

续表

玩家	小镇名	具体情况
绿城集团	农业小镇	绿城透露未来5~10年做出5~10个小镇样板，主要位于上海、杭州和北京周边，并表示，这样的小镇不只是地产开发，还包括医疗、教育、餐饮、娱乐和文化等。对外描述中，农业小镇需要3平方公里土地，其中2平方公里是农业，1平方公里开发建设，在建筑规划中，90%是住宅，预计售价1万元/平方米，10%是配套设施，包括医疗、教育、餐饮、娱乐和文化等
海航创新	航空运动小镇	海航创新送呈浙江省的平湖航空运动小镇项目2016年获得审批。九龙山航空运动小镇，规划面积3.45平方公里，据初步预测，小镇建成后将年接待游客200万人次，将直接带动景区及当地旅游发展
宏泰产业市镇	航空小镇	宏泰集团称，近年逐步投身于特色航空小镇的建设，并正努力打造一个集航空制造、维修保养、航体体验于一身，并扩展发展适航中心、产业孵化等工作的通用航空"一条龙"运营服务品牌

资料来源：公开资料整理。

五、特色小镇建设盈利模式分析

（一）政府

政府是特色小镇发展的最主要推动者，特色小镇的发展不仅可以推动地方经济的快速发展升级和就业人口的聚集，也给政府带来了巨大收益。

（1）税收收入。特色产业作为特色小镇的核心，以特色产业为核心而发展聚集的产业链上下游企业将给政府带来巨大的税收收益和就业人口，从而带动地方的发展。

（2）土地溢价。特色小镇的发展成熟必将带来周边土地的溢价，政府通过土地财政可以获得大量收入。

除了这些财政收益以外，特色小镇将为地方带来更多无形的收益，如城市环境的优化、民生的改善、城市影响力的提升、产业生态圈的形成、就业的增加和更多高素质人才的聚集等，这些难以用金钱衡量社会经济的环境改善，是政府大力推动特色小镇开发的重要动力。

(二) 开发商

开发商是特色小镇的开发主体,涉及小镇开发的前、中、后全链条,从土地整理就开始介入,往往一直延伸到小镇运营。对于开发商来说,可以从以下几点收益:

(1) 政策性资金。对于旧工业区、旧城改造,政府往往有一定的政策性资金补贴和土地优惠政策,这将大大降低企业的前期投入成本。而企业在引入相关产业和项目落地小镇时,往往政府也有相应的招商奖励补贴。

(2) 基础建设收益。这里主要是指土地整理和公共基础设施的工程建设收益。如华夏幸福受政府委托对小镇范围内的土地进行统一的征地、拆迁、安置、补偿,并进行适当的市政配套设施建设,变毛地为熟地后,通过政府回购,进而获得盈利。

(3) 项目运营收益。对于开发商来说,门票、交通、租金、经营性物业的营业收入和部分产权物业的销售收入以及关联产业的收益都是其长久运营小镇的收入来源。

(4) 地产收益:通过特色小镇政策获得土地是不少房地产等开发商进入特色小镇开发的原动力。通过一定程度的地产开发用地和产业用地的配比,开发商可以以短、平、快的地产收益平衡见效慢的产业开发支出,长短相济,长远发展。

(三) 金融机构

金融机构介入特色小镇开发,除了作为资金供给方外,还可根据自身特点通过以下方式盈利:

1. 产业循环收益

金融机构通过基金的方式介入相关产业的发展、项目的开发等,并通过企业自身产业与小镇产业的互动,既促进了小镇产业的蓬勃发展,又反哺其自身产业的进一步提升,互利互惠,共同获得溢价价值。

2. 消费信托收益

消费信托从小镇开发的终端介入,将地产、酒店等的使用权、购买权、服务消费权等包装成消费信托产品出售,通过预付方式,形成由大量小额预付金构成的资金池,并获得其固定年限内的无偿使用权,再利用资金池

概论篇——新型城镇化探索之路

进行投资获得收益。同时,也营销了小镇产品,促进了小镇的发展。

政府、开发商、金融机构因其介入角色的不同,在特色小镇的开发中形成了不同的盈利点和盈利模式,但只有互相携手共进才能让特色小镇真正焕发生机,长久发展。

六、特色小镇建设的主要融资模式分析

特色小镇建设可用的融资方式包括政策性（商业性）银行（银团）贷款、债券计划、信托计划、融资租赁、证券资管、基金（专项、产业基金等）管理、PPP融资等。

（一）发行债券

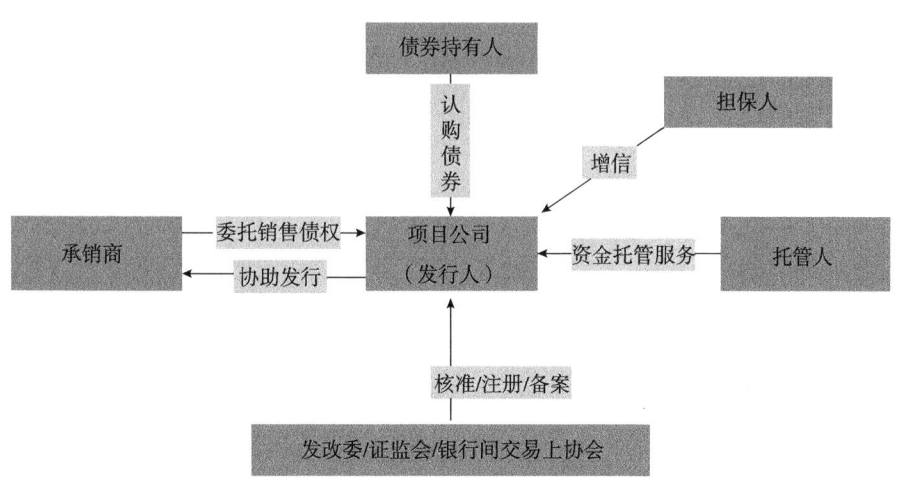

图4-5　债券产品结构设计

资料来源：根据北京绿维创景规划设计院公开资料整理。

根据现行债券规则,满足发行条件的项目公司可以在银行间交易市场发行永（可）续票据、中期票据、短期融资债券等债券融资,可以在交易商协会注册后发行项目收益票据,也可以经国家发改委核准发行企业债和

项目收益债，还可以在证券交易所公开或非公开发行公司债。

（二）融资租赁

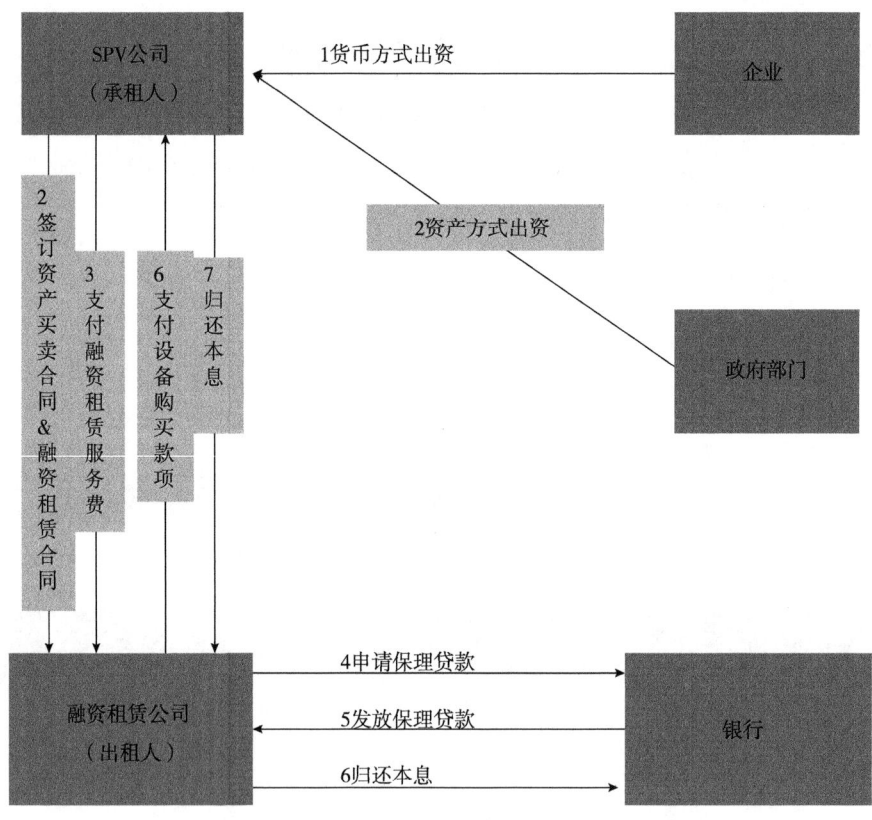

图 4-6　融资租赁结构设计

资料来源：根据北京绿维创景规划设计院公开资料整理。

融资租赁（Financial Leasing）又称设备租赁、现代租赁，是指实质上转移与资产所有权有关的全部或绝大部分风险和报酬的租赁。融资租赁集金融、贸易、服务为一体，具有独特的金融功能，是国际上仅次于银行信贷的第二大融资方式。

融资租赁的三种主要方式：直接融资租赁，可以大幅度缓解建设期的资金压力；设备融资租赁，可以解决购置高成本大型设备的融资难题；售后回租，即购买有可预见的稳定收益的设施资产并回租，这样可以盘活存量资产，改善企业财务状况。

（三）基金模式

1. 产业投资基金

国务院在《关于清理规范税收等优惠政策的通知》（国发〔2014〕62号）中指出："深化财税体制改革，创新财政支持方式，更多利用股权投资、产业基金等形式，提高财政资金使用绩效。"产业投资基金相比于私募股权投资基金具有以下特点：

（1）产业投资基金具有产业政策导向性；

（2）产业投资基金更多的是政府财政、金融资本和实业资本参与；

（3）存在资金规模差异。

2. 政府引导基金

政府引导基金是指由政府财政部门出资并吸引金融资本、产业资本等社会资本联合出资设立，按照市场化方式运作，带有扶持特定阶段、行业、区域目标的引导性投资基金。政府引导基金具有以下特点：

（1）非营利性。政策性基金在承担有限损失的前提下让利于民。

（2）引导性。充分发挥引导基金的放大和导向作用，以及引导实体投资。

（3）市场化运作。有偿运营，非补贴、贴息等无偿方式，充分发挥管理团队的独立决策作用。

（4）一般不直接投资项目企业，作为母基金主要投资于子基金。

3. 城市发展基金

城市发展基金是指地方政府牵头发起设立的，募集资金主要用于城市建设的基金。其特点如下：牵头方为地方政府，通常由财政部门负责，并由当地最大的地方政府融资平台公司负责具体执行和提供增信；投资方向为地方基础设施建设项目，通常为公益性项目。例如，市政建设、公共道路、公共卫生、保障性安居工程等；还款来源主要为财政性资金；投资方式主要为固定收益，通常由地方政府融资平台提供回购，同时可能考虑增加其他增信。

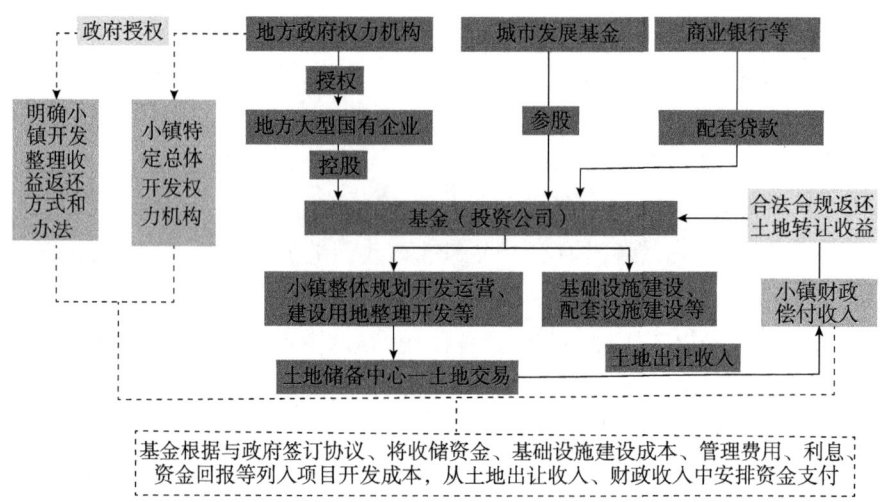

图 4-7　城市发展基金运营结构

资料来源：根据北京绿维创景规划设计院公开资料整理。

4. PPP 基金

PPP 基金是指基于稳定现金流的结构化投融资模式。PPP 基金可分为 PPP 引导基金和 PPP 项目基金；其中 PPP 项目基金又可分为单一项目基金和产业基金等。

PPP 融资支持基金是国家层面的 PPP 融资支持基金。PPP 基金在股权、债权、夹层融资领域均有广泛应用，包括为政府方配资、为其他社会资本配资，以及单独作为社会资本方为项目公司提供债权融资等。

（四）资产证券化

资产证券化是指以特定基础资产或资产组合所产生的现金流为偿付支持，通过结构化方式进行信用增级，在此基础上发行资产支持证券（ABS）的业务活动。

但基于我国现行法律框架，资产证券化存在资产权属问题，理由包括如下几方面：

概论篇——新型城镇化探索之路

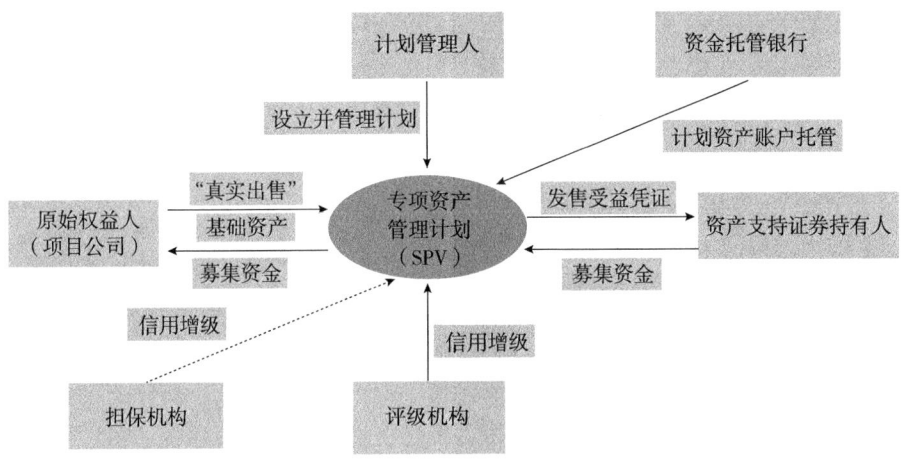

图 4-8 资产证券化结构设计

资料来源：根据北京绿维创景规划设计院公开资料整理。

（1）特色小镇建设涉及大量的基础设施、公用事业建设等，基础资产权属不清晰，在资产证券化过程中存在法律障碍。

（2）《物权法》第 52 条第 2 款规定："铁路、公路、电力设施、电信设施和油气管道等基础设施，依照法律规定为国家所有的，属于国家所有。"

（3）特许经营权具有行政权力属性，《行政许可法》规定行政许可不得转让原则。在司法实践中，特许经营权的收益权可以质押，并可作为应收账款进行出质登记。

（4）《资产证券化业务管理规定》第 9 条规定原始权益人应当依照法律法规或公司章程的规定移交基础资产。但缺乏真实出售标准，司法也无判例参考。

（5）发起人、专项计划管理人之间无法构成信托关系，不受《信托法》保护。

（五）收益信托模式

收益信托类似于股票的融资模式，由信托公司接受委托人的委托，向社会发行信托计划，募集信托资金，统一投资于特定的项目，以项目的运营收益、政府补贴、收费等形成委托人收益。

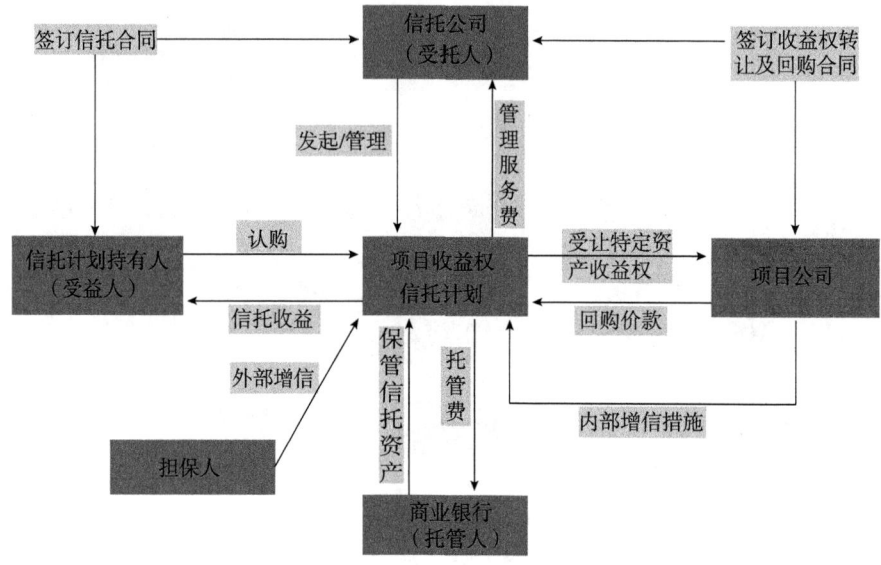

图 4-9 收益信托结构设计

资料来源：根据北京绿维创景规划设计院公开资料整理。

（六）PPP 融资模式

PPP 模式从缓解地方政府债务角度出发，具有强融资属性。在特色小镇的开发过程中，政府与选定的社会资本签署 PPP 合作协议，按出资比例组建 SPV，并制定公司章程，政府指定实施机构授予 SPV 特许经营权，SPV 负责提供特色小镇建设运营一体化服务方案，在特色小镇建成后，通过政府购买一体化服务的方式移交政府，社会资本退出。

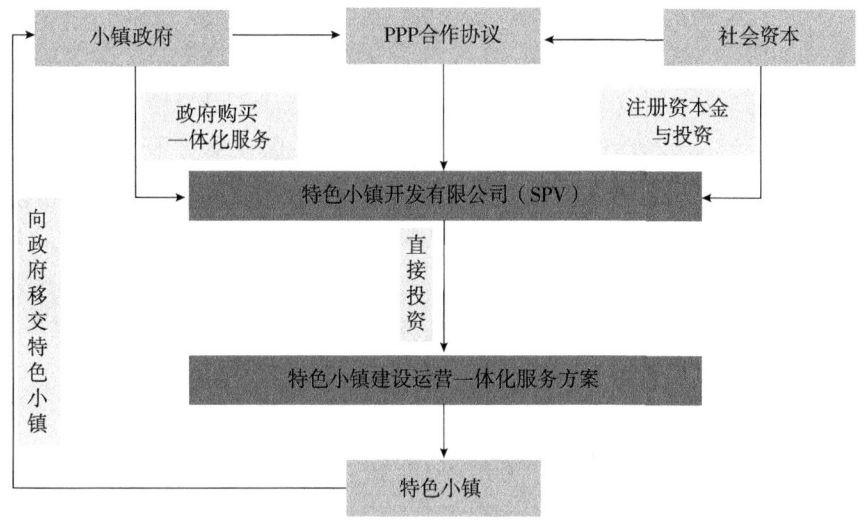

图 4-10　特色小镇开发的 PPP 模式

资料来源：根据北京绿维创景规划设计院公开资料整理。

七、PPP 模式在特色小镇建设上的应用

（一）特色小镇应用 PPP 融资模式的必要性

PPP（Public-Private Partnership），即政府和社会资本合作是公共基础设施中的一种项目融资模式。在该模式下，鼓励私营企业、民营资本与政府进行合作，并参与公共基础设施的建设。PPP 是指政府公共部门与私营部门在合作的过程中，让非公共部门所掌握的资源参与提供公共产品和服务，从而实现合作各方达到比预期单独行动更为有利的结果。

1. 减轻财政压力，开拓融资渠道

根据《住房城乡建设部、国家发展改革委、财政部关于开展特色小镇培育工作的通知》，到 2020 年，培育 1000 个左右各具特色、富有活力的休闲旅游、商贸物流、现代制造、教育科技、传统文化、美丽宜居等特色小镇。目前，地方政府也在积极推出各种各样的特色小镇，但是政府处于两

难的境地，一方面特色小镇必须以产业为主体，另一方面地方政府的债务压力大，持续的财政输出显然不太可能。要实现特色小镇建设投资主体的多元化，建立以政府为引导，社会资本广泛参与的融资模式，发挥财政资金的"杠杆"作用，才能够以较少的财政资金撬动庞大的社会资金。因此，以政府和社会资本合作为基本特征的PPP融资模式，能够有效地综合使用财政资金和社会资本，以此弥补特色小镇的资金缺口，丰富资金来源。因此，在特色小镇建设过程中各级探索引入PPP模式，解决特色小镇资金不足的问题。

2. 降低和分散风险

在特色小镇建设中采用PPP模式，政府和社会资本通过相应的合同，对投资、建设过程中的相关责任进行明确划分，这有力地降低和分散了风险，提高特色小镇建设的效率和效益。一方面，政府通过行政手段以公开招标的方式引进综合实力较强的企业参与特色小镇的建设，参与的企业一般具有较强的风险控制能力和雄厚的资金积累，进而提高特色小镇建设的整体风险控制能力；另一方面，PPP模式的初衷是在项目的开始阶段就引入社会资本，这样社会资本可以以自身先进的技术和管理经验，对项目本身的相关风险进行甄选和识别，进而通过行之有效的手段管控风险。另外，在特色小镇建设的开始阶段，政府可以承担较多的项目风险，而社会资本则参与风险的管控。当特色小镇的项目完工时，社会资本参与特色小镇的经营，并承担相应风险。这样政府和社会资本可以发挥自身优势在项目的不同阶段管控相应风险，降低和分散风险，提高特色小镇建设的效率。

3. 扩大社会资本的投资领域

在特色小镇建设中引入PPP模式，不仅有利于缓解政府财政压力，对民营企业的发展和完善也有利，具体可以从以下三个方面来体现：第一，PPP模式可以作为特色小镇建设的一种稳定的投资渠道，获得经济利益。特色小镇建立的初衷就是打造一个产业平台，未来像美国的硅谷一样形成一个产业集群，这样社会资本可以获得较高的预期收益。第二，在PPP模式下，社会资本通过投资特色小镇，除了可以获得直接的经济利益，还可以获得其他衍生利益。例如，参与特色小镇的商业设施和公共服务设施的日常经营和管理，获得较为合理的经营性收入。第三，在PPP模式下，社会资本参与特色小镇建设可以提高特色小镇的建设效率和政府资本的投资效率，并拉动区域的经济发展和投资需求，有助于提升整个社会的资本投资回报率,还可以吸引更多的人才参与到区域的经济建设中去。

(二) 特色小镇应用 PPP 融资模式的可行性

1. 良好的运作基础

PPP 模式的核心在于政府和社会资本的优势合作,实现双方"共赢"的合作目标。PPP 模式在中国经过多年的发展,积累了许多宝贵的经验。从 20 世纪 90 年代至今,PPP 模式在各个领域得到了广泛运用。2015 年自发改委和财政部搭建 PPP 项目的推介平台以来,中国的 PPP 项目规模已达 13.77 亿元。在地方政府的持续财政压力驱动下,PPP 项目的融资功能对于缓解地方的债务压力比较明显,深得各级政府的推崇。

2. 有利的政策导向

特色小镇是一个按照创新、协调、绿色、开放、共享的发展理念,融合产业、文化、旅游、社区功能于一身的产业平台。中央和各级政府都不遗余力地给予政策支持。住房城乡建设部、国家发展改革委、财政部(以下简称"三部委")联合发出《关于开展特色小城镇培育工作的通知》(〔2016〕147号),提出在全国范围内开展特色小镇培育工作。浙江省政府出台《关于加快特色小镇规划建设的指导意见》(浙政发〔2015〕8 号),明确了特色小镇规划建设的总体要求、创建程序、政策措施、组织领导等内容。天津市政府办公厅发布《天津市特色小镇规划建设工作推动方案》(以下简称《方案》)。根据该《方案》,到 2020 年,天津市将创建 10 个市级实力小镇、20 个市级特色小镇。在 2015 年底,江苏提出计划通过"十三五"的努力,打造 100 个左右特色小镇。目前除了南京已率先进行试点建设外,扬州、泰州、宿迁等市也在积极探索中。广州目前已编制了《关于加快特色小镇规划建设的实施意见》,计划先期创建 30 个市级特色小镇,为其提供用地扶持、资金扶持、产业扶持和人才支持。《福建省人民政府关于开展特色小镇规划建设的指导意见》明确在未来 3~5 年的培育创建,建成一批产业特色鲜明、体制机制灵活、人文气息浓厚、创业创新活力迸发、生态环境优美、多种功能融合的特色小镇。这一系列的政策为特色小镇建设广泛运用 PPP 融资模式提供了政策支持。

3. 稳定的投资回报

特色小镇的建设能否吸引到民间资本的参与,其中的关键在于特色小镇项目的盈利空间和回报机制的设置,能否匹配社会资本的预期收益回报率。

只有当特色小镇的投资收益大于社会资本的投资成本时，PPP融资模式才能真正的落地。事实上，在PPP融资模式下，社会资本参与特色小镇的建设还是有利可图的。首先，从特色小镇设立的目的方面来看，特色小镇不同于一般意义上的政府公益性项目，它是一个融合产业、文化、旅游、社区功能于一身的产业平台。因此，定位准确、运作科学、机制合理的特色小镇，它未来产生的价值，是完全可以满足社会资本的投资回报。其次，政府为了吸引社会资本参与特色小镇的建设，会从多方面落实相关政策，提供优惠条件，包括从多方面解决好社会资本的投资回报问题。例如，政府从土地、税收、银行信贷支持以及财政政策等方面解决社会资本的投资回报问题。

（三）特色小镇PPP模式运作流程设计

特色小镇PPP模式是以特色小镇项目为合作载体，让实力较强的企业参与到项目建设中，从而实现政府建设特色小镇的目的，与此同时为社会资本带来一定的投资回报率。通过这种合作过程，确保特色小镇在建设效率和质量的前提下，适当满足社会资本的投资盈利要求。其特征主要表现为：

（1）采用PPP模式的特色小镇项目也可以理解为是一种特许经营项目，特色小镇的财产权归政府所有，政府只是将特色小镇项目的建设、经营和维护交给社会资本。

（2）在特色小镇的PPP模式下，政府和社会资本之间属于长期合作，其最终的目的在于提高特色小镇的长期效益。由于特色小镇项目回报的长期性，其成功的关键在于在项目的存续期内政府和社会资本如何能够保持稳定、良好的合作关系。

（3）PPP模式的初衷便是一种利益共享、风险共担的机制。所谓利益共享是指政府和社会资本除共享特色小镇的社会成果之外，也可以使社会资本获得比较好的经济收益。但是这种投资收益绝对不是超额利润，否则从根本上难以做到利益共享。利益与风险的匹配性在项目双方共享利益的同时承担相应风险是必须具备的。

基于PPP模式的可行性和必要性，结合PPP的自身特征，现提出特色小镇建设PPP模式的交易架构。重点是社会资本就特色小镇项目应成立项目公司，由项目公司负责对项目进行融资，这其中包括融资金额和目标、融资结构、确定项目资金的结构，并签署相关协议。

概论篇——新型城镇化探索之路

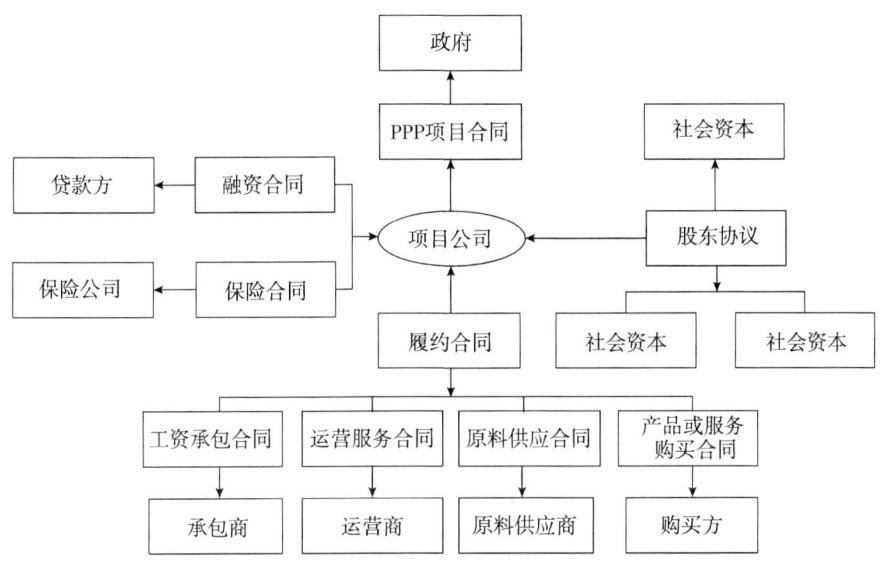

图 4-11 典型的 PPP 结构示意

资料来源：公开资料整理。

（四）对特色小镇运用 PPP 模式的政策建议

1. 完善人才引进政策

为了吸引社会资本投资，政府应制定适合 PPP 融资项目发展的相关政策，并以政府的角度制定相关文件来保持政策的稳定性。如要明确社会资本在特色小镇 PPP 融资项目中的合法地位和利益。为了配合特色小镇 PPP 融资项目的顺利实施，政府还应利用其自身优势培养和引进一批熟悉 PPP 项目和投融资结构的专业性人才。当然也应该为特色小镇后续的经营和发展储备一批专业对口的人才。

2. 提供税收优惠政策

社会资本参与到特色小镇 PPP 融资项目时，政府应加大政策引导，如可以在 PPP 项目实施的各个阶段给予一定的税收减免政策，以达到降低社会资本的投资成本。如在建设阶段，政府可以采取免征和少征税费的税收减免政策。在运营环节,对于特色小镇的租金税收方面可以免征房产税和营业税。虽然这样对于政府来说,会损失一部分财政收入,但是未来特色小镇的一些衍生性产业也会对政府的税收产生一定的补充。

3. 专业的金融支持政策

政府对特色小镇PPP项目提供金融支持时,不仅要出台相应的金融政策,还要建立符合特色小镇PPP项目的金融体系,最直接有效的手段是扩大商业银行的贷款力度。还有一种比较极端的手段是通过政府财政收入对社会资本的贷款利息进行补贴,以减轻社会资本的利息负担,吸引民营资本参与。

同时,政策还可以利用其行政手段和影响力,大力在各个金融机构宣传特色小镇PPP项目。在资本市场里,直接发行一些特色小镇PPP项目的项目收益债券,另外还有一些比较流行的融资方式适合特色小镇PPP项目。因为特色小镇PPP项目目前不会产生收益,但是特色小镇未来会产生稳定的现金流,这样就可以通过资产证券化来进行特色小镇PPP项目的融资。

八、特色小镇建设发展建议[①]

(一) 高品质、高起点、高标准

坚持品质为先,加快高起点规划、高标准建设。

特色小镇不是"一顶帽子""一块牌子",而是事关扩大有效投资、推进转型升级、城乡统筹发展,发展七大产业和十大历史经典产业,集中高层次人才、集聚高端要素、培育高新业态的重大创新。某种程度上说,特色小镇的高度决定了未来发展的高度。抓好了特色小镇,转型升级就找到了突破口,整个面上的工作就抓活了。一定要深刻把握特色小镇的内涵和本质要求,坚决摒弃重数量、重牌子的理念,建设品质小镇。

要加强集聚集约发展。抓特色小镇建设,要崇尚"小而精""小而美",坚持集约利用土地资源,坚持在小空间内集聚众多高端生产要素。

---

① 翁建荣. 怎么推进特色小镇 [J]. 招商引资内参, 2016.

特别要强调的是，必须坚决摒弃"贪大求洋"的做法，切不可搞大规模开发建设，更不能变相搞房地产开发和重复建设，防止出现产城分离的"空城""睡城"。

要加速项目谋划建设。环保、健康、时尚、高端装备制造 4 大行业的特色小镇；信息经济、旅游、金融、历史经典产业等特色小镇。更重要的是，投资要有效率和效益。一定是要精挑细选的好项目，引进项目要经得起历史检验。要认真梳理项目，对于与小镇产业关联度不高的项目，引进门槛过低甚至是重复建设的项目，要坚决拒之小镇门外。要高度重视项目质量和建设进度，下功夫谋划前期项目，强服务促进项目早开工，花力气推进在建项目，特别重视与实体经济紧密结合的项目，用实物形象、实际效益说话。

要加快建设示范小镇。要重点培育建设一批省级示范特色小镇，成为样板小镇，确保特色小镇有领跑者，为建成一批高质量特色小镇树好典型、做好榜样。各市也可创建市级示范小镇，把榜样竖起来，进而带动其他小镇比学赶超。

（二）特色发展、突出亮点

坚持特色为王，突出特色亮点、强化高端引领。

特色不是小镇的形容词，而是小镇的关键词，是小镇的核心元素。这个"特"体现在产业特色、生态特色、人文特色、功能特色等多个方面。"一镇一特"要的就是不重复、不雷同，具有鲜明的独特性和旺盛的生命力。各地一定要找准特色、凸显特色、放大特色。

要彰显产业特色。产业特色是小镇特色亮点的重中之重。小镇建设不能"百镇一面"。即便主攻同一产业，也要差异定位、细分领域、错位发展，不能丧失其独特性。小镇只有 1 平方公里的建设用地，产业过于分散，肯定形不成特色。在打造产业特色过程中，要着眼长远，聚焦前沿技术、新兴业态、高端装备和先进制造，突出科技含量、高新技术的比重以及高端制造业的高端水平。如高端装备制造业小镇，要把新材料、新能源、机器人、智能装备、航空航天等作为重点；健康小镇，要把生物医药、大型建设医疗设备领域等作为重点；环保小镇，要把能源环保作为重点。只有这样，特色小镇才能支撑浙江未来的发展，才能在引领转型升级上做出示范。

要彰显生态特色。特色小镇建设必须坚持生态优先，坚守生态良好底线，根据地形地貌和生态条件做好整体规划、形象设计，硬件设施和软件建设都应当"一镇一风格"，充分体现"小镇味道"。特别要重视生产和生态融合发展，做到特色小镇生态特色与产业特色、当地自然风貌相协调，打造的生态特色与小镇周边有显著区别。切不能发展了小镇经济，破坏了小镇环境。可实行"嵌入式开发"，借鉴乌镇等模式，保留原汁原味的自然风貌，建设有江南特色和优良生态的风情小镇。

要彰显人文特色。文化特色是软实力，也是产业发展最终的生命力。每个特色小镇都要汇聚人文资源，形成人文标识。特别是要把文化基因植入产业发展、生态建设的全过程，结合自身实际，着力培育创新文化、延续历史文化根脉、保护非物质文化遗产、打造独特的山水文化，形成"人无我有""人有我优"的区域特色文化。

（三）创新打造创意小镇

坚持创新为魂，建设创意小镇、打造人才小镇。

要强化产业创新发展。一是要强化技术创新，做强特色产业。特色小镇应该是先进技术的发明和应用小镇。7大新兴产业的特色小镇，要紧紧围绕各自的产业定位，运用"互联网+"、信息智能等现代技术，借助科研机构共同开发应用先进技术，结成创新伙伴，缩短创新成果的转化过程，助力产业转型升级、引领产业发展；历史经典产业，要深挖传统工艺，运用现代新技术，开发新产品，培育新粉丝，力争做成代表中国文化的符号。二是要加强创意发展，加快培育新业态。特色小镇要建成创意小镇。每个特色小镇要根据产业特点和自然禀赋，建设一个创客中心，以好创意来丰富特色小镇的业态，创造性地培育出一批一二三产联动、历史现代未来同现、生产生态生活共融、宜居宜业宜游的新产业，实现产品创新与业态创新联动，以新产业新业态培育新的消费群体，激发新的消费需求。三是要加强合作创新，加速集聚高端要素。特色小镇是有物理空间边界，但没有产业合作边界，是各种高端要素集聚流动的开放小镇。所有小镇要瞄准与产业定位相关的高端人才、高端资源和高端产品，运用现代信息手段，搭建创新交流平台、技术合作平台、品牌发布平台等，集成利用好各种高端要素，打通产业链、创新链、人才链，促进各种技术、资金、人才自由流动、高效利用。

要注重集聚创新人才。特色小镇要做好吸引创新人才、集聚创新人才、留住创新人才三篇文章。一是要定制个性化政策，以待遇吸引创新人才。特色小镇要根据产业定位，量身定制各类政策，吸引"国千省千"、科技人员创业者、留学归国人员、优秀大学生以及国家级工艺大师等各类创新人才到特色小镇来共同创业，并把特色小镇建设成为各类创新人才的首选地。二是要塑造共同价值观，以事业集聚创新人才。创新人才是限量的稀缺资源。对于创新人才而言，除了待遇外，最能打动他的是有共同的价值观，能帮助他实现自身价值。特色小镇的建设主体要把产业主攻方向研究透，小镇发展愿景规划好，以共同的小镇发展价值观集聚到各类创新人才，把特色小镇建成创新人才的圆梦小镇。三是要发挥"雷尼尔效应"，以环境留住创新人才。美国西雅图的华盛顿大学，教授工资比其他大学要低20%，但没人"跳槽"。原因是华盛顿大学东靠华盛顿湖、西临普吉特海峡，东南方有海拔4200米的雷尼尔雪山，环山抱水、景色秀丽。人们把这种迷恋美景而放弃高收入的现象称为"雷尼尔效应"。特色小镇要严格按照AAA级景区标准建设，严格保护自然资源和生态环境，完善各种与创新人才需要的公共配套，以美好的环境留住创新人才。

要强化创新运作机制。特色小镇要建立市场为主的运作机制，要向改革要红利，激活力、增效益。一是扶持机制要加大创新。特色小镇需要政府推动，但要坚决摒弃政府大包大揽的做法。要利用政策杠杆、市场机制来加大对特色小镇的扶持。要积极探索政府、银行或投资公司等多方参股建立特色小镇发展基金，着重对成长性好、科技含量高、市场前景广等重点产业进行专项扶持。要与银行等金融机构紧密合作，动态对接有资金需求的建设项目，研究金融产品创新，争取得到更多资金的支持，破解建设初期资金紧缺的现实问题。二是建设方式要加快创新。建设方式活不活，决定着特色小镇建设的速度和质量。要发挥民间资本丰厚的优势，采用PPP等方式推进特色小镇建设。要深入研究各类需求，创新商业业态布局。要总结推广大企业、高等院校等主体建设特色小镇的模式，吸引更多的市场主体参与，强调由市场主体建设特色小镇。要积极探索通过商业票据、抵押债券、企业上市等形式，实现特色小镇的直接融资和低成本融资，解决部分特色小镇建设现金流不足的问题。三是招商方式要大胆创新。要解放思想，通过委托行业协会整体招商、到国外蹲点招商等形式，积极引入高端产业、先进技术。要运用信息媒体等手段，通过建立网络招商平台，运用众筹方式，向全世界开展招商。

（四）市场与政府两手抓

坚持市场为主，做到市场主体不缺位、政府引导不越位。特色小镇建设得如何，不在于政府"给帽子"、给政策，关键在于企业是否有动力、市场是否有热情。如果只是靠政策、靠资源，缺乏市场基础，肯定干不久，也不可持续。因此，特色小镇建设不能由政府大包大揽，而必须在政府的引导下，充分发挥企业的主体作用，坚持市场化运作。

一方面，要厘清政府与市场的边界。在特色小镇的建设过程中，政府和市场是有清晰边界的，要实行企业自我管理服务、多方协同参与的治理格局。企业在特色小镇建设的主体地位要真正落实，包括产业发展、人才引进、效益创造等都主要靠企业来完成，让企业自主决策、自主经营、自主管理、自担风险。政府重点在规划编制、基础设施配套、资源要素保障、文化内涵挖掘传承、生态环境保护等方面发挥好作用，不能越俎代庖、"拍脑袋"上项目。要引导社会各方面力量参与特色小镇的规划建设，发挥镇村（社区）、当地居民的主动性和积极性，使市场主体和当地居民成为特色小镇开发建设的真正主体。要持续推进简政放权、放管结合的政府自身改革，努力创造扶商、安商、惠商的良好发展环境。

另一方面，要想方设法鼓励企业参与小镇建设。一是要做好制度供给创新文章。各级政府要根据特色小镇的产业定位，以及专业人才的需求，以供给侧改革的思路，制定各类扶持政策和定制服务，不断地创新制度供给的理念和方式。二是要做好与央企和国企联姻。各级、各部门要主动对接央企、国企，了解其发展战略，结合本地资源优势和基础产业，制定贴身政策，吸引这些企业以特色小镇理念建设新项目、发展新产业。三是要当好本地民营企业的参谋。各地政府要深入本地民营企业的发展思路，共同研究产业发展方向、企业转型升级重点，共同谋划一批与实体经济紧密结合的特色小镇，利用好这块"金字招牌"，实现企业与政府的双赢。

第五章 "飞地经济"发展与新型城镇化

一、"飞地经济"概念分析

（一）"飞地经济"含义

"飞地经济"是指两个互相独立、经济发展存在落差的行政地区打破原有行政区划限制，通过跨空间的行政管理和经济开发，实现两地资源互补、经济协调发展的一种区域经济合作模式。它的良好运行为中西部发展和东部的产业转移提供了一个新的平台，从而有力地推动了区域经济协调发展。"飞地经济"是在推进工业化和招商引资过程中，甲乙双方通过打破行政管辖关系，把甲地招入的资金和项目放到行政上隶属乙地的工业园区，利用税收分配、政绩考核等一系列科学的利益机制，扩大两地合作广度，加深两地合作深度，从而实现互利共赢。

（二）"飞地经济"模式分类

"飞地经济"模式按照不同的分类标准，有着不同的分类。

按飞地建设的投入方式划分包括：一是飞出地投资型，即由飞出地负责全部基础建设投入；二是飞入地投资型，即由飞入地负责全部基础建设投入；三是两地共投型，即由两地按照协议共同分担基础建设投入。

按飞地工业基地的管理方式划分包括：一是飞入地管理型，对工业基地进行属地化管理。优点是管理方熟悉当地社会经济环境，不足之处在于可能形成对企业服务的不连续性，未能有效利用飞出地的管理经验。二是飞出地管理型，由飞出地派遣管理团队对基地进行管理，对企业进行服务。优点是保证了服务、政策的连续性，使企业有"宾至如归"的感觉，缺点是管理方需要时间来理解当地的经济文化环境。三是两地共管型，设立双方长期友好合作的机制，基地管理委员会由双方共同派驻人员。这样既能保证基地服务管理的连续性，又能充分利用飞入地的资源，但前提是双方真诚地合作、高效地沟通。

按飞地形成的原因。一是集约用地型。该类型是"飞地经济"模式的最早表现形式，以福州市永泰县建立马洋工业集中区为代表。它不仅探寻了山区经济发展的新思路，还克服了行政分割造成的工业布局分散、资源浪费的现象，更探寻了一种平衡各行政区域间利益的方法。二是优势互补型。在该类型中，飞入地和飞出地经济发展水平近似，但各自的资源禀赋能够形成很好的优势互补，通过"飞地经济"的发展能够达到双赢，典型案例如大连市长海县与普兰店市的合作。三是产业梯度转移型。在该类型中，飞入地主要承接飞出地的产业转移，往往飞出地具有雄厚的资金优势、先进的基地管理经验，但由于飞出地商务成本上升，产业结构升级，必然有一部分产业需要外迁，此时飞地经济工业园成为首选之地。转出企业一方面可以继续享受高质量的基地管理服务，另一方面还可以充分利用飞入地的成本优势，典型案例如广东省东莞市石龙镇产业转移到粤北始兴县。

(三)"飞地经济"形成原因

"飞地经济"是指在区域经济发展的过程中形成的与原来区域在空间上相互分离、内容上相互联系的地区。具体而言就是在推进工业化和招商引资的过程中，打破行政区划限制，把甲地招入的资金和项目放到行政上隶属于乙地的工业园区，通过建立科学的利益分配机制，从而实现互利共赢的经济发展模式。"飞地经济"并非我国独创的一种区域协作形式，早在15世纪欧洲进行殖民掠夺时就已产生，只是当时没有"飞地经济"这一词，英国东印度公司的贸易史足以说明这一点，可以说西方殖民主义者是最早的"飞地经济"实践者。我国内地最早出现"飞地经济"这一经济术语始于2004年。当时正值改革开放20多年，主导中国经济的"非均衡发展"

模式导致了经济的持续增长与地区发展的严重不平衡并存。东部沿海的经济高速发展与"塌陷的"中部、落后的西部以及背着"包袱"的东北老工业基地形成巨大反差。与此同时，由于我国对外贸易长期实行出口导向战略，这使得沿海城市或区域成为国外企业的海外飞地，飞地的产品附加值低、技术含量不高，产业链不长，在一定程度上与内地经济缺乏密切联系，同时还频频遭到国外对华的贸易报复，最终给当地及国家经济可持续发展带来较大的负面影响。

按飞地形成的原因，可分为：

（1）集约用地型。该类型是"飞地经济"模式的最早表现形式，以福州市永泰县建立的马洋工业集中区为代表。它不仅探寻了山区经济发展的新思路，还克服了行政分割造成的工业布局分散、资源浪费的现象，更探寻了一种平衡各行政区域间利益的方法。

（2）优势互补型。在该类型中，飞入地和飞出地经济发展水平近似，但各自的资源禀赋能够形成很好的优势互补，通过"飞地经济"的发展能够达到双赢，典型案例如大连市长海县与普兰店市的合作。

（3）产业梯度转移型。在该类型中，飞入地主要承接飞出地的产业转移，往往飞出地具有雄厚的资金优势、先进的基地管理经验，但由于飞出地商务成本上升，产业结构升级，必然有一部分产业需要外迁，此时飞地经济工业园成为首选之地。转出企业一方面可以继续享受高质量的基地管理服务，另一方面还可以充分利用飞入地的成本优势。

（四）"飞地经济"实施前提

飞地经济模式形成的前提条件。

一是地理相近。地理相近，一方面有利于飞入的企业继续维持原有的业务关系，不会因为企业的搬迁而丢失区域市场；另一方面，地理相近也意味着文化的相通，减少两地企业、两地政府的沟通障碍。

二是优势互补。要实现双赢，必定要通过合作解决双方的困境。或者是人力、自然资源上的优势，或者是市场上的优势，只有对双方都能产生吸引力，才能实现飞地经济模式的重要特性——"双赢"。

三是成本落差。土地成本、人力成本以及其他收费成本因素无疑是双方合作的重要经济条件，但是这种成本的落差只有达到一定水平后才会有吸引力,根据调查统计,这种成本的落差要达到1/3以上通常才会产生吸引效应。

四是发展时机相随。两地区域经济发展的时机要相随。东部沿海战略的成功实施为现今的中部崛起提供了契机。长三角的持续高速发展已使区域吸引资金的综合优势凸显,但高速发展也使得商务成本显著提高。很多迹象表明,东部的产业梯度转移已经开始,并且这种转移是有规律可循的,是符合邓小平同志"先富带动后富"的渐进发展思路的。

(五)"飞地经济"模式优势

"飞地经济"是保持现有的行政区划,又突破区域分割、实现区域间合作的一种新形式,也是工业园区发展的一种新模式。此发展模式有诸多优势,主要包括:

一是投资优势基地建设投资大、不确定性高,以往的基地建设完全由当地政府进行投资,财政压力大,也不利于市场化运作。由于飞地经济的税收共享,在基地前期建设中也必然引入政府的投资;也更有利于吸引民间资本加入基地的建设投资队伍中来,有利于多元化投资主体的形成。

二是招商优势。基地建设完成后,最主要的工作任务就是招商引资,只有以各个项目为依托,基地经济才能蓬勃发展起来。完全由基地当地政府引资,一方面信息资源、人力资源有限,另一方面也不利于吸引发达地区的企业。"飞地经济"模式的引入,通过利益机制的完善,激发了飞出地政府的积极性,并充分借助飞出地政府对转出企业进行引导,来解决招商项目不足的问题。

三是管理优势。"飞地经济"工业基地在管委会的机构设置、人员引进中,加深地区的合作,引入先进的基地管理经验,革新服务理念,完善基地服务。这在很大程度上也坚定了转出企业迁移的信心,解决了基地管理的瓶颈。

二、"飞地经济"发展分析

(一)"飞地经济"发展运行机制

"飞地经济"是在区域发展非均衡条件下,打破行政区划限制,以生产要素的互补和高效利用为直接目的，在特定区域合作建设开发各种经济产业园区，通过规划、建设、管理和利益分配等合作和协调机制，实现互利共赢、协同发展的区域经济发展模式。

（1）"飞地经济"上级政府的激励机制必须到位。作为新加坡的"飞地"，（中新）苏州工业园是国内"飞地经济"最早的合作形态，其成功主要来源于中央政府层面的协商和谈判。2006年后，江苏省政府总结了苏州工业园的经验，在"江阴—靖江工业园区"3年试验的基础上，于全省范围内推广南北挂钩共建园区的做法。与此配套的省级财政支持，采取"以奖代补"的政策，即从2010年起，省财政对符合规定和达到标准的园区，前3年每年给予1500万元的以奖代补，同时提供土地、用电等政策优惠。

（2）双方政府之间要有强烈的发展愿望。一方面，主要领导必须在思想观念上跟得上、推得动，在实施干部调配、挂职等制度时，应该更多地考虑如何服务"飞地经济"发展，有意识地安排干部双向交流和培养。另一方面，两地发展水平要有较大落差。经济发展水平落差小的地区之间，往往互补性较差，竞争关系大于合作关系。

（3）生产要素上存在一定的互补性，政治、经济利益上具有共享性，这是"飞地经济"长期健康发展的基本保障。推动合作的主体是地方政府，合作对两地的产值、税收、就业、环保等是否有益，是合作时需要考虑的重要问题。这需要在统计上给予明确分割，奖惩分明。

（4）飞出地有必要派出强大的经营管理班子，飞入地应配合飞出地进行具有本地化属性的次要管理。在早期阶段，考虑到理念的先进性、干部的经验及技能方面的优势，最好是由飞出地派出一支强大、得力的干部队伍，全面负责"飞地经济"的经营管理。但这需要飞入地政府密切配合，解决土地利用、房屋拆迁、劳动力管理、基础设施建设等问题。也就是说，飞入地要专注于"飞地经济"的公共基础环境建设；在运行进入正常态后，可更多地参与"飞地经济"运行，并向飞出地经营班子多学习，以此减少扯皮、提高效率。

（二）国内"飞地经济"发展现状

飞地经济模式的现实探索——"飞地经济"的三个成功实例包括如下：

1. 福州市永泰县发展"飞地经济"实现集约用地

（1）相关背景。2001年8月，福建省委常委、福州市委书记何立峰在永泰县调研时发现，永泰县作为典型的山区农业县，不发展工业就没有出路，而在山区搞工业，如果不集中就引不来项目，更谈不上效益。于是，他提出在永泰县城关建工业集中区——马洋工业集中区，规定永泰县境内各乡镇引来的项目都得安排在该集中区。

（2）合作方式。"飞地工业"与其载体工业基地关系处理方面。要求引进的项目必须符合工业基地的产业、功能定位；基地日常管理由基地管理机构统一进行；基地以优惠的地价提供土地，减免多项建设收费；基地内所有飞地企业享受基地税收优惠的同等待遇。有关政绩考核的指标统计归属方面。对引进的落地项目形成的引资额、工业产值、固定资产投资额全部归属引资县（市、区）或乡镇，据此享受考核奖励。有关税收分成方面。在福州市属工业区中落地的新办项目，引进投资的县（市、区）与项目落地区实行7∶3分成，其中，鼓楼、台江、仓山、晋安4城区的项目，3年内市财政不参与分成，第四年开始按市、区财政规定的体制进行分成，对隶属四城区的原工业企业迁入各工业区的项目，除保底基数外，增收部分实行与各工业区7∶3分成。在税收分成的具体操作上，税收先实行属地征收，年终通过财政结算办法进行划转。

（3）合作结果。通过"飞地经济"模式，使永昌县的飞入、飞出地双方取得了如下成效：①集约用地，扩大了工业基地的相对规模；②有利于形成产业集聚效应；③加快飞入地城镇化建设；④扶贫帮困新思路——给贫困地区在较好的地区取得一定的厂房，用于发展经济。

2. 大连市长海县与普兰店市——资源优势互补，携手共赢

（1）相关背景。大连市长海县以海洋捕捞业、海水养殖业和苗种业为主体。渔业既是传统产业和基础产业，也是支柱产业。但由于长海县地理位置特殊，淡水资源匮乏，交通瓶颈制约，以及对外不开放等因素，致使海岛丰富的资源优势始终不能有效地转化为产业优势。而与之一海相隔的普兰店市南接大连，北通沈阳，海、陆、空交通十分便利，但其经济落后，海岸线一带基本处于荒废状态。

（2）合作方式。长海县在普兰店市皮口镇规划出8平方公里皮口临港工业区，并采用一次买断土地使用权和管理权的形式，在其中购买了4平方公里土地，成立了大连长海（皮口）渔业加工区。加工区主要规划为三个区域：一是海洋科技、产品研发区，二是海产品深加工区，三是物流及综合服务区。此举充分发挥了长海县的渔业潜能，并利用普兰店市的便利交通，达到了双赢。

（3）合作结果。预计可入驻企业 100 家，引进投资 20 亿元，实现土地收益 7 亿元，可安排就业近 9000 人。所有入驻企业达产后，预计可实现年销售收入 40 亿元，利税 5 亿元。该加工区将成为东北地区乃至全国最大的渔业产品精深加工基地。

3. 广东省东莞石龙镇和韶关始兴县——产业梯度转移

（1）相关背景。东莞市石龙镇土地面积少，人口密度大；"国家电子信息产业生产基地"；重点发展电子数码、食品医药支柱产业，其中电子信息产品的工业产值占全镇工业总产值的 78.79%；出口重镇，2004 年，石龙镇出口总额 11.4 亿美元；出口产品以医药、电子、数码产品为主。韶关市始兴县连接国道 106 线、国道 323 线、省道 S244 线；森林资源特别丰富；矿产资源丰富，以钨矿储量最多；县内电力自给有余；粤北粮仓；水果之乡；旅游资源丰富，且有很大的开发潜力；劳力资源相对集中，流动性不大。

（2）合作原因。飞出地资源紧张。对于东莞石龙镇，土地资源紧缺、劳动力不足和电力资源紧张，10.38 平方公里的"弹丸之地"拥有上千家企业。2004 年完成工业总产值 120.80 亿元。10 年来，近 60 家企业陆续转出石龙，其中不乏税收 1 年近 1000 万元以上规模的企业。目前，石龙镇工业用地基本上所剩无几。大量小规模、高能耗、处于产业链条低端的投资项目已经无法在东莞安家落户。

飞入地资源丰富。对于始兴县，广东山区和东西两翼的土地资源丰富，发展空间很大，对产业和项目的限制性要求较低，但由于缺乏关键性的生产要素，如资金、人才和管理经验，其招商引资有一定难度，投资项目严重不足。

（3）运作方式。组织管理方面。在始兴县开发工业区建设"东莞石龙（始兴）产业园"，并成立"东莞市石龙（始兴）产业基地开发有限公司"和"东莞市石龙（始兴）产业基地开发管理委员会"，专门负责产业园的规划和管理。

税收分配方面。基地产生税收的地方留成部分由石龙和始兴按 5：5 进行税收分成，其他经济指标原则上也按此比例进行统计。

基地规划方面。该产业园总体规划面积400公顷，首期128公顷，合作期50年。基地的总体规划围绕"产业转移"和"生态环保"两大概念，整个规划设计以综合产业园为核心，在体现综合产业园和生态环境的包容性的基础上，兼容部分城市功能如商贸、医疗教育和房地产业的综合性小区规划理念，力争将基地建设成为既适合转移产业发展，又符合人居环境的"蓝天、碧水、科技园"。

（4）合作结果。目前，投资总额达3.8亿元，总共用地1000余亩，占工业基地总面积的1/6以上。首个进入产业基地的项目由广州某锂能新材料科技公司开发，已通过国家专利申请，是国家863工程的预备项目。协议书上明确，该项目占地100亩，首期开发40亩，总投资8000万元，首期投资2000万元。另一家科技公司的业务涵盖精细化工、玩具、鞋业、制衣及其他深加工项目。总占地面积1000亩，总投资额3亿元，预计该项目将实现产值20亿元。

（三）"飞地经济"发展运行困境

受地理区位、自然环境、历史文化等因素制约，以及飞出地与飞入地在改革意识、开放意识、价值观念等方面存在差异，要真正实现地区间政府间的合作、产业转移、互利共赢等存在一定困难。主要集中在以下三个方面：

（1）在现行的体制机制下，中央政府或省级政府层面对"飞地经济"的政策激励不足。目前我国绝大多数地区对投资管理实行的仍然是正面清单管理制度，容易使"飞地经济"的相关各方在投资项目决策、投资规模选择等方面产生分歧，并不利于开展合作。同时，"飞地经济"发展受土地制约的态势更加明显，飞入地规划区内的土地转为建设用地的过程冗长、涉及利益方复杂，整理出来的农村建设用地难以置换开发区建设用地。这些需要国家层面做出顶层设计。

（2）飞入地与飞出地之间难以构建有效的利益分配与风险分担机制。发展"飞地经济"的核心是处理好双方的利益分配与风险分担问题。从利益分配来看，飞出地的利益需求是寻求过剩资本与产能的转移，而飞入地的利益需求在于产值、就业与税收。然而，受现行政管理机构以及管理条例、管理方法等制约，飞出地与飞入地在"飞地经济"共治模式下，分工往往不够清晰。从风险分担来看，飞入地作为"飞地经济"的载体，直接承担着土地开发、环境承载等一系列成本，如果"飞地经济"发展不顺利甚至失败，那么损失就要由飞入地承担，而飞出地的损失则相对较轻。利益分配与风险分担机制的不对称是阻碍双方平等合作的重要因素。

（3）在行政手段干预下，可能出现"拉郎配"式的合作或"一窝蜂"的发展，不能真正顺应地区发展的需求。一方面，这样的发展模式可持续性差，随着政策导向的变化会产生较大波动，不利于跨区域合作机制的长期稳定发展；另一方面，会导致真正想进行跨区域联动发展的地区难以得到政策支持。尽管"飞地经济"在初期以行政手段为主导来推行，但事实上，"飞地经济"的本质应是在尊重市场力量的基础上形成内生经济合力，探寻主动合作机遇，而不是单纯借助行政力量的传帮带。同时，产业转移只有顺应经济区域化发展的市场需求，才能更快速有效地实现。因此，如何正确处理政府与市场的关系，显得紧迫且重要。

（四）"飞地经济"发展运行对策

（1）通过将园区改建为具有独立法人地位的经济实体，以"计划单列"形式直接从省级或更高层面获得土地、规划、财政等权限，实现"飞地经济"的去行政化、去区域化发展。例如土地审批，可以在现行土地审批属地管理原则之上，由更高一级政府部门对跨区域共建园区设立专门的审批委员会，并为"飞地经济"发展提供土地政策支持。

（2）明确中央与地方的政策边界。通过上级政府进一步简政放权，给予"飞地经济"发展足够的制度创新"特权"或优先权，使地方政府保持合作的积极性。同时，赋予地方政府依据当地实际情况制定相应发展政策的权力，改善飞入地市场营商环境、降低交易成本，保障按照市场化原则和方式开展合作，对于条件允许的地区，还可以采取制定相关法律法规的方式，进而保证政策长期有效地施行。

（3）合作方建立常态化的议事协调机制。加强在产业发展、功能布局等方面的政策对接，及时研究解决园区建设、项目引进和运营管理中的问题；同时通过共同建立园区管理委员会，选派干部到园区任职、挂职，不断创新管理体制，完善组织架构。以"江阴—靖江工业园区"为例，目前两市成立了联动开发协调委员会作为最高决策机构，协调解决联动开发过程中出现的重大问题；江阴市政府在园区成立了管委会，负责园区投资开发和管理工作，同时负责国税、质监工作；靖江市政府在园区成立了办事处，负责园区的社会事务，同时负责国土、规划、建设、水利、公安等方面的管理工作。当出现问题时，多个分属不同地区政府管辖的部门可能存在沟通不畅等问题，对此可采取"干部互挂制度"，由江阴市政府选派本地国土、规划、建设等部门相关人员到园区办事处任职，由靖江市政府选派本地国税、质监等部门相关人员到园区管委会任职，互相协助处理相关工作。

（4）完善异地开发生态保护补偿机制。在生态受益区共建合作园区，健全保护区与受益区的利益分配机制，需要两地政府在现有的法律框架下，通过共同商议签署具有法律效力的区域合作协议，明确利益共享及补偿机制、履行模式、违约责任、纠纷解决机制和有效期限等细则，以此维持长期稳定的合作。

（5）鼓励合作方共同设立投融资公司。采取政府和社会资本合作（PPP）等模式，吸引社会资本参与园区开发和运营管理；对于地区生产总值、投资额、进出口额等经济指标，允许合作方考虑权责关系和出资比例以及能源消费、污染物排放等资源环境因素进行协商划分，不做具体规定。这些顺应了"飞地经济"发展的市场化需求，未来还可通过进一步明确税收分成机制、规划税款划转方式，为合作双方政府提供激励。

三、"飞地经济"对于新型城镇化的意义

（1）有利于拓展发展空间，突破土地资源约束。在我国经济发展过程中，土地已经成为经济建设中最为紧缺的资源之一。特别是经济发达地区，各种用地矛盾十分尖锐，经济实力的优势无法充分释放，拓展发展空间成为亟待解决的问题。"飞地经济"发展打破了区域扩张的传统方式，并为经济发达地区提供了极为广阔的发展空间。

（2）有利于产业集约发展，提高土地利用效率。发展"飞地经济"可以加快调整区域经济结构和布局，最大限度地显现产业的聚集功能和集约

效益。同时，通过共享共用优越的区位条件、完善的基础设施和一流的服务环境，有效地克服工业区散、小、多的问题，促进土地合理规划、高效利用，提高单位土地上的产出效益。

（3）有利于"飞入地"经济发展，促进产业优化升级。发展飞地经济，飞入地可以逐渐聚集各地品牌、资金、人才、管理、技术等资源，促进工业基础配套设计和管理水平不断优化升级，并逐步形成"增长极"，产生极大的辐射、扩散和示范作用，带动当地产业结构的优化。

（4）有利于统筹城乡发展，促进生态环境保护。工业集中到一定区域发展，有利于解决城乡区就业，吸纳农村人口，带动第三产业快速发展。同时企业集中园区后，有利于集中治理污染，扩大治污效益，搞好节能减排，有效利用废热、废气、废渣，促进园区内循环经济发展。

第六章　中国众创空间发展与新型城镇化

一、众创空间的相关概述

（一）众创空间的定义

"众创空间"是科技部在调研北京、深圳等地的创客空间、孵化器基地等创业服务机构的基础上，总结各地为创业者服务的经验之后提炼出来的一个新词。

那么，究竟何谓"众创空间"？根据国务院《关于发展众创空间推进大众创新创业的指导意见》（以下简称《意见》）中的定义，众创空间是顺应网络时代创新创业特点和需求，通过市场化机制、专业化服务和资本化途径构建的低成本、便利化、全要素、开放式的新型创业服务平台的统称。这类平台为创业者提供了工作空间、网络空间、社交空间和资源共享空间。

显然，"众创空间"并不是一个简单的物理概念，也不能把它与现有的任何一种具体形式画等号。科技部也一再强调，众创空间绝不是大兴土木的房地产建设，而是在各类新型孵化器的基础上，打造一个开放式的创业生态系统。

众创空间的概念外延与孵化器略有重叠，但应比后者范围更大，此外，它还应包括创客空间、创业咖啡等新型孵化器模式。一方面，众创空间包括那些比传统意义上的孵化器门槛更低、更方便为草根创业者提供成长和服务的平台；另一方面，众创空间不但是创业者理想的工作空间、网络空间、社交空间和资源共享空间，还是一个能够为他们提供创业培训、投融资对接、商业模式构建、团队融合、政策申请、工商注册、法律财务、媒体资讯等全方位创业服务的生态体系。

（二）众创空间内涵分析

众创空间有以下四点内涵：

1. 众创空间服务于全民创业

从创业的角度来看，不管什么创业都分为三类：生存型、发展型、变革型。乡镇企业、城镇个体户以及打工者回乡创业，都是生存型创业；留学生创业大多是发展型创业；小米、百度等属于变革型创业。

全国众创空间出现了很多生存型创业，其中包括大量草根创业，比如淘宝村。他们是众创空间服务的对象，但不是中关村的议题。中关村应该重点发展发展型创业的服务，尤其要重视变革型创业。

2. 众创空间里创业的多样性

从创业者的角度来看，也出现了多样性的特点。目前最新的创业者主要有三类：跨区域创业者、系列创业家和改变世界的创业者。通常，好的创业者一定是跨区域创业者，他们时常游走于两个甚至更多个区域之间。

马云有很多时间待在硅谷，新浪则是典型的跨区域创业；系列创业者，顾名思义，就是创办了一个企业，卖掉，然后再创办一个企业。如此往复，将创业作为一种职业。这些人拥有丰富的创业经验和敏锐的洞察力，且比其他人更容易创业成功；改变世界的创业者实际上就是变革型创业者，他们创业的动力就是要改变世界。

3. 创业服务的多样性

众创空间最新的特点，其实就是新型孵化器，其表现就是创业服务的多样性。创业咖啡、创新工场、创客、创业博客、创业社区、天使投资联盟、创业实验室，基本上每个新型孵化器都应该是众创空间；各种各样新型孵化器的组合也是众创空间，如创业大街就是典型的众创空间；老一代孵化器需要经过改革才能成为众创空间。

4. 是建设创新生态系统的基础

最近三五年来，创新集群发生了变化，朝着创新创业生态发展。创新创业生态有四个特征：新产业引领、多技术方向创业试错、产业跨界、爆发式增长。

众创空间是做什么的呢？是多技术方向创业试错的创业服务平台。众创空间为什么重要？因为要搞创新生态，要出现爆发式增长，不搞众创空间是不行的。众创空间的本质就是多方向的试错，这不是政府领导决定的，而是创业者做出来的。现在中关村爆发式增长比硅谷还厉害，而且出现在多个领域。

众创空间是伟大想法走向伟大公司的助推器。尽管有很多人参与全民创业，但最重要的是要找到有颠覆式想法的人。把他的想法在众创空间里孕育成伟大的公司、改变世界的公司，这是众创空间最重要的任务，也是中关村最重要的任务。

（三）众创空间主要特点

基于国务院《意见》对众创空间的定义，投中研究院结合调研，认为众创空间应当至少具备以下几个特点：

（1）开放与低成本：面向所有公众群体开放，采取部分服务免费、部分收费，或者会员服务的制度，为创业者提供相对较低成本的成长环境。

（2）协同与互助：通过沙龙、训练营、培训、大赛等活动促进创业者之间的交流和圈子的建立，共同的办公环境能够促进创业者之间的互帮互助、相互启发、资源共享，达到协同进步的目的，通过"聚合"产生"聚变"的效应。

（3）有机结合：团队与人才结合、创新与创业结合、线上与线下结合、孵化与投资结合。

（4）便利化：通过提供场地、举办活动，能够方便创业者进行产品展示、观点分享和项目路演等。此外，还能向初创企业提供其在萌芽期和成长期的便利，如金融服务、工商注册、法律法务、补贴政策申请等，帮助其健康而快速地成长。

（5）全要素：提供创业创新活动所必需的材料、设备和设施。

二、创客运动带来的变化

（一）互联网势力对现实世界的改造

互联网的迅猛发展、物质生产的高度发达与市场需求多元化，是创客兴起的大背景。由于互联网到创客，并不是一个简单的因果事件，而是多种因素相互作用、系统发力的结果。21世纪以来，建立在互联网基础上的后现代文明极大地降低了普通人参与和传播创新的难度，从事创造性劳动的门槛大幅度降低，传播创新成果也变得相对容易。多数以前不太关键的创新维度变得重要；从前难以生存的小众创新也能获得足以支持生存的消费量；许多之前需要庞大机构才能完成的创新，现在依托各种在线工具链和多如牛毛的在线供应商也可以由个人完成。同时，人们的需要已经远远超出温饱范畴，较高的消费层次成为多数人的追求，人们对物质品质和对人文体验的要求也越来越高。在互联网背景下，两者的结合速度空前提高，"智慧产业"孕育而生。

从事创造性劳动的门槛大幅下降、市场需求旺盛、潜在从业人口聚集等，都在促进"智慧产业"的成长，为创客的流行提供了土壤。在2016年全球创业周上发布的《2016众创空间发展报告》显示，截至目前，全国共有创客空间3155家。这一数据还在持续增长。在创客运动风靡全球的当下，创客成为国家战略。在中国，2015年初"创客"被正式写入政府报告，创客们成为"大众创业、万众创新"的弄潮儿。

(二) 传统雇佣关系可能被替代

创客运动打造的创客经济很可能改变传统的雇佣关系。

未来的雇佣关系将会出现以下特点:

(1) 创造性的劳动是以设计、制造和物流作为基础条件,很可能不需要任何人参与。

(2) 创造性劳动消费开始独立于制品消费,戏称为"灵魂和肉体分离",时髦的说法叫作"比特原子分离"。

(3) 企业不需要聘请职工,大部分工作尤其是元创新以下的节点,都是通过购买"外挂"的方式完成;另一种思想是基于"云设计"获取。这种模式意味着创客可以成为一个独立的职业,人的岗位不再由组织分配,而是随时由市场决定。

(4) 创客的资金并不是来源于自己或者公司,而是来源于产品的潜在用户。创客通过众筹平台发布自己的创意及初步成果,邀请有兴趣的人资助自己。产品推向市场以后,将产品或相关纪念品发送给资助者表示感谢。多数资助者其实是冲着购买产品来的,许多创意在筹资阶段就已经开始盈利了。

(三) 推动传统制造业的重塑

实体产品是现实世界的重要组成部分。互联网时代的创客运动改变了产品的特性、设计制造模式以及制造商的成长模式,也改变了新产品的投资模式。这种改变将会导致工业、产业乃至社会结构发生重大变革,创客运动必将改变世界。创客运动对现代制造业的影响特点可以概括为:

1. 个性化、定制化将成为实体产品的重要特征

每个人都有自己不同的愿望和需求,消费者通常更加看重自己能够参与创意的产品。在任何情况下,消费者都会宁愿多花钱,也要选择有自己劳动结晶的产品。个性化、定制化将成为实体产品的重要特征。

2. 云制造、云设计将成为实体产品设计制造的重要形式

云制造及云设计的基本思想是把更多的设计工具整合到互联网上,让更多的设计资源通过设计软件共享到互联网上,吸引更多的人,无论是专业人士还是业务爱好者,都围绕共同兴趣爱好参与到某项产品设计中。

3. 新的产品设计制造形式催生新兴制造业企业以及资本投资模式

新的产品设计制造形式将催生新兴的制造业企业，新兴的制造业企业将具有网络公司的属性，大部分由开源社区起步，围绕产品建立和管理社区，更快、更好、更廉价地设计出新产品①；通常还能进行更好、成本更低的市场营销。新产品的开发总是会发生费用，这些费用通常需要等产品售出后才能收回，如果创业者能将销售变为预售，就能解决新产品开发的早期资金问题。

三、中国众创空间发展现状

（一）创客概述与运动的兴起

一般认为"创客"是对"Makers"的巧妙中译。正如其英文旧意，在创客概念传入中国的早期，被许多人认为是 DIY 爱好者的时尚称号。创客一词的诞生与近年来"某客""某族""某友"在汉语中的流行有关，比如"Geek"被译为"极客"。显然，"Maker"译为"创客"是再好不过的，虽然看起来"Creator"（创造者）更适合这个中译。在国外，Maker 和 Hacker（黑客）的意义有一定交叉，"Hackerspace"就指创客空间。创客在中文界流行开之后，就很难说它应该对应什么英文了，中国文化已经赋予了它更为本土的含义。在西方，Maker 和 Hacker 的意义也同样因为这场"运动"而有了极大的扩展。

从字面看，创客倾向于动手制作。维基百科上说"创客是一群酷爱科技、热衷实践的人群，他们以分享技术、交流思想为乐"，百度百科上说创客是"不以盈利为目标，努力把各种创意转变为现实的人"，而事实上大家都在努力盈利。在《创客—新工业革命》一书中，狡猾的克里斯·安德森干脆只讲现象，不说定义。的确，很难提出一个统一的定义，因为创客的精神之一恰恰是"没有权威定义"。每个人都可以称自己为创客，也可以指出某些别的人不是创客或者是伪创客。几乎每家创客空间、每个创客相关的网站都试图用一句简短的话阐释他们认定的创客灵魂。

创客运动描述的是创客与传统社会碰撞的过程。把国内外主要创客

---

① 杨文嘉. 新工业革命对家具制造业的影响 [J]. 家具, 2013, 34 (1): 5-7.

"领袖"的理想归纳起来看,创客运动会彻底瓦解旧经济秩序,建立一套以创客为人们的生存方式,结构极度扁平的社会制度,以至于经常被冠以"工业革命""新经济革命"等词语。创客领袖们对未来社会形态的展望是很有道理的,但对创客和创客运动所处的角色当然是尽力夸大。在这种认识下,创客运动被赋予了理想主义色彩[①]。

不论什么概念,只要能够吸引不同阶层的人形成有深度的跨界连接并产生多赢效应,就可以为社会带来价值。国内创客组织做得较多的工作是把各种具有潜在互利关系的社会资源调动,在创新的旗帜下结义,从而诞生新的经济生命。除此之外还开展具体的科普宣传、基础动手能力培训、创业孵化等许多活动。创客经济没有确切的边界,广义地看,创客发挥自己的兴趣,通过研究、制作、讨论、分享、竞赛、会展等创造出价值,从而引起经济领域的各种效应,皆可视为创客经济的组成部分。

多数创客对新奇的科技创意和产品感兴趣,喜欢玩科技、黑科技。如果忽略理想主义的东西和世俗化的运作,追逐兴趣,亲手创造好玩的事物是人们在创客运动中体验到的核心价值。

互联网发展成为现代社会的基础,而物质生产的高度发达,是创客兴起的大背景。由互联网到创客,也不是一个简单的因果事件,而是多种因素互相作用系统发力的结果。

自古以来就有创客,早期如阿基米德或者达·芬奇,近期如各种发明家。从前要成为一名成功的创客,需要具备较为苛刻的条件——要么具备很好的物质条件,要么有艰苦执着的精神,或者就要有非常精明的头脑。直到20世纪90年代,这种情况仍然没有根本改观。

21世纪以来,建立在互联网基础上的后现代文明极大地降低了普通人参与和传播创新的难度,增加了产生创新的维度,甚至改变了创新的内涵。降低的过程有的是直接的,例如知识分享和获取;有的是间接的,例如开启了电子商务时代。需要指出的是,不能简单地认为互联网降低了技术创新的难度。事实上目前要做出严格意义上的技术创新已经极为困难了。更准确的表达应当是从事创造性劳动的门槛大幅降低,并且传播创新成果也

---

① [美] 杰里米·杰夫金. 第三次工业革命: 新经济模式如何改变世界 [M]. 张体伟, 孙豫宁译. 北京: 中信出版社, 2012: 31-43.

变得相对容易。许多以前不太关键的创新维度（如体验的创新）变得重要；许多在从前必死无疑的小众创新也能够获得足以支持生存的消费量；许多之前需要庞大机构才能完成的创新，现在依托各种在线工具链和多如牛毛的在线供应商就可以由个人完成。至于有多少属于传统意义的"技术创新"则是另一回事①。

从消费方面看，人的需要已经远远超出温饱范畴，较高的消费层次一直是多数人的追求。高的消费层次包括了对物质品质和对人文体验的追求。与之对应，要维持资本利益，必须抓住新的产业增长途径——通过创新不断地开发潜在需求甚至创造新的需要。在互联网背景下，两者的结合速度空前提高。结果，不论是生产还是消费，都对创造性劳动表现出旺盛需求。

随着生产力的提高，社会对非创造性劳动的需求必然呈现持续下降的趋势，对基础资源需求的增幅也明显放缓。如果不出现大的意外，就业形势的紧迫是不可逆转的。多出来的人口的出路在哪里？除传统的一二三产业之外，以创造性劳动为主要活动，劳动与消费独立进行的第四产业吸收了很大一部分。在已有词汇中，"智慧产业"与之接近。

从事创造性劳动的门槛大幅下降、市场需求旺盛、潜在从业人口聚集等都在促进所谓的第四产业的成长。这些为创客的流行提供了土壤，创客本身也成为第四产业的一种具有较强亲和力的从业形式。

（二）中国创客运动发展现状

从 2010 年李大维在上海创办中国第 1 个创客空间——"新车间"开始，创客概念进入中国。经过 7 年多的发展，中国的创客主要集中在北京、上海、深圳 3 个城市，且各有特点。北京积累了众多的顶尖技术人才，同时高校云集也让北京拥有丰富的艺术和设计的人才资源，这里的创客更具跨界协同创新以及创业精神，更多地会在追求跨界中寻找价值；上海是国内第 1 个成立创客空间的城市，这里的创客把创造当作一种兴趣爱好；深圳可以让创客完成从产品研发到做出样品、再到批量生产的整个过程，是国内创客产业链最完整的一个城市②。

---

① 穆胜. 未来是创客平台的天下 [J]. 中外管理, 2015 (1): 36-40.
② 白晶. 深圳争创全球创客之都 [J]. 宁波经济, 2014 (12): 20.

目前，中国较为知名的创客空间有北京"创客空间"、上海"新车间"和深圳"柴火空间"等。其中北京"创客空间"是目前亚洲规模最大的创客空间，影响人数超过10万人。深圳"柴火空间"资助者矽递科技与"新车间"紧密合作的上海智位机器人有限公司分别成为全球排名第2的开源硬件和排名第3的微型机器人制造商。这两家公司成功的原因包括：中国强大的电子制造业基础，中国的创客文化开始蓬勃发展。

自2010年创客概念进入中国以来，国内制造业生态体系、人力资源等方面的优势促使中国创客文化迅猛发展。此外，中国正处在一个由"中国制造"向"中国创造"转型升级的大潮中，创客理念在中国的迅速传播还得益于我国实施"创新驱动发展"的国家战略以及整个社会对创新的渴求。

2015年1月4日，李克强总理在深圳考察"柴火创客空间"时，称赞创客的活力和创造将会成为中国经济未来增长的不熄引擎。这并不是他第一次关注创客。在2014年杭州召开的首届世界互联网大会上，他就提到，互联网是"大众创业、万众创新"的新工具。

近年来，我国一些地方政府也极为重视创客事业的发展，尤其是北京、上海、深圳等地，主要措施包括出台支持政策、举办创客活动、搭建创客平台等。

2013年9月，北京"创客空间"被北京中关村科技园区管理委员会授予"创新型孵化器"称号，并获得政策、场地、资金等支持。2014年7月28日，北京市科学技术委员会与中国科技金融促进会面向公众全面启动"北京创客科普季"，这是国内首次以创客为主题的公众化大型科普专题活动，主题为"人人科技梦想工厂"，旨在打造以创客为代表的公众科技创新舞台。

2012年，上海市规划建设100个面积不少于100平方米，配备DIY实验设备的"社区创新屋"。上海市科学技术委员会将"新车间"纳入"众创空间"考评体系。为加快各种创客项目的产业化进程，上海市科学技术委员会将以购买第三方服务的方式，依据绩效考评结果对上海创客空间给予资金支持。此外，该机构还发布了"创业浦江行动计划"，主要目标是2020年将上海打造成为具有全球影响力的创业中心，集聚各类科技创业者20万人以上，科技创业企业超过3000家。

深圳市政府针对创客项目的实施配备完善的政策措施，资助和补贴各种创新产业项目的运行发展。另外，深圳市正在筹建两大创客机构："中科史太白创客学院"和"深圳市国际创客中心"。这两大创客机构将被建成一流的青年创新创业平台,主要为大学生和青年创客提供创业培训。

我国的创客事业已经取得了一定的成果,但还需要清醒地认识到,中国的创客依然处于起步阶段,也还存在一些问题,包括一些好创意还只是停留在样品上,没有转化为商品;创客缺乏资金和融资渠道,对目标市场和竞争对手情况也缺乏了解,其创业难度较大。因此,需要努力争取政府、企业、社会、金融等各个方面的有效支持,进一步突破创新思维,全力打造适合中国创客发展的生态系统;另外,还需要加强创客与开源硬件公司、开源软件公司、众筹平台等机构间的互通交流、相互融合、不断完善,构建有助于创客发展的链条式协作平台。

(三) 中国众创空间发展现状

在国家一系列"双创"政策的推动下,我国众创空间呈现出快速发展的态势,涌现出车库咖啡、创新工场、创客空间、天使汇等各具特色的创新创业服务机构。截至2016年9月,全国已有众创空间3155家,呈现出以下发展特点:

1. 区域特征明显

我国众创空间发展与区域经济发展水平和科教资源分布紧密相关,呈现出以"北上广深"等一线城市为龙头,以"宁杭苏汉蓉"等城市为重点,以科技、产业基础较好的城市为基础的阶梯式分布。目前,从空间密度看,上海市众创空间分布密度最高,北京市密度位居全国第二,江苏、山东、浙江、广东、福建等沿海经济发达省市众创空间面积密度也位居前列。其中,长三角、京津冀和珠三角地区成为我国众创空间建设的主要区域,由于三地产业基础、政策倾斜和其他要素禀赋不一致,也使其众创空间发展模式各不相同。长三角地区作为全国经济最发达的地区之一,依托其大量科技资源与雄厚经济基础、发达的商品经济以及成熟的金融体系,投融资服务成为长三角众创空间的服务优势。京津冀地区得益于其大量优质的教育资源与区位优势,创业培训服务已成为京津冀众创空间的发展特色。珠三角地区众创空间则非常重视入驻团队的知识获取与项目辅导,帮助其获取创业知识,沙龙活动已成为珠三角地区众创空间服务的亮点。

2. 运营主体多样

自国务院办公厅出台《关于发展众创空间推进大众创新创业的指导意见》后，我国的众创空间发展迈入新阶段，行业领军企业、创业投资机构、社会组织等社会力量的主力军作用进一步发挥，众创空间运营主体从原先的政府、企业迅速扩展至高校、地产商、天使投资人、成功企业家、平台型大企业、创业投资机构等社会力量。各类运营主体践行不同的运营理念，通过灵活、创新的服务形态，汇聚多方资源，实现多赢的目标，起到提高初创企业成功率、创造就业机会、培养高端人才、促进地区经济发展等作用。其中，以政府为运营主体的众创空间主要打造服务于地方经济、树立地方产业品牌的公益性组织；以企业为运营主体的众创空间主要为实现企业内部的创新创业以及与产业链上下游的创业者优势互补，协同发展；以高校为运营主体的众创空间主要为高校科研成果转化提高了成功率，实现了技术成果的市场化和商品化；以创投机构和中介机构为运营主体的众创空间运营重点在于帮助机构拓展业务渠道和项目来源；以地产商为运营主体的众创空间则通过建设众创空间来处置闲置的物业，提高物业运营效率。

3. 运营模式多元

随着国家"双创"工作的不断推进，众创空间的创新创业服务核心价值开始逐步凸显，产生了不少创新创业的新模式、新机制、新服务、新文化，集聚融合各种创新创业要素，营造了良好的创新创业氛围。目前，国内众创空间可根据业态和商业模式分为产业服务型、联合办公型和创业社区型。产业服务型众创空间以 X-lab、创新工场、36氪、车库咖啡等为代表，包括投资驱动型、培训辅导型、活动聚合型、媒体推广型等，主要针对创业企业的成长需求，采取多样化的方法孵化和培育企业，通过提供创业服务来获取利润，其核心业务为孵化企业，为企业提供创业指导、培训、投融资、技术对接等服务，增加创业成功率，并通过股权投资回报获得收益。联合办公型众创空间以 WeWork、SOHO3Q、优客工场等为代表，通过共享公共空间和设施，实现办公空间的租用时段分散化，在降低创业者办公成本的同时，营造能够与不同团队或个人进行互动的工作社区，其核心业务在于通过场地租金实现盈利。创业社区型众创空间以创想家社区为代表，围绕创业者学习、创业、居住、社交、消费等需求，通过完整的社区功能配置，提供一体化的创业和生活服务，其侧重点在于营造集成化的创业生态，以社区服务的收入来弥补创业投资短期回报的缺乏，并让创业、生产、生活和消费形成营收平衡的闭环。

（四）中国众创空间发展规模

1. 当前规模

据中国科技部火炬中心发布的全国首个双创孵化载体地图，数据显示，1987~2016 年底，全国纳入火炬计划统计的众创空间有 4298 家、科技企业孵化器有 3255 家、企业加速器有 400 余家、国家高新区有 156 家，其数量和规模均居世界首位。

其中，国家级创业孵化器数量从 2000 年的 48 家，增长到 2016 年的 863 家，总体呈现快速上升的发展态势，如图 6-1 所示。

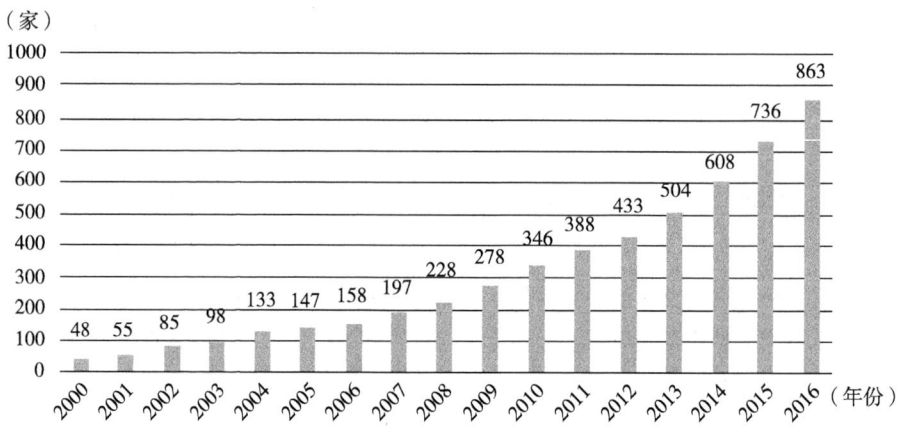

图 6-1　2000~2016 年中国国家级孵化器数量统计

资料来源：根据公开数据整理。

2017 年中国众创空间数量达到 5320 家左右，预计未来 5 年（2017~2021 年）年均复合增长率约为 21.62%，2021 年中国众创空间数量将达到 11640 家。

2. 入驻成员构成

据统计，纳入火炬计划的众创空间内有 48% 的创业企业是大学生创业团队，居首位；其次是科技人员创业、连续创业和大企业高管离职创业，分别占22%、16%和8%的比例;还吸引了超过5000多个留学归国创业项目和海外入驻项目,共占总体的12%。

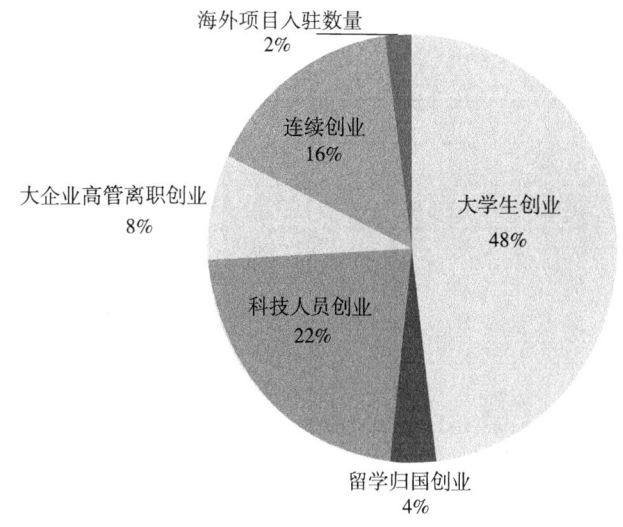

图6-2 众创空间人员组成

资料来源:根据公开数据整理。

3. 双创空间成效

截至2016年底,纳入火炬计划的孵化器和众创空间共服务科技型创业团队和初创企业近40万家,吸纳投资926亿元,带动就业超过200万人,拥有各类有效知识产权22.3万项,累计培育上市、挂牌企业1800余家。

(五)中国众创空间区域分布

2015年12月18日,科技部公布了首批众创空间名单,一共136家,其中包括大家耳熟能详的创新工场、车库咖啡、3W咖啡、创业邦、36氪等。不到2个月的时间里,科技部再次公布第二批众创空间名单,一共362家,增长了2.66倍,目前累计共498家。

科技部公布的第二批众创空间名单一共362家,其中北京市、深圳市、山东省、广东省均获批30家,列举前位。其次是江苏省25家,陕西省、上海市、青岛市分别20家、大连市17家、河北省15家。

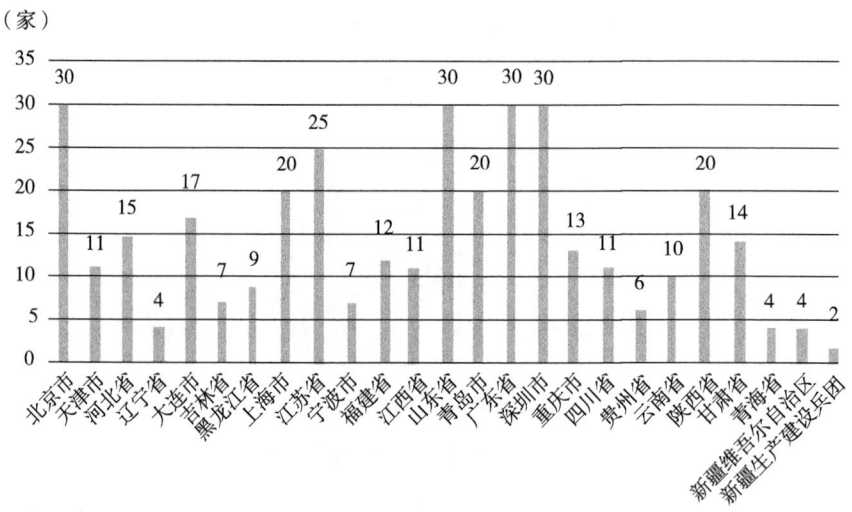

图 6-3　第二批众创空间分布及数量

资料来源：根据公开数据整理。

与 2015 年首批众创空间名单相比，第二批众创空间的分布新增了河北省、辽宁省、黑龙江省、福建省、江西省、云南省、陕西省、甘肃省、青岛省、新疆维吾尔自治区、重庆市、深圳市、大连市等 18 个省市地区。

根据科技部公布的两批众创空间名单信息，笔者统计全国众创空间分布情况：广东省众创空间数量 74 家（其中深圳 30 家），位居全国第一；北京市众创空间数量 57 家，位居全国第二；山东省众创空间数量 56 家（其中青岛 20 家），位居全国第三。

四、中国众创空间 SWOT 分析

（一）众创空间发展优势分析

1. 经济转型需要

中国经济正面临发展瓶颈：经济增长动能减少，以房地产、金融经济占据主导地位而实体经济发展日渐萎缩，中国正处于新一轮经济发展转型时期，且正在经历"供给侧结构改革"，而"双创"经济成为推动中国经济发展新引擎的希望，通过"双创"，可以整合政策、资金、人才、技术等资源，发挥大众力量，推动经济发展并解决就业问题。

2. 政策利好

2015年至今，国务院办公厅等政府机构，相继出台了一系列双创推动指导政策和意见，大力鼓励各地加快发展"双创"，如2015年《关于发展众创空间推进大众创新创业的指导意见》、2017年《国务院关于强化实施创新驱动发展战略进一步推进大众创业万众创新深入发展的意见》等，这都是从国家层面要求各地大力发展双创的。

3. 发展环境良好

互联网、电子商务、移动互联网的发展引发了新一轮的经济发展变革，SNS、共享经济、众筹众包、互联网金融等制造了一个又一个创业神话。特别是2015年5月，李克强总理参观调研中关村创业大街，极大地鼓励了人民大众的创业激情，继而引发了新一轮"大众创业、万众创新"热潮，各地创业者相继涌入北京、上海、深圳等地，各地先后建设了大量的众创空间、加速孵化器等，社会大众的创业激情被点燃，相关资本也期望能够随着这波趋势成为"下一个BAT"的投资者，"双创"发展浪潮汹涌而来。

（二）众创空间发展劣势分析

1. 入驻率低

众创空间在大批量建设的同时，部分地区存在跟风现象，导致国内众创空间入驻率整体偏低。据行业判断，单个空间入驻率基本达到60%以上，才可以实现盈亏平衡，但大多数空间达不到这个比率。

2. 配套服务体系不健全

部分地区众创空间业态落后，大部分为创业者提供办公场所，而与之配套的公司注册、法务、财务、融资、推广等服务能力不足，能够提供全方位、高质量的综合要素服务平台少，造成很多创业团队仅仅是找到了办公场所，而不是真正获得了创业配套资源。

3. 盈利难

众创空间在2015~2016年经历"井喷式"发展之后，有部分空间因入驻团队不足，出现倒闭或被政府收回的现象。众创空间本身是一件好事，但概念化地一拥而上、缺乏明确且可执行的标准、运营主体专业素质和团队良莠不齐等因素，都制约着众创空间的发展，再加上部分政府太过注重短期考核，导致部分众创空间运营效果十分不理想或出现倒闭现象。大部分众创空间以租金作为重要盈利来源乃至唯一来源，政府扶持其勉强维持生存，一旦失去补贴，则可能难以维系。

（三）众创空间发展面临机遇

1. 天使投资规模增大

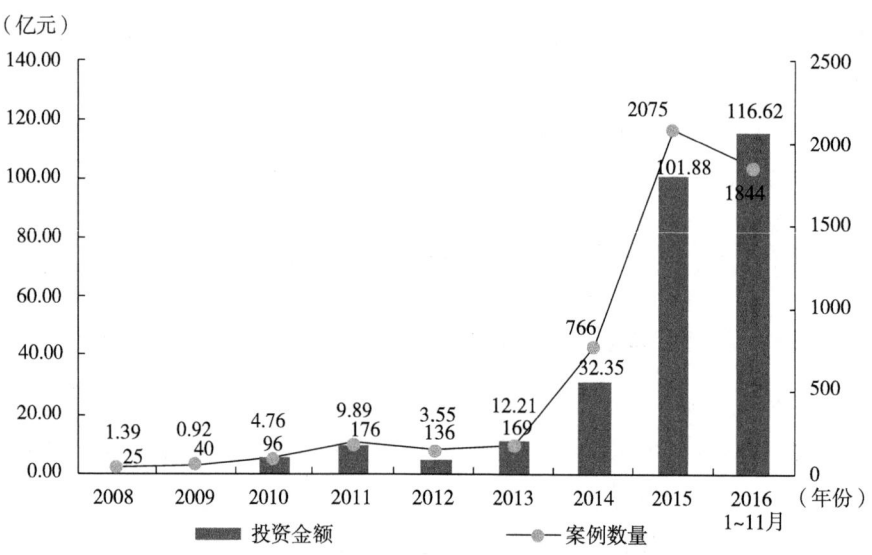

图 6-4　2008~2016 年（1~11 月）中国天使投资机构基金募集情况比较
资料来源：搜狐公开数据。

2016 年上半年中国天使投资机构新成立 40 支天使基金，上半年共募得 60.77 亿元。其中第二季度新募集了 21 支天使基金，环比上涨 10.53%；披露募集金额约为 42.27 亿元（见图 6-5），约为第一季度的 2.28 倍；平均募集金额约为 2.01 亿元，约为第一季度的 2.07 倍；基金募集规模和平均募集金额都呈现爆发式上涨趋势。自 2015 年以来，央行已经四次普降金融机构存款准备金率和五次定向降准，充分运用价格杠杆引导融资成本下行。2016年中国政府将继续实施稳健略偏宽松的货币政策，为经济社会发展营造了良好的货币环境。在此情况下，市场流动资金大幅增加，大大降低了天使投资机构募资成本，为天使基金的募集拓宽了市场深度，其基金规模也跟着水涨船高。此外，政府着力放开市场准入，引导民间资本逐步进入前期垄断行业，给近年来一直努力进入金融领域的民间资本打开闸门，为金融市场保持了合理货币信贷总量的同时也鼓励更多民间资本进入天使投资领域。这为众创空间发展的投资问题提供了资金的支持。

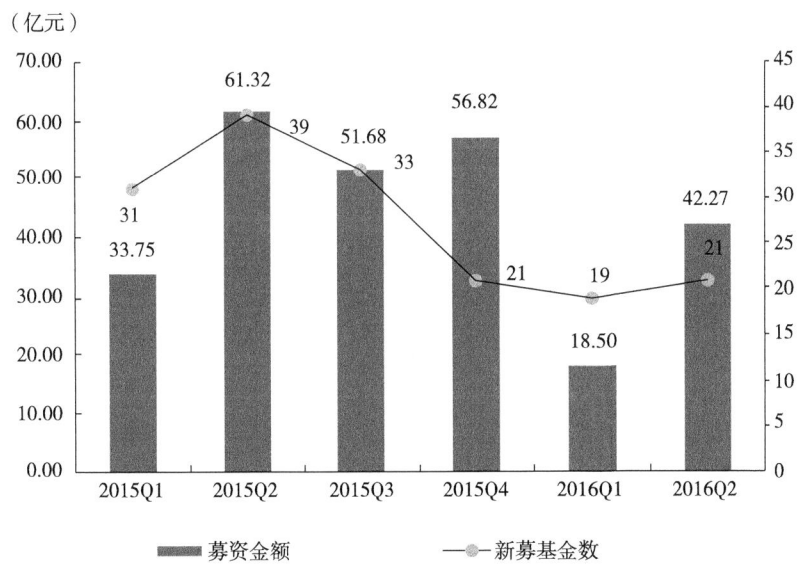

图 6-5　2015~2016 年中国天使市场募资总量环比比较

资料来源：私募通（2016 年 7 月）。

2. 众创市场规模增大

当前，中国正在经历供给侧改革，以"互联网+"为驱动的双创经济成为中国经济增长的引擎。2016 年 3 月 5 日，两会的政府工作报告多次提到"大众创业、万众创新"，并且将其提升到中国经济转型和保增长的"双引擎"之一的高度，显示出社会对双创经济的重视。

"大众创业、万众创新"的号召提出两年来，其创业热浪持续升温。一方面，中国民众创业意愿居世界第一，85%的民众表现出强烈的创业意愿。另一方面，新增创业者和新增公司数量持续增长。其中，约80%的新注册企业分布在第三产业，"互联网+"相关行业成为创业热点。

2014~2015年，中国众创空间的规模从50余家发展到2300余家，增长了46倍。到2016年底，众创空间的数量或超过4000家。预计2017年中国众创空间数量将达到5320家，未来5年（2017~2021年）年均复合增长率约为21.62%，2021年中国众创空间数量将达到11640家。

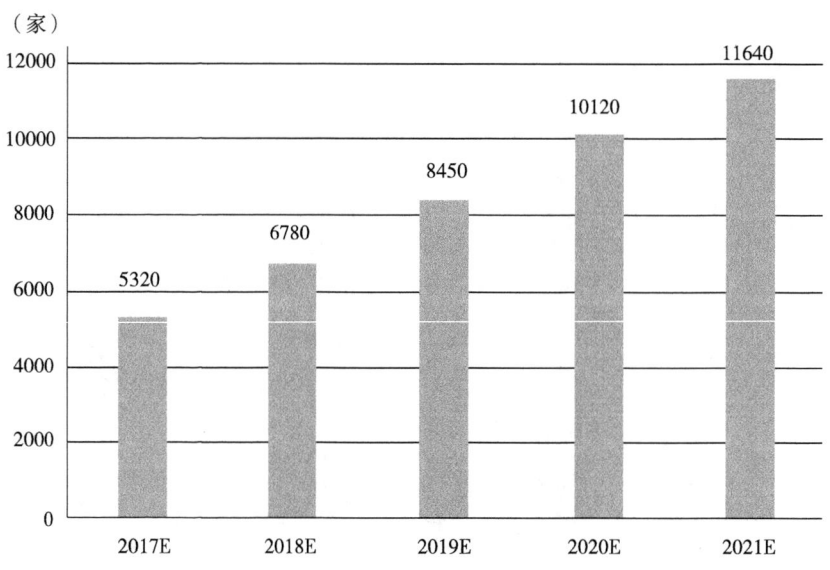

图6-6　2017~2021年中国众创空间市场规模预测

资料来源：中投产业研究中心。

（四）众创空间发展主要威胁

国内的众创空间建设伴随着"双创"浪潮进入繁荣期，各地诞生了一大批各种性质和主题的众创空间，但随着2016年下半年以来创投环境趋冷，众创孵化空间地库、孔雀机构、MadSpace先后倒闭，而上海、杭州以及二三线城市部分众创空间也陆续停止营业，众创空间自身运营的问题逐渐暴露，主要体现在以下几个方面：

1. 盈利模式不清晰

众创空间在国内兴起时间较短，在盈利模式上尚处于不断探索阶段，目前收入主要包括政府资助和工位租金、创新创业和配套服务费、股权投资等。与传统孵化器相比，众创空间低成本的特点决定其核心价值不在于办公场地的提供，其工位租金收入相对较低，且入驻的创业团队和企业一般处于创业前期，容易出现资金问题，难以为众创空间提供稳定可观的租金收入；创新创业和配套服务费则主要包括会员费、课程辅导培训费、广告与活动策划费等，服务费用收入与众创空间掌握的创业资源质量和活动组织水平密切相关，只有少部分优质众创空间具备持续收取服务费用的能力；股权投资具体包括直接投资、与风投合投、用物业使用权或产权来置换创业者股权等，但股权变现难度大、回款周期长，难以成为众创空间的稳定收入来源。目前，我国多数众创空间盈利模式单一，主要依靠政府资助和工位租金为主，处于入不敷出阶段，在政策扶持期勉强维持生存，容易出现资金链断裂风险。

2. 优势特色不明显

众创空间的核心在于提供全要素、专业化的创业服务，打造开放式的创业生态系统。近年来众创空间行业的快速发展，开始出现泡沫化倾向，众创空间数量增长迅速，但水平参差不齐，不少众创空间发展模式雷同，未能充分体现核心优势特色，为今后的可持续发展留下了隐患。产业服务型众创空间因服务形式多样，目前已涌现出 3W 咖啡、北京大学创业训练营、飞马旅、柴火空间等特色明显的众创空间，但大多数众创空间仍缺乏宏观布局思路，且处于抄袭和模仿阶段，提供创业服务的专业水平和质量亟待提升。联合办公型及创业社区型众创空间大肆"跑马圈地"，抢占发展先机，在老旧厂房、闲置楼宇改造方面进展迅速，但工作重点仍聚焦于硬件，在创业氛围的营造及创业资源的整合方面仍存在较大不足，且联合办公型及创业社区型众创空间目前主要集中在北京、深圳、上海等创业活动频繁、创客聚集度高的地区与城市，未形成跨区域的连锁品牌，规模效应尚未显现。

3. 产业结合不紧密

建设众创空间的最终目标在于培育新的产业业态和经济增长点，其发展模式和定位应充分结合所在城市和地区的产业基础及要素禀赋，特别是产业布局与规划。多数众创空间建设时注重运营模式的选择而忽略产业领域的选择，导致不能契合各地产业发展的战略定位，加剧了同质化竞争。目前，国内众创空间主要聚焦于互联网、教育、医疗、智能硬件、金融、文化创意等轻资产领域，与地方战略性新兴产业对接深度不够，缺乏面向地方主导产业垂直化细分领域的专业众创空间，总体上对当地优势产业的促进作用不明显。部分地区众创空间专业化能力不足，没有明确的产业定位，主要提供工位、网络、会议室，缺少公共实验室、科研设备，导致入驻项目以电商服务型项目为主，呈现出简单集中而非思维聚合的特点，难以提升创业团队的创新裂变能力，无法吸引从事高成长性研发的团队入驻。

第七章 "众创时代"科技企业孵化器与新型城镇化

一、企业孵化器行业定义及分类

（一）企业孵化器概述

企业孵化器也称为高新技术创业服务中心，简称创业中心，国际上一般称为企业孵化器。它是一种通过提供研发、生产、经营的场地，通信、网络与办公等方面的共享设施，以及系统的培训和咨询，政策、融资、法律和市场推广等方面的支持，降低了创业企业的创业风险和创业成本，而提高企业成活率和成功率的新型社会经济组织。

（二）企业孵化器诞生的历史背景

世界上第一个科技企业孵化器是美国的约瑟夫·曼库索（Joseph.

Mancuso）于 1959 年在美国纽约的贝特维亚（Batavia）创建了"贝特维亚工业中心"，是全球企业孵化器事业的开端。曼库索因出租厂房给一家养鸡公司，浮想联翩，便把扶持创业的机构形象地称为"孵化器"。"二战"后的二三十年里，美国经济独立发展，具有较大的优势。但是到了 20 世纪 70 年代，随着新科技革命浪潮的兴起，这种优势受到了来自西欧和日本等国经济崛起的冲击。面对这种变化，大企业适应缓慢，小企业在美国经济发展中的表现相当活跃。然而，小企业的成功率很低，发展极其困难。研究表明，小企业失败的主要原因是资金不足和管理不善，这说明小企业还没有一个良好的发展环境。企业孵化器正是适应这种社会需求而诞生的组织，企业孵化器的目的正是为小企业创造一个良好的成长环境，对处于初创状态的小企业提供全面的发展支持，为企业提供可租用的场地、商业服务设施等。企业孵化器是一个创造成功的创新型企业的综合系统，旨在创造一批充满活力的企业，并有组织地适时为企业提供其成长所需要的"营养"。

企业孵化器的创立给社会经济发展带来了积极的影响。企业孵化器通过政策引导和资金导入，帮助一些新成立的、相对较弱的企业和公司成长，增强了小企业生存和发展的能力；通过渠道沟通和平台架设，为风险资金提供优质的投资项目和初创企业；同时也解决了部分社会就业问题。企业孵化器在实践中取得了卓越的成果：据美国统计，经过企业孵化器孵化的企业，其成活率能达到 80%。

20 世纪 80 年代，随着我国科技与经济体制改革的深化和对外开放政策的实施，特别是科技成果转化的需要日益凸显，客观上形成了对企业孵化器的需求。1987 年，我国第一家企业孵化器——武汉东湖创业者中心宣告成立，企业孵化器事业从此在中国红红火火地发展起来。16 年来，我国企业孵化器实现了健康、快速发展，企业孵化器的政策环境得到了改善，资金投入力度加大；企业孵化器的数量和规模有了很大的提高，服务功能进一步加强，培育了大批高新技术企业和具有创新实干精神的企业家。最新资料表明，全国共有各类科技企业孵化器约 3233 家，在孵企业 133288 家，吸引海外留学人员 2.1 万人，孵化场地总面积为 10732.8 万平方米。

表 7-1　2015~2016 年中国科技企业孵化器基本情况

单位：家，万平方米，万人，%

	2015 年	2016 年	比上年增长
统计孵化器数量	2533	3255	28.5
场地面积	8679.7	10732.8	23.7
在孵企业	102170	133288	30.5
在孵企业从业人数	168.2	212.1	27.6
其中：吸纳应届大学毕业生	17	21.1	24.1
留学回国人员	2.1	2.1	—
统计毕业企业	74853	89694	19.8

资料来源：2016 年火炬统计手册（科技企业孵化器和众创空间部分）。

我国企业孵化器事业取得了巨大的成功，也得到了国际上的承认。企业孵化器的成功运作极大地促进了科技成果的转化，形成了创业氛围，弘扬了容忍失败、鼓励冒险、崇尚创新的企业家精神，吸引了一批海外高素质人才回国创业，推进了国际合作。企业孵化器在实践中摸索出了一条在市场经济条件下促进科技成果转化的道路，为中国高新技术产业的技术创新和持续发展做出了重要贡献，得到了政府和专家的高度评价和赞扬。

（三）企业孵化器的作用

1. 节省时间

一个小企业要想获得必要的硬环境条件，除了要有相当的投资外，还要筹备很长时间。而企业孵化器把这一切都准备好了。一般一个小企业从入驻企业孵化器到开始正常运转，只需 10 天左右的时间。

2. 少走弯路

对于一个小企业，在组建以及运营之初，面临相当多的问题，常常需要做出抉择。如起草公司章程、确定产权关系和企业性质、决定人员组合、合理利用资金、进行市场开拓等。富有经验的企业孵化器管理人员及有关专家的咨询服务，可以及时帮助企业家做出正确的选择；获得和良好信誉。不是任何企业或创业者都可以入驻孵化器的。每家企业孵化器都有严格的接纳标准。能够被孵化器接纳的就是有良好市场竞争力和发展潜力的企业。

3. 创业者集聚效应

企业孵化器努力创造条件，使同时被孵化的创业者很方便地进行交流，分享经验和信息，互相鼓励，甚至结成业务合作伙伴。

4. 加速发展，提高了创业的成功率

良好的创业环境和优质的创业服务使一大批中小科技企业在孵化器中快速成长。

二、我国企业孵化器行业发展状况分析

（一）我国企业孵化器行业发展阶段

1987年，我国诞生了第一个企业孵化器——武汉东湖高新技术创业服务中心。此后，我国的企业孵化器经历了快速发展的时期。从现有文献的研究来看，较普遍的观点认为我国企业孵化器的发展分为三个阶段。

1. 起步阶段（1987~1993年）

1988年8月，中国决定开始实行专门为发展中国高新技术产业而设立的"火炬计划"，从而启动了科技企业孵化器的建立和发展。

2. 稳步发展阶段（1993~1996年）

这一时期，企业孵化器从提供全方位、全过程的服务逐渐过渡到为创业者直接服务，并且向准工业化发展。企业孵化器、被孵企业与大学或科研院所实现了紧密结合，呈现出创业资本支持技术、企业研发新产品、培育市场，市场收购企业、回报投资者这样完整的循环和增值过程。

3. 提升阶段（1997年至今）

这一时期的特点是企业孵化器向网络化发展，形成了孵化器的城市网络、区域网络、全国网络和国际网络以及向营利型、国际化发展，并出现了留学生创业企业孵化器、孵化器海外基地和国际孵化网络。

经过了20多年的发展，目前，我国科技企业孵化器的发展处于转型时期，即从典型的"综合型孵化器"向现代多种类型的"专业孵化器"发展。

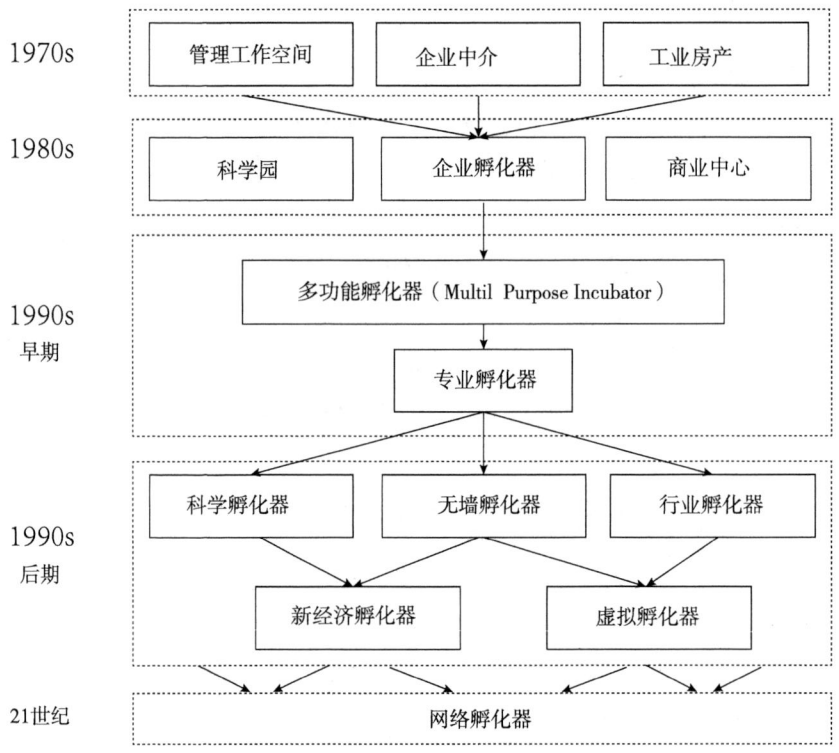

图 7-1 企业孵化器的演进变化趋势

资料来源：根据公开资料整理。

（二）我国企业孵化器行业发展总体概况

近年来，我国企业孵化器在数量上呈现出持续增长的良好发展势头。综合数据显示，中国科技企业孵化器自 1978 年创办以来快速发展，尤其在 2005 年后呈加速发展趋势，孵化器数量由 2005 年的 500 多家增至 2016 年的 3255 家；预计到 2020 年，中国孵化器将接近 5000 家。

在孵化器建设方面，作为国内经济发展的重要地区，北京、广东理所应当地领跑于国内其他省市。当前孵化器建设主要分布在沿海地区，同时逐渐向内陆城市辐射。

当前对孵化器网络化发展的关注主要集中在孵化器内部和外部的网络

概论篇——新型城镇化探索之路

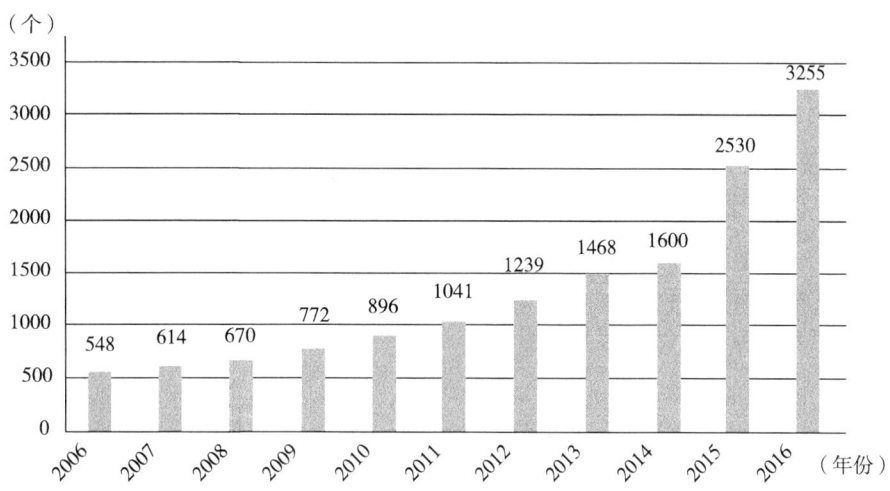

图 7-2 2006~2016 年中国科技企业孵化器数量变化情况
资料来源：清科研究中心。

化两个方面，内外关系网络间的相互作用包含两层含义：首先，内部关系的网络化有助于促进外部关系的网络化，孵化器和被孵对象间的关系网络将促使孵化器更努力地寻找外部关系并为被孵对象提供足够的创业资源，而被孵对象间的交流与合作将加大被孵对象与外部建立联系的机会；其次，外部关系网络有助于促进孵化器与被孵对象之间信任与依存关系的增强，也促进被孵对象之间的交流与合作，如被孵对象可以结成一个整体来共同争取订单。

（三）我国企业孵化器行业发展特点分析

1. 政府强力支持企业孵化器的建设和发展

我国企业孵化器的特殊性之一，是孵化器起源于政府行为而非市场行为，这与欧美等国的孵化器先是起源于市场而后为政府部门采用的发展历程不同，这种起源的特殊性决定了政府部门在场地、资金、人员等方面的扶持，它在我国企业孵化器创建和发展过程中也起到了关键性的作用。从我国企业孵化器的发展现状来看，截至 2002 年底的 334 家企业孵化器中，由各级政府科技管理部门或高新技术产业开发区负责组建的创业服务中心占孵化器总数的半数以上，除了北京、上海、武汉等孵化器产业相对发达的地区，其他地区的孵化器基本上是由政府组建的。

2. 孵化器以孵育高新技术企业为主

我国的企业孵化器作为火炬计划的一个重要组成部分，其职能定位在促进高新技术成果向现实生产力转化，通过扶持科技新创企业推动科技成果的产业化和商品化。因此，与国外孵化器一般将服务对象界定为新创企业相比，我国的企业孵化器是以高新技术企业为孵育对象，其服务对象的范围更为严格，这也决定了我国的企业孵化器在促进科技成果转化、培育高新技术企业方面作用更为明显。

3. 企业孵化器与高新区的关系密切

高新技术产业开发区（以下简称"高新区"）与科技企业孵化器作为科技部火炬计划的两个重要组成部门，彼此之间存在密切的关系。一般来说，高新区的规模比较大，区内的企业包括大型企业和中小企业，与区域经济关系密切，而孵化器的职能主要是向新创企业提供各种服务以提高成活率，与高新区相比，规模相对较小，功能比较集中。

我国许多高新区内创建一个或多个孵化器，利用高新区拥有的土地和基础设施等硬件条件，发挥孵化器的服务功能和聚集效应，一方面提高企业孵化器的孵化能力，另一方面可以优化整个高新区的孵化环境和创业环境。

4. 综合性孵化器与专业孵化器共同发展

我国企业孵化器经过十几年的发展历程后，孵化器的类型开始多样化，形式由最初的以政府投资的综合性孵化器逐步转变为多种类型孵化器并存。以孵化器涉及领域为标准划分，现有孵化器可以分为综合性孵化器和专业孵化器两种类型。综合性孵化器是目前孵化器的主体，85家国家级孵化器基本上属于综合性孵化器。综合性孵化器吸纳各个行业的可转化高新技术成果和发展前景的新创科技企业，为其提供孵化场地和相应的服务，而专业孵化器一般专门针对某个高级技术领域进行成果转化和新创企业的培育，其在场地和设施的设计与使用上更加注重专业性，其提供的各种服务也具有浓厚的专业特色。

(四) 我国企业孵化器行业模式分析

企业孵化器与一国的经济类型、创业文化与资源禀赋有着紧密联系。目前，结合各国国情下的主要创业孵化模式有如下五类：

一是投资型。"投资+导师+服务"的双"+"模式，即孵化器为入孵团队提供种子资金，换取其6%~10%的股份，为每个创业团队分配若干创业导师，跟踪指导整个孵化过程；孵化器同时为创业团队提供技术、商业、融资等知识培训，帮助其完善产品构思、推广并介绍下一轮投资者等的支持。

二是导师型。一些高校拥有创业传统、创业课程体系以及优良的创业生态环境，则依托这类高校成立孵化机构，是较为普遍的孵化模式。另外也有一些孵化器是由大企业高管或企业家发起的，以聚集和培养高质量创业人才为目的，但不持有在孵企业股权。

三是服务型。通过测试筛选出优秀创业项目，为其提供包括办公场地服务在内的公司治理结构、发展战略、品牌、资金、产品设计、法律服务和商业发展支持等全方位服务。

四是网络型。这一新模式适合那些需要孵化器支持但仍希望原地经营的企业。如今很多商业项目逐渐倾向于虚拟化，虚拟孵化器则利用在线网络为在孵企业提供资源服务。

五是海外型。顾名思义，这一模式就是与其他国家合作开展的"海外孵化"。此模式通常于别国发现培养潜力企业，入孵后提供孵化服务，为入孵企业投入资金，持有其股份，以享有优先收购权而最终达到为本企业引入外部创新的目的。

观之我国，企业孵化器从无到有，从小到大，我国正逐步发展成为"孵化器大国"。我国科技创业的大潮已汹涌而起，企业孵化器的队伍与规模也将越来越大。

企业孵化器在我国的快速发展是在新经济下形成的，新经济中的经济培育性和创业重要性使其地位成为重中之重。作为以培育企业而创造价值的商业模式，孵化器以发现创业者的潜在价值、培育创业企业的市场价值、实现自身的增值作为目标，是培育企业的企业。因此在我国，企业孵化器被普遍认为是非常具有发展空间的商业新模式，其前景超过特许经营、连锁超市等。而在新经济下无可避免的是，孵化器将与风险投资密切结合，在从投资经济向培育经济的转变中，它与风险投资有着异曲同工之妙：风险投资以资本的方式培育企业，而孵化器则注重为企业构筑创业的基础和良好的环境。同时，专业孵化器会促使新兴行业在空间上集聚，为企业提供共享的平台与无限商机。如果将风险投资与孵化器匹配起来，即对孵化器中的入孵企业进行风险投资，其孵化成功率也必将大大提高。

三、我国孵化器领先运作模式研究

（一）清华模式

一是投资和服务结合。该模式与美国的天使投资型孵化器类似，典型特点是与天使投资或风险投资合作，采取创业导师持股孵化的方式进行孵化。中关村创新型孵化器中的创新工场、常青藤创业园、亚杰商会、3W咖啡、联想之星、云基地、石谷轻文化创业基地、中关村国际数字设计中心、厚德创新谷虽然提供的孵化服务各有不同，提供的投资属性、形式以及涉及的企业发展阶段都有所不同，但本质上都属于此类孵化模式。

二是虚拟和实体结合。实体孵化器对空间的约束和存在信息不对称等因素降低孵化效率，而互联网技术的发展、网络的普及以及孵化的需要，使得实体孵化和虚拟孵化结合成为可能，该模式是线上虚拟孵化器模式与线下实体孵化器相互补充、协同促进的产物，通常采取线上孵化服务为主，线下活动作为补充的孵化模式。中关村创新型孵化器中，天使汇、创业邦、创业家、36氪等孵化器都采取此类孵化模式。

三是大企业和高校衍生。一种是企业衍生孵化模式，这种孵化模式多是依托大型集团的科技、信息、市场、资金等资源，为入孵企业提供孵化服务。如北京均大高科孵化器就是依托母公司九州通集团在医药行业的信息和市场渠道资源，为入孵的医药企业提供成果转化、产品推广等服务。奥宇孵化器利用北京集团奥宇模板有限公司的科技条件和资金优势为企业服务。另一种是高校衍生孵化模式。孵化器是高校投资建设，特点是借助高校的创业教育体系、导师资源和校友网络，以及源源不断的创业者。比较典型的代表是北京大学创业训练营和清华大学X-

LAB，科大方兴孵化器则是挖掘高校科技资源，与学校实验室实现对接，支撑企业技术创新。

（二）杨浦模式

即为"导师+金融服务"模式。杨浦科技创业中心探索出了联络员制度、辅导员制度以及创业导师制度三者合一的创业导师体系。针对企业高速发展时有可能会出现战略决策失误或错失创业良机，同时创业中心配备了创业导师，以大企业对小企业辅导、辅导员团体辅导、项目小组辅导的方式，帮助在孵企业规避成长风险。该模式把融资服务平台作为重点建设平台之一，成立了杨浦科诚小额贷款股份有限公司，为在孵企业提供项目申报、统借统还、孵化器网络担保贷款等间接融资服务。

（三）东湖模式

东湖的"产权化+网络联盟"孵化模式是武汉具有代表性的孵化模式。产权化指的是一种盈利的房地产开发与公益的企业孵化相结合的孵化模式。即其孵化载体创业街由东湖新技术创业中心开发，投资者持有，孵化企业使用。产权化使孵化器得到空间，地产开发获得的收益与社会资本结合，并作为孵化资金投入。同时，该模式以东湖国家示范区为核心，通过构建华东、华北、华中、华南、西南市场接入服务中心，建立孵化网络，共享资源平台，实行联盟孵化，突破了创业孵化在地域空间上的限制。

（四）上海模式

即为"苗圃+孵化+加速"链式孵化模式。该模式以张江孵化器为代表，其孵化服务分为预孵化、孵化和加速三个阶段。未注册为法人公司的项目组进入苗圃接受第一个阶段的孵化服务。之后，接受标准孵化作为孵化的第二阶段，此阶段孵化器为他们争取到的政府房租补贴是3年，并帮助他们获得国家各种认证。第三个阶段是为进入加速器的企业获得盈利模式，并提供政策支持、股权投资或合作等服务。

（五）西安模式

"综合孵化器+专业孵化器+企业加速器"孵化模式是西安具有代表性的

孵化模式。西安高新区创业园根据企业技术领域和不同发展时期的需求形成了分阶段、分领域、网络化的创业孵化模式。综合性孵化器侧重场地、政策、资源获取、创业辅导等支撑性服务，专业孵化器侧重公共技术服务平台、项目支持等增值性服务，企业加速器侧重为高成长性企业提供的加速成长空间以及市场、投资、金融等个性化服务。以上三类孵化主体围绕当地主导产业，确定了光电子、集成电路设计、生物医药等8个专业方向，并以资本连接，形成1个综合孵化器、n个专业孵化器和加速器的"1+n"集群孵化模式。

四、孵化器发展对于新型城镇化的意义

推进新型城镇化，最根本的问题在于解决经济问题，而企业孵化器恰恰可以推动小企业聚集、发展培育产业，从而带动当地经济发展，大力承接产业转移，发展特色产业。

1. 推动小企业集聚

孵化器具有集聚科技型小企业的显著特点，为小企业提供可以负担的物理空间，使众多小企业集聚在一起，获得最佳的信息、咨询服务，打通与政府的联系渠道。第一，共用研究与咨询。新建科技型小企业或已运行的科技型小企业，需要接受技术、法律、市场等方面的咨询，需要不断地开发与更新产品、改进产品设计方案等[1]。第二，相互交流。由于企业孵化器有确定的企业接纳标准，孵化企业之间共同之处颇多。在共同空间进行研发、生产与经营活动，接受同一主体的服务，有利于企业间的信息交流。在实际运营中，许多企业孵化器经常组织文娱、体育活动，有意识地促进孵化企业的文化交流乃至合作。

2. 发展培育产业，促进当地产业的升级

从孵化器毕业的成功企业拥有先进的技术、成熟的管理经验，当地产业的发展和升级起到了有效的推动作用，是高新技术产业发展的中流砥柱。孵化器源源不断地向市场输送具有优秀素质和成长潜力的企业，为产业的升级换代提供了充足的原动力。孵化器一般孵化的都是：创新技术、创新

---

[1] 李志能. 企业新创：孵化的理论与组织管理 [M]. 上海：复旦大学出版社，2001.

产品、创新机制、创新理念,这些都是新产业的种子。

3. 培育区域创新主体孵化器

通过对在孵科技型企业以及企业家的培育,实现了对创新主体的专业化培育。通过申请、挑选、批准、培训、毕业,最终向区域经济系统输出有竞争力的企业,并培养出具有创新意识和冒险精神的企业家。技术创新主体可以是企业和科研院所、高等院校等研发机构[1]。不同时期或不同社会经济条件下创新主体可能不同,这取决于社会文化环境、经济发展水平、市场发育程度和技术的市场交易费用。在我国现实条件下,技术创新的主体主要是少数大型企业和大量的小型科技企业以及新兴的企业家群体。

第八章 中国电商发展与新型城镇化

一、我国农村电子商务行业运行概况

(一)行业发展动因

特点一:农村电子商务政策不断出台,主要归纳为促进方面的政策、规范和监管方面的政策、促进其长期发展的政策,以此保障农村电子商务的发展。

特点二:阿里持股苏宁、京东入股永辉超市、美团与大众点评合并、去哪儿与携程合并等,农村电子商务经历兼并重组高峰期。

---

[1] 企业战略研究所. 孵育未来:孵化器发展与新研究 [M]. 南宁:广西人民出版社,2002.

特点三：农村电子商务模式多样，如浙江遂昌模式、浙江丽水模式、吉林通榆模式等。

特点四：许多以销售农产品为主的农村电子商务网站和企业经营状况参差不齐，且农产品优质不能够优价问题严重。

特点五：农资电子商务发展过程十分艰难，一是数量较少，二是经营量和交易额不高，三是假冒伪劣商品较多，四是没有成熟的商业模式，五是起步较晚，需要有一个培育的过程。

特点六：淘宝村镇县建设进入新阶段，从刷墙到完善整体配套建设转变。

特点七：低价竞争、疲劳促销、假冒伪劣产品盛行、刷单现象严重等问题制约了农产品电子商务发展。

特点八：农村微商进入一个新的高潮时期。农村微商是伴随着农村手机网民的增多而发展起来的，主要由以下三个方面构成：一是微店；二是微店平台；三是微商技术服务商。目前主要表现为：一是多层次代理，有些具有传销的性质；二是微来购和云微商；三是极享平台；四是微商城，这是一种比较广泛采取的形式；五是公众号平台，其中微商 C2B 模式相对盛行。各地有很多做得较好的微商，是比较广泛应用农村电商的一种形式。

特点九：供销社电子商务异军突起，将成为引领农村电子商务发展的"国家队"。2015 年 11 月 5 日，全国供销合作社电子商务平台"供销 e 家"正式上线，这标志着具有供销合作社特色的知名电子商务综合平台，将成为引领农村电子商务发展的"国家队"，更好地为供销社系统服务以及为"三农"服务。"供销 e 家"以农村和农产品电子商务为重点，提供完善的网上交易功能和服务功能，其中，交易功能主要围绕农产品、农业生产资料、日用消费品和再生资源等供销合作社传统业务领域，提供 B2B 大宗交易、批发交易、B2C 零售交易、O2O 在线交易等多种交易方式；服务功能主要包括支付结算、金融服务、物流融合、质量认证和产地追溯、为农服务、便民服务、技术支撑、培训服务等丰富多样的服务。

"供销 e 家"将突出供销社系统的业务特点，开设特色农产品销售专区，有效解决农产品难卖问题；发挥合作经济组织的资源优势，建立农产品产销对接、农业社会化服务、国际合作社商品直供等专区，着力打造果品、食用菌、茶叶、棉花、农资等传统产业专区；提供"供销云"技术服务，为各级供销合作社开展农村电子商务提供后台大数据、云计算等技术支撑，有效减少地方供销社在软硬件方面的资金投入，并在技术上始终保持行业领先水平。

特点十：众多电子商务"大佬"下乡。众多电商"大佬"下乡，如淘宝："生活要想好，赶紧上淘宝"。京东："发家致富靠劳动，勤俭持家靠京东"。百度："要销路，找百度"（"养猪种树铺马路，发财致富靠百度"）。腾讯："手机玩得好，要靠应用宝"，"装了应用宝下载快又好"。360："360家庭卫士（摄像头），防火防盗防家暴"。网易："用易信，省话费"。当当："老乡见老乡，购物去当当"。苏宁：当心花钱买假货，正品省钱来苏宁。龙宝：要想吃得好，就得上龙宝。邮政："邮政物流真可靠，跑得了和尚跑不了庙"。

（二）行业发展成就

（1）个体农民电子商务创业自发兴起。大量回乡农民工、返乡大学生和部分大学生村官，开始运用电子商务这一便捷的平台，大量销售农村土特产品，既满足了城里人对天然绿色食品的需求，也帮助了农民创收。

（2）以乡村为区域实现聚集。不仅企业、个人在电子商务中发财致富，而且带动了就业，也带来了物流快递、包装等服务业的提升。

（3）以县域为单元形成电子商务新经济。2014年7月，阿里巴巴主办全国首期县域经济与电商论坛并发布一批县域电商模式，标志着县域电商进入全面发展时期。以小商品批发著称的浙江省义乌市，实现了网上再造一个义乌的转型，2013年注册地在义乌的淘宝卖家（含天猫）账户达到10万个，超过义乌国际商贸城的商户数量（7万家左右），成为义乌最大的商人群体；电商交易规模856亿元，交易额也超过实体市场。作为陕西首批电子商务示范县的武功，提出"买西北，卖全国"的县域电商发展思路，建设电商园区，配套建立电商产业四大服务平台，先后吸引20多家电商企业入驻，培养300多个淘宝店铺上线，仅半年多时间就做到1天网上发货8000单的出货量，成为县域经济发展的一个亮点。

（4）农产品电子商务企业创造营销神话。如安徽三只松鼠电子商务公司，其标签是第一个互联网森林食品品牌，主要销售坚果，上线仅65天销量就在淘宝天猫坚果行业跃居第一名；成立仅1年，营业额就达到3亿元，创造了一个异军突起的农产品电子商务网奇迹。

(三) 行业积极变化

变化之一：从卖到买的转变。农村电子商务的发展经历了初级的卖农产品，到中级的农业产品开发，现在向电子商务经济转型，既着眼于将农村的特色农产品进行包装开发，推销出去；又着眼于农村的新兴消费需求，推动生产生活资料下乡，形成有买有卖的电子商务经济。

变化之二：从自发形成到政府推动的转变。早期的农村电子商务基本由返乡的大学生、农民工等群体来推动，经过个体电子商务创业的成功示范，再带动村、乡及县域电子商务的发展。但随着近年电子商务日益得到各级政府的重视，由县乡政府推动的电子商务发展痕迹越来越明显。在电子商务竞争日趋激烈的情况下，无论是个体创业还是企业介入，都已经离不开政府环境的支持，这是农村电子商务发展方位的重要变化。

变化之三：从粗放到精细的转变。早期的农村电子商务基本保持了"纯朴"的本色，其推出的产品是纯朴的，而营销手段也是"纯朴"的，整体显得粗糙。最初推出时，由于经营商户少、产品量少，还能吸引消费者，到后来商户与商品量猛增时，这种初级手段只能开始升级，无论是商铺网页的设计，还是产品的包装以及营销的手段，都开始向精细化转变，早期形成的淘宝村也开始了产业升级之路。像江苏的沙集，在家具产业初具规模后，再靠简单的模仿、低价营销和家庭作坊式的加工已经难以持续，只能向现代工业园区和现代电子商务企业或电子商务联合体转变。

变化之四：从个体为主到企业参与的转变。电子商务企业对农村没有足够重视，另外就是农村电子商务基础不完善的问题。但农村电子商务明显发力，受到企业更多的关注，一批农业电子商务企业开始崭露头角，像三只松鼠等农产品企业开始迅速成长。当前的农村电子商务发展，呈现出企业"大象起舞"与个体商户"蚂蚁雄兵"同在的生动场景。

变化之五：从商品到品牌的转变。农产品品牌建设相对滞后，但目前大体进入由商品到地域公用品牌过渡的阶段，且出现了一批地域品牌，比如过去人们吃苹果非要吃烟台苹果，诸多此类可以列举出阳澄湖大闸蟹、赣南脐橙、五常大米等。但公用品牌鱼龙混杂。因而，农村电子商务推动农产品品牌由地域公用品牌向以企业为主体的市场品牌再次升级，一些农业电子商务企业已经成为有号召力的市场品牌，而地域品牌则退居产品内核。

像过去吃葡萄干，只知道要吃新疆葡萄干；当三只松鼠公司名气大增后，大家知道好的葡萄干在三只松鼠，但三只松鼠卖的其实就是新疆葡萄干。

变化之六：由产品到服务的转变。农村电子商务相较于城市电子商务独具优势，这就是自然生态环境。生产好的农产品的地方，一般山清水秀，乡村文化特色浓郁，特产吃了让人难忘，优美环境更让人向往。于是农村电子商务开始由卖产品向卖乡村旅游服务方向探索，让农村电子商务的内容再次得到拓展。

总之，农村电子商务正在多方推动下不断地追赶电子商务整体发展的脚步，并在实践中显露出明显的乡村特色，未来值得期待。

（四）产业集群化发展

1. 萌芽阶段

自 2005 年以来，我国的农村电子商务发展速度越来越快，已经有很多农户或者是企业逐渐开始尝试在网络上进行销售，并且取得了一定的收益和效果。在少数企业和农户的带动下，很多农户或企业也开始推广电子商务，而越来越多的网络销售，逐渐形成了产业集群的雏形。

2. 成长阶段

在农村电子商务产业集群的雏形形成之后，由于其自身领军企业的收益效果比较明显，导致农户与企业的模仿和配套服务也越来越多，集群的供应链逐渐形成，集群就会进入成长阶段。

3. 成熟阶段

在农村电子商务产业集群经历过萌芽阶段以及成长阶段之后，就进入成熟阶段，集群内的各个经济主体仍然保持不断的创新，而农产品在网络上的销售以及配送服务模式逐渐走向规范化和标准化，其产业价值链逐渐完善，企业之间不仅形成良好的合作模式，同时也成为良性的竞争对手，集群对于农村经济的整体影响和作用就凸显得更加明显。

（五）行业发展趋向

1. 农民对网购接受度超过 80%，农村网购市场规模或创新高

目前，我国农村电子商务市场展现出良好的迹象。现在，大约有 60 家

互联网企业到农村去发展，很多电子商务企业也提出了自己的"农村电子商务战略"。

2. 农民消费开始升级换代，网购偏爱"买不到的"

调查显示，农民最看重的商品是那些"买不到的"；主要消费品是日用品、服装和家电品类商品。农民随着经济收入的增加，消费开始升级换代，如电脑、家电、汽车等开始大规模地进入农民的家庭。

3. 做农村电子商务，"政+商"属性越来越重要

在我国，在政府关注"三农"发展的国有体制下，农村电子商务不能仅仅看作是一种简单的商业行为，还与农村发展、扶贫事业等相挂钩，是工商企业与用户互动的社区平台、助农政策落地的"互联网+农业"平台。

4. 农村电子商务"三分天下"格局初现

农村电子商务有三大热门领域——农业生产上端的农资电子商务热潮、下端的农产品电子商务销售、串联上下游的农村金融互联网化，其中互联网金融"目前体量小、未来前景广"。

5. 互联网在农村的机会，或在5年后集中引爆

农村电子商务发展前景广阔，但也存在许多制约之处。一是农业生产资料产品几乎没有电子商务；二是农村网络主力在20~29岁，消费人群较为局限。这说明互联网在农村的机会也许在5~10年以后会出现。

另外，智慧农业等现代技术将成为农村电子商务未来发展的重点，目前，中国现代农业正向着智能化、精准化、定制化发展。

（六）市场竞争分析

目前电子商务势力比较强的一是"三国杀"——阿里巴巴、京东、苏宁；二是国家队高调入场，分别是供销总社拿着国家革新赋予的盈利启动了供销电子商务；三是中国邮政，中国邮政这次跑得比较快，加码了农村电子商务，还有中国电信也在做农村电子商务等。

农村电子商务的角逐还有两大力量：一个是涉农企业特别是涉农的上市企业，呈现了集体性的喧嚣景象，纷纷宣布投资了农资电子商务，比如金正大建设农商一号，辉丰股份建设农一网，诺普信投资田田圈等。另一个是出现了一些地方性的土豪电子商务平台，如山西的乐村淘现在跑得比较快,已经拓展到了 8 万多个村,深圳的淘实惠、浙江的赶街,他们都在进行区域性的深耕。

(七) 农村电商运作模式

1. 自上而下的农村电子商务

中国社科院信息化研究中心主任汪向东提出,我国目前事实上存在两种不同的农村电子商务,其动力来源是不一样的:一种是自上而下式的,另一种是自下而上式的。自上而下是由政府主导,国家投入,通过官方机构或者带有官方背景的机构运营的平台来推动农民做电子商务,是"要农民信息化";或者是由市场牵引、社会或用户自己投入、农民自发地利用市场化的平台开展电子商务,它是"农民要信息化"。

例如湖南省娄底市人民政府就非常重视农村电子商务事业,他们积极利用信息化手段发展现代农业,并利用政府的威望和资源为农村电子商务发展服务。娄底市设立了大型政府助农、惠农项目——"网上供销社",以信息技术为手段,采取"实体+网络"运作模式,为破解农村信息化建设最后一公里问题,为农民"买难、卖难"提供了新途径。

2. 自下而上的农村电子商务

"自下而上式"农村电子商务,即为农民自发地利用市场化的电子商务平台,不需要国家出资投入,完全是农民自身对创业致富的强烈需求,自发地寻求出路,所以信息化应用的效果就非常显著,并能在农村经济的基础结构层带来实质的变化:农民在网上发布信息,直接与客户谈订单、价格、需求,这样面对面的沟通将使生产和市场直接对接,克服了供需不平等、信息错位、时间延迟等问题,农村电子商务的应用效益一下子就体现出来了。它为在信息网络时代解决"三农"问题提供了一个新的道路,也为解决农村城镇化问题提供了一个新的选择和视角。

这种农民自发的电子商务模式在我国的典型例子如河北省清河县的"东高庄模式",东高庄村 75% 的农户自发从事羊绒纱线与制品的网络销售,年网上销售额超过 100 万元的有 20 多家,其中最大的一家年网上销售额平均超过 1000 万元。

3. 产业分散化模式

这种模式的优势就在于简单易用,它对农户的互联网知识水平、农村信息化、物流、银行等基础设施要求很低,农户只需正常的种植,不需要加工,直接拿到批发市场卖掉即可。互联网在其中对农户来说,没有太多直观的意义,但在整个产业链条中必不可少。

例如淘宝网上皇冠级店铺"新疆美味特产"店就经营和田枣产品,和田的农民先将和田枣卖给农产品批发市场,然后"新疆美味特产"店铺的网商从农产品批发市场购入和田枣,再利用淘宝网这一平台进行销售。这其中和田枣从农户到客户中间经历了三个环节,不仅导致产品价格增高,更使得农户无法掌握生产的主动权,地位弱势。

4. 产业集群化模式

当农村地区通过发展特色产业,积累了一定的产业规模后发展农村电子商务,就具备了坚实的基础。产业集群化电子商务的一大特点就是起点高、规模大,并且拥有非常完整的配套体系,如物流体系、交易平台、监管机制等,整个产业链运作已经非常成熟。

例如,河北省清河县的东高庄村就利用当地的产业优势发展农村电子商务。清河县号称"中国羊绒之都",是全国最大的羊绒制品生产和销售基地,在当地已经形成了包括养殖、加工、销售的产业链条,羊绒制品的生产规模很大。早在2006年,东高庄村一个不到2000人的小村庄,现在从事羊绒纱线网络销售的农民就有1200多人,占到一半以上。注册品牌达到400多个,其中年销售额达到100万元以上的就有20多家。

5. 大平台模式

大平台模式主要是指依靠知名电子商务平台开展电子商务活动的模式。特别是淘宝网这样的C2C电子商务网站,农户可以直接在网上开店销售产品,带来很大便利。

"中国第一淘宝村",浙江义乌的青岩刘村就是这种模式的代表者。青岩刘村的网商群体并不是自发诞生的,而是外来的。2005年,由于青岩刘村毗邻义乌最大的货运市场——江东货运市场,且交通方便,一些网商选择在此创业。到2008年下半年,青岩刘村本地的网商也发展起来。现今这个原本仅有1486名村民的村庄,现在容纳了8000多人,开出了1800余家淘宝网店,现今成交额超过20亿元。

这种大平台模式最大的优势就是平台的诚信度有保证,交易机制成熟,而且淘宝网有非常完善的物流体系为之服务。所以,在缺乏互联网知识的农村，依靠大平台要比自建网站更加方便。

6. 自建平台模式

在一些特色产业的集聚地，由于其地区知名度已经非常高，经济条件好，农民的知识水平高，很多村民不再依靠淘宝网这样的平台，而是通过自建平台展开电子商务，为自己的客户提供更安全的交易平台和更完善的客户服务。

福建省仙游县素有"中国古典家具之都"之称，其古典工艺家具产值超过100亿元，这其中不少家具都是通过互联网来销售的。在仙游县，已经产生了不少规模较大的企业，这些企业希望通过自建网站来开展电子商务业务。通过在网上建立自有网站，可以实时更新、发布最新款式，不仅能够扩大企业产品的宣传面，降低企业的宣传成本支出，而且能够方便外地客户上网选样、订购。

二、我国县域电子商务行业运行概况

（一）发展县域电商的意义

电子商务对于县域经济转型发展的价值日益显现，发展县域电商一方面可以促进县域农业、制造业的优化升级和现代服务业的创新发展，并对调整县域产业结构也具有重要意义；另一方面电子商务进入农村，能让农民返乡创业就业，推动农民在当地实现城镇化，同时可以拉动消费，以形成新的增长点。

具体表现在：

一是可以促进县域农业发展方式的转变。电子商务是以消费者为中心，通过互联网平台打通生产者和消费者的交易障碍，使交易双方直接沟通和买卖，这样就把农民原先盲目的生产逐渐转向依靠市场需求来定位，拿到订单再生产，从根本上避免了卖难的问题，这就是"逆向农业"。而且互联网、物联网、大数据等开始指导农民生产，进入育种、栽培、施肥、灌溉、收割等多个环节，倒逼"精准农业"的形成。

二是可以促进县域产业转型升级。早在2014年中央农村工作会议提出要加强一二三产业融合，"第六产业"呼之欲出，电子商务恰恰是推动县域三产融合的有力抓手。电商在县域的发展不仅能渗透到传统产业之中,而且能引发深刻的产业变革,甚至催生出新的业态和模式。比如,农产品上网,电商可以带动配套的生产、加工、储藏、物流和电商服务业的发展,增加了就业和收入,为县域经济注入新活力。在生产制造方面,个性化消费需求倒逼柔性化生产,使按需获取制造资源成为可能。以服装业为例,"小批量、多款式、快速反应"成为普遍的市场需求,有别于传统服装业的大生产方式。

三是可以推动县域的"大众创业、万众创新"。电商创业,门槛低,收效快,只要一台电脑、一根网线,注册一个淘宝账户就能开张。特别是农村淘宝合伙人模式,吸引大批青年返乡,成为县域经济实现创新驱动发展的最活跃因素,同时大大增加了农民收入。

四是可以开拓县域消费市场新增长点。尽管农民收入水平和消费水平逐年提升,但农村消费环境还不尽如人意,电子商务的"下沉"则为农民购物提供了便捷通道,并逐渐引导农民形成网络购物的消费习惯。研究表明,消费者通过网络零售消费的每 100 元中,约 61 元是替代性消费,也即从线下消费转移到了线上消费;但是另外的 39 元则是因网络购物的刺激而产生的消费增量;而三四线县域地区的网络零售对于扩大消费、拉动内需的作用则更加突出,新增消费占了 57 元。目前,许多地方已经出现了专门为村民代理网络购物的代购客,一般成功购买后收取一定的服务费。农村巨大的消费潜力正被电商这个新抓手开掘和释放。也正因为如此,许多电商企业和互联网企业积极开拓农村市场,兴起了一轮下乡热潮。[①]

(二) 发展县域电商的动向

从 2003 年到现在,县域电子商务经历了由无到有、由自发到自觉、由草根到组织、由小到大的发展过程。在"互联网+"政策出台以后,带来了政策环境的变化。电子商务平台公司纷纷进军农村市场,截至 2015 年 12 月 9 日,农村淘宝已经在 22 个省、202 个县落地。京东也推动京东帮服务站,并使其达到了 1200 家。包括苏宁在内的很多互联网企业、零售企业也在进军农村的电商。从小卖部版本的 1.0 模式,到农村淘宝合伙人的 2.0 模式,实现了高素质化、专业化、团队化。合伙人人均收入 2000~3000 元,最高

---

① 牛禄青. 县域电商:意义、动向与模式. 新经济导刊,2016 (3).

超过万元，吸引大批青年返乡创业。县域电子商务的园区开始崛起，原先生产厂家、网上商家和服务商是分散的、个别的、独立的，现在开始进入园区聚集，进行线下线上的互动和协作，聚集的效果使得知识和经验传播成本，以及交流的成本大大降低，从而带来了一个快速的、产业化的集群。

通过观察发现，县域电商发展目前表现出一些新特征：

第一，县域电商规模化。2015年淘宝交易额过亿元的县超过350个，很多中西部的县，包括四川的郫县、陕西的武功，整个县的销售额突破1亿元。电商特色县大批涌现，每个县都有自己的特色商品涌现，如河北的青河以毛衣毛线为主，江苏绥宁以床、电脑桌为主，福建安溪以茶叶为主，福建顺德以茶具为主，陕西武功以零食、特产为主。

第二，县域网购加速普及化。县域这一层级的农村网络消费的增长速度已经超过了城市，并达到18%以上。

第三，移动端消费释放县域购买力。"双11"移动端渗透率前10位全部来自中西部，这表明移动化的普及给今天的农村带来的机会甚至超过了城市的机会。千元智能手机就可以通过互联网把人与人、人与物连接起来，并把商品供应和消费连接起来，促进农村经济的发展。

第四，县域电商模式呈现多元化。每个县城都在因地制宜地创造自己独特的模式，这些模式呈现百花齐放的格局。譬如有遂昌模式、桐庐模式、清河模式、武功模式、通榆模式、沙集模式、于都模式、成县模式等。每个县的电商发展可以借鉴其他县的有益经验，但不必完全拷贝其他县。

第五，生态化发展。在县域电商发展中，重要的不是形成单个的卖家或者单个政府的推动，而是整个生态服务体系的形成，譬如产业园的聚集，以快递、仓库、客服、培训、摄影、模特等各种新兴业态的涌现，构筑了农村电商发展的一个生态系统，而形成的生态化将是县域农村电商的升级方向。

第六，政府的观念转变和行动落实进一步加快。政府逐渐认识到，发展电子商务不能高高在上，需要弯下腰来，与企业、草根创业者共同推动电商的发展。发展好的县域电商，基本是县的"一把手"在大力推动，这是非常重要的。

(三) 县域电商发展模式

1. 遂昌模式

(1) 区域背景。遂昌县位于浙江省西南部，隶属丽水市，位于钱塘江、瓯江上游，仙霞岭山脉横贯全境，山地占总面积的 88.83%，全县总面积 2539 平方公里，总人口 23 万人。独特的自然环境造就了遂昌优质的农特产品，从 2005 年开始遂昌就有网商自发做淘宝，主要经营竹炭、烤薯、山茶油、菊米等农特产品。近些年遂昌的电子商务也逐渐发展起了服装、家具等品类，形成了朱阿姨童装等知名网络品牌。

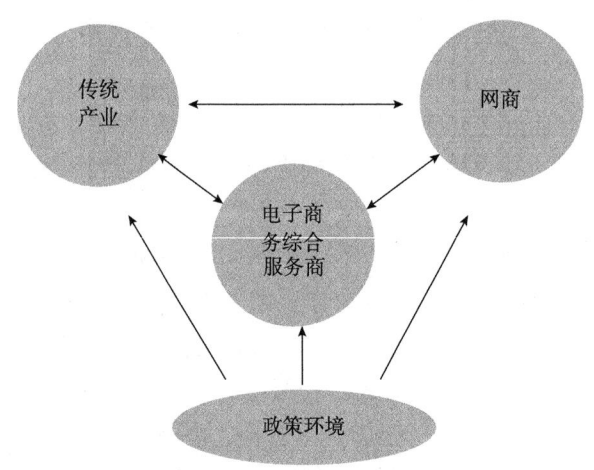

图 8-1 遂昌模式示意

资料来源：根据公开资料整理。

(2) 电子商务模式。遂昌模式定义：以本地化电子商务综合服务商作为驱动，带动县域电子商务生态发展，促进地方传统产业，尤其是农业及农产品加工业实现电子商务化，电子商务综合服务商+网商+传统产业相互作用，在政策环境的催化下，形成了信息时代的县域经济发展道路。

遂昌的本地电子商务综合服务商主要是指具有社团属性的遂昌网店协会和企业性质的遂网公司的综合体；电子商务生态是指由网商、服务商、供应商、消费者，以及社会环境共同构成的共生进化系统；地方传统产业的电子商务化,包括遂昌中小企业(主要是指农产品加工及旅游等服务企业)或农民专业合作社自己办网店开展电子商务,也包括它们借助服务商平台,使其产品对接电子商务大市场;政策环境包括软硬件两部分,既有遂昌对于基础设施的长远投入,也有对电子商务发展的支持与服务。这其中,本地化电子商务综合服务商是遂昌模式的核心,网商是遂昌模式的基础,传统产业是遂昌模式的动力,而政策环境则是遂昌模式的催化剂。

(3)关键特点。第一,本地化电子商务服务商是遂昌模式的核心。在遂昌,以遂网公司为主体的服务商,一方面帮助网商成长,另一方面促进传统企业电子商务化,尤其是帮助农户和合作社对接电子商务渠道,使当地的产业(尤其是农业)通过电子商务而受益,这些反过来又促进了当地电子商务生态的完善,也拉动了当地的网上消费。

第二,政策环境为遂昌模式提供加速条件。政府部门在协会成立之初,就开始为电子商务发展提供有为的服务,从硬件设施的投入,到政策等软环境的建设,为遂昌电子商务和服务商发展提供了有益而必要的扶持和引导。在遂昌,有为的政策环境营造包括以下几点:一是以市场为基础,在尊重市场规律的基础上发挥政府的引导作用;二是以创造市场发展的良好外部环境为目的;三是以规划为主要的引导手段,不干预电子商务中具体的经济活动;四是以服务为政府工作的基本内容,不是通过居高临下的管制和行政力量来体现政府的作为。

(4)模式评价。第一,遂昌模式是农产品电子商务的新尝试。与以往政府自上而下主推的农村电子商务不同,遂昌模式是一次自下而上、自发投入、依托第三方平台所进行的电子商务活动。究其原因主要在于,2005年以来,国家推动新农村建设,配套出台了包括信息化在内的一系列政策,促使了社会力量的跟进;以淘宝为代表的第三方平台获得了长足发展,海量卖家和买家的云集使农民可以直接对接市场;中国互联网发展到今天,已进入从城市拓展到农村的发展阶段。

遂昌模式在通过网络销售农特产品尤其是生鲜农产品方面积累了非常有价值的经验,对于全国其他县域开展农产品电子商务,促进农业升级具有重要的参考价值。

第二,遂昌模式是县域经济发展的新途径。在信息时代,电子商务经济体为发展县域经济提供了新的思路。在遂昌,通过政策环境的引导与催化,以电子商务综合服务商为核心的服务驱动型县域电子商务发展新模式逐渐形成,成功促进了当地农业、服务业的快速发展,也拉动了当地内需,给发展县域经济赋予了新的内涵。

(5)适用地域。"遂昌模式"仿照工业上的"流程化"模式建立起了农林产品的社会化大协作,自己把货源整合、商品数据、仓储、发货及售后这些比较琐碎复杂的工作承担起来,让上游的生产端和下游的销售端专注于自己最擅长的工作,不用操心全产业链的事,提升了当地电子商务的整体运行效率和竞争力。这种模式在县域电子商务的发展初期具有效率高的优势,特别适合推动当地小电子商务的批量发展。问题是,"网商服务中心"是整个遂昌的整个电子商务链条上的"单一故障点",一旦这个环节出了问题,上下游都会受到很大的影响,整个链条都有可能停止运行。此模式比较适合电子商务基础弱、小品牌多、小网商多的区域。

2. 成县模式

(1)区域背景。成县隶属于甘肃省陇南市,位于甘、川、陕三省交界,地处秦巴山地与岷山山脉、黄土高原交汇地带,属西秦岭余脉徽成盆地、长江流域嘉陵江水系,是东出陕西、南下四川的交通要冲,2007年被联合国地名专家组授予"千年古县"称号,2011年被国家林业局命名为"中国核桃之乡"。

目前,全县已形成以核桃为主导,中药材、养殖、蔬菜、鲜果、烤烟为支撑的农特产业体系。2015年全县农业特色产业总产值达到8.8亿元,农民人均纯收入中特色产业收入达到3000元以上。

(2)电子商务模式。"成县效应"的电子商务模式分为以下四个阶段:

第一,摸索阶段——播撒火种。摸索阶段主要是指2013年5~11月前后。自5月成县樱桃效应开始到成县核桃节阿里巴巴农村电子商务讲习所首期培训班成县开班。这一阶段成县从政府到草根对于电子商务这种新事物并不太熟悉,属于由政府带动探索宣传、播撒火种阶段。其间7月成县电子商务协会成立,开始了各种尝试和摸索,各种"请进来""走出去"交流学习和推广,包括李祥书记亲自带队到北京分享交流推广。

第二,探索阶段——辛勤耕耘。探索阶段主要是2013年11月~2014年2月。这一阶段属于辛勤耕耘的推动阶段。成县开始以行政推动手段助推电子商务大力发展,先后组织成县电子商务协会工作人员、成县政府考察团先后赴浙江遂昌电子商务协会、江苏沙集、浙江义乌、福建世纪之村集团、阿里巴巴集团等调研学习,这一阶段主要表现出行政推动力量明显;此外,2013年12月成县电子商务协会培训中心成立,开展了电子商务普及培训和提升应用培训,成县开始了探索出一条鼓励人人开办网店,大学生村官开网店助农增收的新路子。同时,成县对17个乡镇的中小企业、农业生产合作社以及农村群众代表进行了电子商务宣传、普及和培训,有效地推动了农村电子商务的发展,采取以点带面、先行试点、再行推广的方式。

第三,求索阶段——深耕推动。求索阶段主要是2014年3月以来到年底。成县电子商务协会自建"陇南美"微信公众信息发布平台及"陇南美"网站建设,开始了自建平台和利用平台的思路;同时,在扩充电子商务团队和普及电子商务知识方面有所作为,集中时间开展了多层次电子商务人才培训,邀请兰州等外地电子商务企业运营人才开展深层次的针对性培训课程,并且开了电子商务平台建设的探索,整合人力、物力、财力各类资源;县商务局设立了电子商务工作领导小组,制定了《成县电子商务奖励扶持办法(试行)》,于2014年6月1日施行,由县财政预算了电子商务专项发展资金;并且多次赴阿里巴巴集团谈判淘宝"特色中国——陇南馆"平台建设,并于2014年8月8日正式上线运营。

第四,模式成型——立体发展。模式成型是2015年初至今。这一阶段,县域电子商务生态建设(包括推进体系、配套体系、公共服务体系三大体系建设)已经建成,各种基础设施基本到位,电子商务带动产业升级以及推动"新三农"发展成绩显著,干部群众积极性高涨;政府、龙头企业、合作社、草根创业者(包括农村网店、本土电子商务企业、本土电子商务平台三种类型)共振的良性循环生态基本达成,全县17个乡镇都有自己的特色产品,成县电子商务以核桃为主,土蜂蜜、柿饼、土鸡、大樱桃、草莓、油桃、金银花、油牡丹等各种土特产品百花齐放的局面基本形成。

(3)关键特点。创新性的县域电子商务生态三大体系建设,主要包括:

第一,强力的工作推动体系。在成县,围绕确保电子商务在基层农村"有人抓、有人管、有人推"这一目标,重点构建"成立一套机构、出台一套政策、形成一个机制"的"三个一"的工作推进体系,使得政府、社会、协会、市场、金融和媒体全员参与推动。

第二,立体的配套服务体系。在产业链基础设施、通信物流基础设施、人才培训和网货供应等方面都有全面的保障。

第三，遍布各乡镇的公共服务体系。与国家电子商务进农村示范项目和阿里巴巴"千县万村"计划共同落地实施，在网商组织管理、代购代售、技术培训、创业孵化等公共服务配套方面发挥积极作用，有效地确保电子商务在基层农村"有人教、有人用、用得好"。

扶持三种类型草根创业，建立政府、企业、平台、草根创业者联动的生态体系。鼓励返乡青年、农村致富带头人、未就业大学生、大学生村官等草根创业目标人群通过开办个体网店、创办电子商务公司、自建电子商务平台三种方式开展创新创业活动。

五条带贫渠道助力电子商务扶贫，打造精准扶贫的生态体系。成县在利用电子商务助力精准扶贫、精准脱贫的过程中，逐步探索出了网店带贫、就业带贫、信息带贫、平台带贫、工程带贫的五条电子商务带贫渠道。

（4）模式评价。成县的电子商务发展是从一个强有力的带头人到全体公务员的共同行动、从单品到产业的发展、从自媒体到全渠道、从电子商务助农到电子商务扶贫的生态系统、开放包容的互联网生态体系建设，它加快实现了"农业更强、农村更美、农民更富"的发展目标。

第一是通过加快电子商务在基层农村的普及应用和鼓励扶持有一定知识文化水平的农村参与电子商务创业，使农民思想观念得到较大转变，依靠自身发展改变命运的志气和自身发展能力的提升，培育了一批"互联网"时代的"新农民"和新型电子商务创业的"网军"。

第二是倒逼了农业特色产业结构调整和农产品标准化生产，通过开展电子商务扶贫工作，有效地拓宽了农产品销售渠道，把更多的农产品转化成了促农增收的商品，极大地激发了种养殖大户调整种植结构的积极性，在持续做强做优核桃产业的同时，引入了大樱桃、草莓、油桃、金银花、油牡丹等效益更高的特色农产品，并形成了一定规模，提升了农村经济发展的内生动力，农业生产方式由原来的"种什么卖什么"逐渐向"市场需要什么生产什么"转变。

第三是倒逼了农村水、电、路、宽带网络等基础设施的改善，加快改变贫困农村的落后面貌。

（5）适用地域。成县模式在西部欠发达地区特别具有价值。在知名度和影响力较低的情况下，县域电子商务的可信度有赖于权威的背书，当地政府是重要的权威之一。在资源有限的情况下，县域电子商务可集中优势兵力做好"单品突破"，然后带动其他商品共同发展。

3. 通榆模式

（1）区域背景。通榆县位于北纬45度，是世界公认的优质农产品黄金产业带，通榆是目前国内品质最好的绿豆、葵花、谷子、荞麦等杂粮杂豆原产地之一。目前，通过认证的有机食品28个、绿色食品5个、无公害农产品88个，认证面积达到135万亩。在倡导"杂粮主食化"的今天，无疑迎来了最好的发展时机。通榆水土呈弱碱性，这里种植的农产品、养殖的畜产品品质更为优良、营养更为丰富、味道更为鲜美，加工出来的产品更具有说服力和吸引力，有利于打造农产品的生态品牌。通榆县是中国（通榆）特色暨绿色农畜产品生产基地县，也是全国农产品提供二级功能区。人均耕地、草原、林地面积全省第一，现拥有优质耕地450万亩，年产水稻、玉米、豆类、谷子、糜子等各类粮食约100万吨。草原、林地660万亩，年可提供牛、羊、驴、野猪、鹅、雁等优质畜禽产品约4.6万吨。加上周边地区农畜产品的链接式供应，可满足全国消费者对高档优质农畜产品的需求。通榆县还是国家重点生态功能区、国家主体功能区示范区。境内拥有世界A级湿地、国家级自然保护区一处，省级自然保护区一处。作为典型的农牧业县，境内无任何工业污染，用近乎原始的方式生产出的农畜产品是最原汁原味的原生态产品，大多达到了"有机"和"绿色"的标准，可以说是能让全国消费者最放心的产品。

（2）电子商务模式。2013年末，为发展电子商务，在当地县委政府的鼎力支持和深入参与下，由社会力量投资成立一家名叫"云飞鹤舞"的电子商务公司，形成了"生产方+电子商务公司"，通榆的"云飞鹤舞"在当地具备相对比较好的电子商务运营能力，属企业性质。

跟"遂昌模式"中的"服务商"类似，"云飞鹤舞"也是"通榆模式"的核心：它左手整合生产方（农户、生产基地、合作社或农产品加工企业等）的产品（小米、绿豆、燕麦和竹豆等），右手经淘宝平台卖出。这一项目于2013年10月启动。在短短1年时间内，"通榆"这个名不见经传的小县开始进入全国消费者的视线，还作为全国第三个农村淘宝的试点县，被阿里巴巴纳入"千县万村"的发展战略。

（3）关键特点。第一，资源整合高效。通榆县在供应链端不仅联合当地村落、乡镇以及一些有固定基地的深加工企业，而且联合当地合作社组成合作社联合社，让产业价值链不断增值。

第二，品牌化运作，拥有专业的第三方主体负责运营。直接进驻天猫旗舰店且成立了县域电子商务协会，帮助第三方主体运营。其更重要的魅力在全程产业链上进行标准化运作，从而保证整个产业链最关键的环节能持续地创造价值。

第三，巧妙地借助地域特色找出差异化来体现农产品品质。通榆拥有得天独厚的地理位置，会大大地增加品牌附加值。

第四，渠道建设价值高。通榆县品牌化的战略价值是可以带动产业群的，上游产地可以更加集约化、规范化和现代化，下游可以带动半成品、深加工产业及附属产业的发展，产业发展最终受益的还是老百姓。

第五，政府的大力支持与主导。政府的参与为广大农民朋友提供了强有力的后盾，通过农村合作联社以及农村合作社作用于村民，起到了连接村民与电子商务公司的纽带作用。

第六，营销效应强。阿里巴巴作为交易服务商和农产品电子商务价值网络模式的提供者，其营销带来的正面效益大。

（4）模式评价。通榆模式的发展与三大优势息息相关：一是原产地直销与基地化种植，通榆县政府与网络销售平台"1号店"联合举办"原产地直销战略合作签约仪式"，通榆县政府将1万亩优质弱碱土地作为1号店农产品直销基地，奠定了农村电子商务通榆模式的核心——"原产地"直销；二是政府背书与大力支持，政府参与是通榆模式最显著的特点，政府在发展之初便组建了"通榆县电子商务发展中心"，其次成立了专项基金，支持电子商务发展，最后，农科院大力配合，成立农科院通榆优良品种实验站，提供基地，规划项目；三是立体化的品牌推广，首先，开展大量的网络营销活动，介绍通榆品牌，其次，依托各种公开活动载体，提高品牌的曝光率，最后，主打特色牌，将通榆美丽的自然景观和良好的环境资源概念和产品质量挂钩。

然而"通榆模式"的发展瓶颈也很大程度上限制了发展，原因如下：

一是缺少专业人才，导致网点发展到一定的程度遇到困难；

二是农产品食品认证，小型销售商无法承担 QS 认证所需的成本，造成销售障碍；

三是资金,通榆县很多农产品的生产商资金实力不雄厚,无法支撑扩大再生产,导致停产停工;

四是物流,通榆县无大型的物流快递公司,无法达成大规模运输合同。这些问题都需要积极改善,才能更加促进通榆县的发展。

(5) 适用地域。电子商务公司是通榆县整个电子商务链上的"单一故障点",如果出现问题,容易降低整个链条的运行效率,甚至"停摆",需格外注意。另外,"通榆模式"尚未对当地小网商的发展起到较好的拉动作用,因为当地的小网商不多。

在将来,如果措施得当,且利益分享机制合理的话,"云飞鹤舞"也有可能把当地逐步成长起来的小网商纳入分销商体系。基于此,这种模式适合电子商务基础薄弱、产品品牌化程度低、当地小网商稀少的区域。

4. 联盟模式

(1) 区域背景。"货通天下农商产业联盟"(以下简称"联盟")的运营总部位于上海,目前的定位是非营利组织,且正在努力打造一种适合大宗农产品交易的电子商务流通模式。自2014年下半年"货通天下"农商产业联盟电子交易平台正式上线以来,已拥有正式会员近2000家,待审会员3000多家;交易品种涵盖农产品十大类2900余种,累计实现交易额3.5亿元,意向订单10余亿元。

交易平台会员(包括供应商和采购商)分布在河北、辽宁、山东、浙江、安徽、上海、福建、四川,覆盖种植和养殖、生产加工、餐饮、内贸外贸及金融保险五大产业链节点,包括百胜集团(必胜客、小肥羊)、海底捞、真功夫、永和大王等餐饮百强企业,以及中储粮、中农、北大荒、卓信等粮食10强企业。

目前,正在匹配的年度采购需求总额超过50亿元,呈现出良好的发展前景。

(2) 电子商务模式。农产品供应商+联盟+采购企业属于B2B的一种。其中,联盟是这个模式的核心。联盟的主要任务是左手整合优质的农产品供应商(农民合作组织、合作社、生产基地和农产品加工企业等),右手整合品牌好、需求量大的农产品采购商(包括加工企业、餐饮集团和流通企业等),中间还有多种涉农服务机构,为采购方、供货方双方提供以交易为核心的多种服务,联盟从达成的交易中收取1%~3%的服务费。

(3) 关键特点。第一，整合有实力和信誉的企业。无论是上游的供应商，还是下游的采购商，联盟主要整合的是有一定实力和信誉的企业，不是面向个体农户和消费者。

第二，建立了电子交易平台。提供了交易撮合、信息查询、委托采购、拍卖招标、网上结算、物流管理、品质评定和折扣管理、第三方审核仲裁等功能。

第三，组织制定了多项涉农产品的交易和管理标准。

(4) 模式评价。"货通天下农商产业联盟"模式的出发点是解决规模企业之间的大宗农产品的交易问题，所以，整合大型企业（尤其是采购企业）的任务非常重。

另外，为了满足大型采购企业的需求，供应方的产品质量、数量都需要比较稳定，且具有一定的规模门槛。这种模式还要开发和运营专业的交易平台，以实现信息资金流和物流的三合一，也具备一定的技术门槛。自建平台而不是采取第三方交易平台，因此不适合拉动借助淘宝等第三方平台发展的小网商。

此外，这种模式明显地具有平台化的特征，理论上可以为全国范围内的大宗农产品的产/购双方服务。

(5) 适用地域。比较适合规模化产地和大客户间的大宗农产品的电子商务交易。

5. 沙集模式

(1) 区域背景。沙集模式的起源地在江苏省徐州市沙集镇东风村。沙集镇是典型的苏北农村，年年以人均不足1亩的盐碱地种植着水稻和玉米，收入很低。青壮年多依靠外出打工增加收入。这里曾全镇发展养猪业，但毁在了1998年东南亚金融危机手里。后来全镇发展废旧塑料回收业，有"全乡收破烂"之说，但毁在了2008年全球金融危机和我国日益严格的环保政策手里。从2006年开始，以孙寒为首的"电子商务三剑客"开始尝试着做简易家具电子商务。

(2) 电子商务模式。"沙集模式"的核心要素是"农户+网络+公司"。"沙集模式"指的是这样一种模式，即农户自发地使用市场化的电子商务交易平台变身为网商，直接对接市场；网销细胞裂变式复制扩张，带动制造业及其他配套产业发展，各种市场元素也不断跟进，塑造出以公司为主体、多物种并存共生的新商业生态；这个新生态又促进农户网商的进一步创新，推动当地农村经济社会转型乃至农民本身的全面发展。"农户+网络+公司"相互作用、滚动发展，进而形成信息网络时代农民的创业致富新路。

（3）关键特点。第一，路径独特：农民自发开网店→细胞裂变式复制→网销带动工业→其他产业元素跟进→激发更多的农户网商创新＝产业链不断拓展/规模迅速扩张/经济社会发展。与其他地方常见的农村电子商务的发展路径相比，它特别具有以信息化引领发展的典型意义。

第二，主体明确："沙集模式"以农户为主体，农民网商在发展中起到了主导作用。

第三，基础就绪：以淘宝网为代表的市场化公共电子商务基础设施，现在已经发展成熟。网商进入市场门槛极低，正是电子商务基础设施就绪的表现。加上现在一般农户买电脑、上网不算难事。这些基础条件的就绪也是"沙集模式"得以成功的重要特征和条件。

第四，生态良好：物流、电信、IT、供电、信贷乃至政府等，各环节、各物种自我定位明确。

第五，起步得当：沙集网商开始时经过摸索，最后选择以家具作为起步产品。以这种产品切入市场是选择得当的：市场进入的门槛低，需求容量大，利润空间明显，又有新的拓展前景。

（4）模式评价。该模式具有快速复制的可行性。沙集模式中的先行者对后来者一般不具有控制力，不像协会驱动和龙头企业驱动的模式中，驱动者因其为后来者提供指导、服务或掌握后来者经营所需的重要因素，而对后来者乃至当地电子商务发展过程有较多的控制。这种控制力的一个积极效应，就是有利于避免简单复制、同质竞争带来的负面影响。

另外，"沙集模式"具备"三农"转型、内生、包容、集群、复制的价值，能够切中我国发展战略中的要害，所以，我们认为，不妨把"沙集模式"比作30多年前的小岗村。它对突破长期以来解决"三农"问题的困局，以及推动农村发展方式的转变，具有重大战略价值。它不是一个局部政策的变化，而是一个基本结构层面的创新。

（5）适用地域。比较适合传统产业都不突出的地域。县域要想"无中生有"发展新产业做电子商务，对于经济基础良好、电子商务发达的地域来说比较好做些。但对于经济基础和电子商务都欠发达地区来说，就面临着"既要培育电子商务,又要培育类目产业"的双重压力。除非像沙集的简易家具产业一样,所选类目的进入门槛不高,否则采取这种模式发展电子商务的难度很大。但是,正是由于进入门槛不高,这个模式又很容易导致县域企业进入"红海"市场,遭遇白热化的竞争。从长期来看,这对县域企业的创新能力、行业的运营效率和成本控制能力提出了不低的要求。

6. 清河模式

(1) 区域背景。河北省清河县以其强大的羊绒产业闻名世界,有"中国羊绒之都"的称号,更有"世界羊绒看中国,中国羊绒看清河"的说法。这里拥有全国80%、全球50%以上的羊绒加工能力;山羊绒产量长期占到全国的60%以上、全球的40%以上的份额具有非常雄厚的产业基础。清河电子商务正是依靠着这个专业的、传统的大市场得到了快速的发展。

清河电子商务的起步也与2008年的全球金融危机有关。受其影响,清河羊绒的出口额下滑很大。在这种情况下,清河县委县政府实施了许多举措,其中之一是大力发展电子商务,提出了"网上网下互动,有形市场与无形市场互补"的发展思路。

(2) 电子商务模式。清河模式为:专业市场+电子商务。到2014年末,清河县拥有8个淘宝村和1个淘宝镇,全县仅在阿里巴巴平台上开设的网店数量就超过2.3万家,从业人员达到6万人,年零售额达30亿元以上。

(3) 关键特点。其一,清河羊绒电子商务的发展模式与河北白沟的箱包电子商务、义乌的小商品电子商务模式非常相似,都有着强大的传统产业或专业市场作支撑。因此,其电子商务供应链的效率高、商品价格低、行业竞争力强。

其二,看到领路人的示范之后,有着深厚的产业积累的传统商户和企业都迅速转型为电子商务,其网商群体和交易规模迅速放大。

其三,政府大力营造的电子商务生态对当地电子商务的发展起到了强大的推动作用。

(4) 模式评价。在暴发中顺势而为,一是协会+监管+检测,维护正常市场秩序。二是乳化中心+电子商务园区,培训提高,转型升级;全线出击,建成新百丰羊绒(电子)交易中心,吸引国内近200家企业进行羊绒电子交易。三是建立B2B模式的"清河羊绒网"、O2O模式的"百绒汇"网,有100多家商户在上面设立了网上店铺。四是实施品牌战略,12个品牌获得中国服装成长型品牌，8个品牌获得河北省著名商标，24家羊绒企业跻身"中国羊绒行业百强"。

（5）适用地域。比较适用的地域为有发达的传统产业的地区，尤其是消费品产业占优势的地方。

传统产业发达的地域，其企业的自我发展意识和能力很强。政府只要营造好电子商务氛围、整合好电子商务生态，通过树立一批典型企业，就有望实现"多米诺骨牌"效应。但是，由于产业相同，产品类似，这种地域在发展电子商务的过程中，要注意做好行业自律和政府监督，引导企业创新发展，走品牌化和差异化竞争之路，不要陷入"价格战"这种低层次的竞争，给各家企业，最终也将给整个地域带来不可估量的损害。

7. 武功模式

（1）区域背景。武功地处关中平原西部，是新疆、青海和甘肃三省区东出的重要通道。武功县距省会西安约70公里，距咸阳国际机场约50公里；西宝高速公路、陇海铁路、西宝中线、西宝北线和省道107穿境而过，交通十分便利。这里地势平坦开阔，地理位置优越，是关中地区重要的交通枢纽和物资集散地。

（2）电子商务模式。基于自己有利的区位和交通优势，武功县提出了通过电子商务"买西北、卖全国"的战略规划，也就是说在网上也做"西货东进的集散地"。武功的电子商务模式可以归纳为：集散地+电子商务。由于武功县的"铁公机"优势明显，多年的经济发展已经在物流、冷链方面有了较好的基础，这将对电子商务最核心的竞争点——供应链产生很强的支撑，继而能提升当地电子商务的整体竞争力。

（3）关键特点。其一，"集散地"的规划充分发挥了交通便利、仓储和物流业发达的优势。

其二，以配套完善的电子商务园区为依托，大力吸纳外地电子商务到当地注册经营。

其三，整合了西北的物产资源，突破了本地物产有限的约束。

（4）模式评价。不仅是因为这里的物流四通八达，更重要的是商品比较集中，大家都可以批量看到实物；买卖客商很多，信息交流更快。电子商务利用互联网为商品展示、试用和信息交流带来了便利，不断地在削弱传统集散地的价值。尤其是随着原产地电子商务的崛起，武功这种集散地的货源就可能会出现波动，甚至断供。所以，模仿"武功模式"做网上集散的同时，必须要防范产业链上游"截流"甚至"断流"，建立起稳定的供应体系。

（5）适用地域。适用地域：交通便利，仓储和物流发达，有商品集散地潜质的地方在没有互联网的时代，集散地的价值非常大。

8. 赶街模式

（1）区域背景。"赶街"不是地名，是浙江一带农村对"赶集"的称呼。"赶街网"是遂昌网商协会创建的一个网站，主要是帮助农村消费者网购。2013年3月，浙江赶街电子商务有限公司成立。"赶街"以在每个自然村建立一个村级服务站，突破农村宽带网络基础设施、电子商务操作和物流配送等农村电子商务发展瓶颈，从而实现"消费品下乡"和"农产品进城"，让农村居民在村内实现购物、售物、缴费等"一站式"办理。截至2015年4月，已建立近2000个村级服务站，有400名平台专职服务人员。其中，遂昌县作为试点已经建成了228个村级服务站，实现行政村全覆盖。

（2）电子商务模式。"赶街"模式为：赶街网+农村电子商务代购点+农户。"赶街网"其实就是一个"小淘宝"，上面围绕农村生产和生活的需要整合了大量的商品，包括农资。赶街网在每个村子里物色一个代购点，一般是村里的小卖部；给他们配置电脑和宽带。代购点负责帮助农民下单购物，并从达成的交易里提成10%左右作为自己的酬劳。

（3）关键特点。电子商务模式主要有以下两大特点：

一是以"地方性农产品公共服务平台"、以"农产品电子商务服务商"的定位探索解决农村（农户、合作社、农企）对接市场的问题。

二是建立"赶街——新农村电子商务服务站"，以定点、定人的方式，在农村实现电子商务代购、生活、农产品售卖，基层品质监督执行等功能，让信息化农村更深入地对接与运用。

（4）模式评价。"赶街"已在全国掀起学习和复制的热潮，但是调查组发现，其在迅速发展中还存在一些困难和问题：

一是人才管理机制有待完善。电子商务是新兴产业，需要大量专业的、对农业有感情的人才，本地的年轻人基本都在外地读书或打工，留守农民普遍文化程度较低，未来如果不断扩展业务，现有员工及站长的文化水平难以和专业的服务相匹配。

二是网货产品质量安全难以把控。由于"赶街"只负责代卖,不涉及农产品的生产环节,个体农户小规模的产品多没有经过标准化生产,也没有 QS 认证,更缺少三品一标,消费者难以辨别网上农产品的质量和安全。

三是服务站缺乏规范化管理。服务站大小规模不一,营业时间随意性较大,站长的个人素质也有高有低。在红星坪村站点,调查组看到门虚掩着,无人值守。村长解释由于正值繁忙的采茶季,大家都忙着采茶叶。

四是盈利模式有待检验。目前,"赶街"通过政府购买服务在各村选点布站,针对农户的服务全部免费,公司通过举办社会化培训、协助供应商进行策划服务等项目盈利。

(5) 适用地域。"赶街"模式的价值在于能提高县域农村网购的规模,降低农民的消费成本。所以适合有商品集散地潜质的地方以及互联网普及率不高的地区。

(四) 县域电商发展现状

"县域电商"这个词真正被提起和被定义是在 2014 年 7 月阿里巴巴召开的第一届县域电商大会上,这一年也被定为县域电商元年。

随着阿里布局县域电商战略的推进,国家政府政策的领导和支持让县域电商如虎添翼,县域电商在 2014 年 7 月之后开始火热,部分政治敏感度较高的县域政府"一把手"也开始将本县域的经济发展主力放在电商方面,很多商业头脑前卫的电商企业也开始组建县域电商团队进攻县域电商。

1. 网红体验式直播助力农产品上行

2016 年 5 月 30 日,农村淘宝"村红"(村里的网红)李爱爱首次登上"淘宝直播"首页,以视频直播的方式带领网友深入重庆秀山田间地头,实时展示原汁原味的农家土货采集过程。网友跟随镜头就能身临其境进村"赶集",还能边看边下单购买。这意味着互联网时代又一种全新的购物模式诞生了。

据淘宝直播数据显示,2016 年 5 月 30 日上午直播"村红直播找土货",淘宝直播平台上共计突破 10 万名网友在线观看,同期在线人数近 5000 人,点赞次数近 9 万次。与此同时,"村红"直播的相关农产品也在农村淘宝、手机淘宝、聚划算平台向全国消费者同步发售,开播 5 秒便销售土鸡蛋 4 万枚。截至当天下午 3 点,土鸡蛋销量突破 10 万枚。

农村淘宝不仅通过"村红"直播实现农产品上行,去年还专门推出了农产品上行的"乡甜"频道,致力于整合农村淘宝独有的地方政府和农村淘宝合伙人资源,从源头寻找有品质、可溯源的优质农产品,承载认养、预定、周期购等多种农产品销售模式。

2. 全国淘宝村首度破千,万家百万级店铺凸显淘宝村梯队效应

截至2016年8月底,根据阿里研究院统计结果显示,全国范围内符合淘宝村标准的村达到1311个,相比去年的780个,增长68%。全国淘宝镇达到135个,比2015年的71个增长达90%。

从地理分布来看,东部沿海依然占据绝对优势,浙江以506个淘宝村遥遥领先于其他省市,广东(262个)、江苏(201个)则排在第二、第三位。山东、福建和河北的淘宝村也呈现规模化发展的态势。这6个省新增的淘宝村数量占据全国的97%。这反映出淘宝村集群带动效应强劲。

从就业拉动效应来看,全国淘宝村涵盖超过30万家活跃网店,数据分析显示,1个淘宝村网店大约创造2.8个直接就业机会,按此估算,截至2016年8月,全国淘宝村创造了超过84万个就业岗位。淘宝村已经成为草根就业的重要容纳器。

随着淘宝村的成熟,一大批富有竞争力的网商正在从淘宝村诞生,从而带动淘宝村形成梯队效应。根据统计,截至2016年8月底,在全国淘宝村中,年销售额超过100万元的店铺数量已经达到1.1万家。这批百万级店铺的出现,表明部分淘宝村的生态环境、创业环境已经比较完善,淘宝村已经成为孵化新型企业的摇篮。

淘宝村是未来新乡村创业能力建设的典型代表,以淘宝村为代表的农村电子商务,在提高农民收入、发展农村经济、提升农民幸福指数、拉动农村创业和就业、发展新型城镇化等方面,发挥着越来越重要的作用。

3. 村淘合伙人正式改名"村小二"

2016年10月28日,恰逢村淘两周年,村淘合伙人正式更名为"村小二"。合伙人是一种创业心态,而村小二更强调服务者的心态。这次更名的本质是村淘模式的升级,2015年的村淘2.0战略是从商业层面考虑,呼吁大家回到农村创业。而今天的农村告诉我们,每一位创业者首先要成为优秀的服务者才有可能在农村生根发芽。

随着3.0战略的不断深入,村淘点承担的职责也在发生巨大变化,已绝

非购物和卖货这样简单,而是接入阿里系从电商、金融、健康到文娱的全部资源,以此实现整个服务体系的下沉。"村小二"们也不再是简单的代购、代销,他们将成为阿里巴巴为乡村提供日常生活便利、创业培训和支持以及文化娱乐全方位服务的执行终端。

在3.0战略思路下,村淘重新定义了电商平台与村民、合伙人与村民之间的关系。村淘合伙人由原先的"创业者"升级为"服务者","村小二"这个新称呼更能诠释"服务者"角色。

村淘战略的快速迭代正是基于这种现状,3.0战略下的"村小二"们将继续发挥桥梁的作用,发现和挖掘农村市场的真实需求,解决村民购物痛点,帮助品牌实现最大价值。

4. 快消巨头双十一借道村淘下乡

宝洁、雀巢、联合利华、百事、可口可乐、亿滋、威露士……几乎覆盖了快消品行业的TOP50品牌商,堪称快消行业"奥斯卡"的阵容,不仅罕见地齐聚阿里巴巴农村淘宝"快消品农村新市场"高层研讨会。还在一年一度的农村淘宝双十一,利用电商渠道大力拓展农村处女地市场,甚至专门针对农村市场研发新产品。

根据国家商务部统计,2016年上半年,农村网络零售额超3100亿元,同时,农村网络零售额今年以来持续快速增长,增速明显超过城市。数据表明,农村电商在提振农村经济增长中发挥了重大作用,也由此吸引了以快消品牌商家为代表的众类目商家对农村电商市场的投资和瞩目。

现在一二线城市市场饱和,而渠道下沉是大品牌的破冰新招。面对农村电商这片新的蓝海市场,快消品行业的一众品牌商们正摩拳擦掌,以期通过快速切入来抢占农村增量市场的更大份额。

5. 县长直播卖农产品

12月3日,淘宝直播携手湖南卫视推出了全新直播节目《镇店之宝》之"农村淘宝淘乡甜直播秀"。来自贵州、甘肃、陕西、江西、山西、吉林、福建7个省份的8名县官"说学逗唱"创意满满,通过在线直播向全国网友推介家乡土特产。农村淘宝数据显示,当晚共有超过115万网友在淘宝直播或优酷上观看了此次直播秀,在整个直播过程中,网友点赞数高达5460万。

当下,"网红"+"直播"已经成为互联网时代最吸睛的组合拳。对于农村电商来说,强有力的人物或者故事背景尤为关键,县域地方官变身

"网红"，为自家农产品站台，既亲民又有话题。借助强大的互联网平台，不仅能快速提升农产品的知名度，帮助村民增收，也能为县官们探索精准扶贫之路找到一个入口。

（五）县域电商发展策略

伴随着县域电商的迅速发展，基础设施落后、政策扶持不足、专业人才缺乏等问题日益凸显。如何破解以上难题，推进县域电商的健康发展，需要持续探索和实践。

1. 以电商引领转型县域经济转型升级

在当前经济进入新常态的背景下，县域经济发展正面临前所未有的新挑战。主要农产品国际国内价格倒挂，农业增效、农民持续增收难度加大，在城镇化深入发展背景下加快县域经济建设任务比较艰巨。县域电商是一项复杂的系统工程，涉及的产业方方面面，创业就业、创新政企工作、助农增收等都可以通过发展电子商务来实现。对于大部分县域而言，电子商务是新生事物，在基础设施建设方面，政府应着眼于长远，适度超前；在公共服务方面，政府也应鼓励和服务于创新。要立足县情，形成加快推进县域电商发展的强大合力，如用电子商务促进传统流通企业的转型升级；鼓励县内商贸集聚区、批发市场和专业市场建立电子商务平台；实施招商引资政策，积极培育电子商务企业。

县域电商的发展将显著带动仓储物流、运营服务、营销推广、视觉设计、人才培训等本地电子商务服务业的快速发展。从长远来看，本地化的电商服务体系对促进县域电子商务高效运行、持续创造就业机会、推进转型升级等具有重要的积极作用。

2. 建立县域电商创业园区

电子商务发展到今天已经成为一个高度细化分工的产业。网商的业务链包括从产品摄影、美工设计，到业务培训、营销推广，再到仓储、物流等，这也是电商园区之所以有集群优势的原因。通过把各市场主体聚集起来，从而提高了电子商务的交易效率，降低了交易成本，同时促进了电商产业链的快速发展。

从政府角度来说，园区是政府推进县域电商的抓手，也是承接各项政策的载体；从电商主体来说，园区是创业和发展的平台。园区在建设阶段一定要考虑到未来的发展，与可能涉及的行业、配套按照不同阶段、不同比重相结合。要根据园区定位进行硬件设施配套，以及依据园区原有基础进行改造提升。从理念到制度再到管理组织架构，园区管理队伍建设等，充实园区内涵建设，注重文化软环境打造，提炼园区"卖点"，为招商和运营打下基础。要建立专业化的组织架构和运营团队，建立有效的运行机制，根据园区定位确定运营重点，如明确是服务于传统产业转型还是创业孵化，要完善"公共服务、公益服务和商业服务"等立体化服务体系。

3. 构建校企融合的电商人才培养模式

当前电子商务的发展人才缺口十分巨大，预测未来5年缺口在500万左右，而现在大中专学校培养的电子商务人才对口就业率只有20%，缺乏实践能力是对口就业率不高的关键；现在绝大多数的中小企业急需合适的电商人才，但又缺乏培养能力，解决当前学校电商专业人才培养与企业需求的矛盾是非常迫切的。

建立校企融合的电商人才培养模式，在为中小型县域电商解决人才问题时，能为学校的电商人才搭建锻炼、实习和就业的桥梁。在合作中，校企双方互相支持、优势互补、资源共享，既能发挥学校和企业的各自优势，又能共同培养社会与市场需要的技术技能型应用人才，还能为企业员工开展培训，是学校与企业双赢的选择。

4. 以特色产业引领电商发展

农村情况千差万别，生产力水平各不相同，发展路径不能靠同一个模式，既要因地制宜，更应突出创新发展。应立足本地资源优势，突出特色品牌，大力发展特色产业，合理区域布局，提高产品品质，优化品种结构，培育龙头企业，以特色产业引领电商发展。按照"标准化、产业化、规模化"的要求，以产业基地和产业园区为抓手，做好生产规划布局，加强特色产业基地建设。充分发挥辐射带动作用，充分发挥品牌效应，通过品牌培育为特色产业的销售市场打下坚实基础。

（六）电商园区发展分析

1. 电商园区规模

截至2016年3月，全国电子商务园区数量达1122家，同比增长约120%，这显示了全国电子商务园区建设热潮仍在持续。浙江、广东和江苏是全国电子商务园区最多的省份。

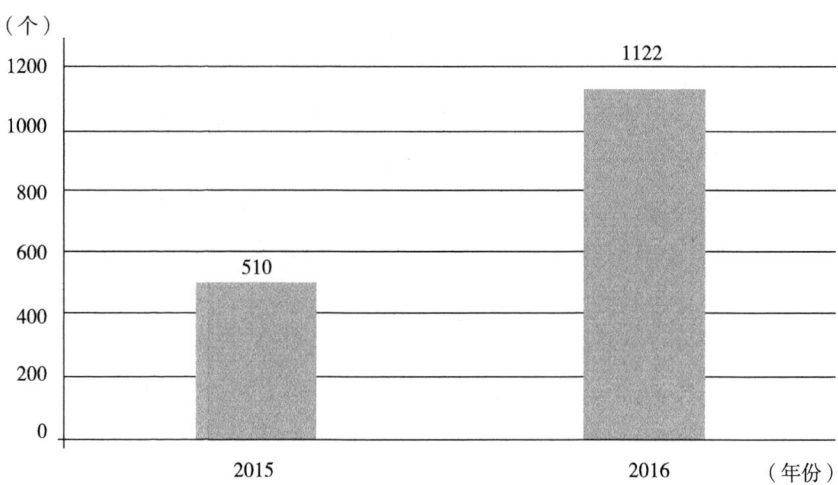

图8-2　2015~2016年中国电子商务园区数量统计

资料来源：中国国际电子商务中心。

2. 电商园区地理分布

2015~2016年3月底，全国电子商务园区数量已经从510家增长到1122家，除港澳台外，全国30个省份均已经建成电商园区，且实现了百分百的全覆盖。

从地理分布上看，电商园区虽然覆盖了全国大部分省市，但是分布呈现出明显的不均衡性。东部沿海的传统外贸强省和制造业大省聚集了全国超过70%的电商园区，主要是浙江、广东、江苏、福建、山东五省，这与这些省份传统制造业强势、人口密集、物流优势显著以及电子商务起步早、发展领先密切相关。

另据不完全统计，电子商务园区数量最多的10个地级以上城市依次是杭州、金华、广州、温州、台州、上海、绍兴、深圳、宁波和泉州，而位于金华的义乌是电子商务园区最多的县级市，数量超过20个。

3. 电商园区发展特点

近两年来，电子商务园区规模化涌现有两个新亮点，即跨境电商园区和县域电商园区的迅猛发展。

受到国际经济、市场需求和政策环境等多重动力的驱动,跨境电子商务园区备受关注。此前,杭州、广州、宁波、郑州、重庆等纷纷推出跨境电子商务园区。

跨境电子商务园区猛增的一个大背景是目前我国传统外贸形态业务量下滑,地方政府和企业都加大了对于外贸电商的关注。

以产业园区为主导的跨境电子商务园实现了海关、国检、国税、外管、电商以及物流仓储的统一,为园区内的各大电商以及外贸企业的跨境业务提供了极大便利。

电子商务园区发展的另一个热点就是县域电商园区的涌现。

近期,受政策面整体重视以及电商下乡等激励性政策刺激,县域电商园区发展迅速,地方政府推动以及县域产业转型的高需求成为县域电商发展的动力。

从电商蓬勃发展的近 10 年时间里,县域网商的数量从万级到十万级再到百万级,而区域也从以浙江为核心的华东地区向全国其他地区渗透。

从地方政府角度看,据不完全统计,上百个县市将电子商务作为政府的重点工作之一,有的甚至列为"一号产业"。在资金、人才、税收等方面出台了一系列政策,鼓励电子商务的发展,而电商园区则是这些政策很好的承载体。

不过,县域电商园区目前普遍面临"硬件易建软件难"的问题。在建立基础设施之后,运营成为县域电商园区的难题。县域的人才、货源、资金一般都是有限的,与大城市差距很大。而其中人才是主要瓶颈,本地人才留不住,外地人才成本高昂,成为县域电商园区的尴尬之处,同时,同质化竞争也成为县域电商园区发展的一大障碍。

县域电子商务园区的发展要注意以下问题:一要明确自身定位,做好规划。比如,明确园区是面向产业升级还是面向孵化网商创业,进而了解服务主体的需求。二要突出区域特色。依托当地产业和资源,结合已有的各大电商平台或是产业带,避免小而全的重复建设,导致同质化竞争。三要建立保障体系。了解园区内主体的需求,注重信息科技化、数据效率化、人才引进化。其中注重电商的孵化、项目的引进、大型网商引进及政策挂牌,以此吸引人才的进入,同时重视本地人才的培养。

4. 电商园区的模式与路径

（1）电商园区三大盈利模式。第一，地产电商平台盈利模式。包括以产业为内核、土地与物业为载体形成的园区基础设施开发获益、区域运营获取土地增值收益、房地产开发收益、租金收益以及其他地产投资收益等盈利方式。

第二，电商产业发展盈利模式。包括通过电商园区配套功能服务、政府产业政策扶持和电商产业发展性服务的获益方式。电商园区配套功能服务就是指通过生活、商务、娱乐及物业服务来获取收益。

第三，电商金融运作盈利模式。这是通过产业投资、产业项目的资本运作以及现有物业的资本运作来获取收益的方式。其中产业投资主要就是指园区建立或控股专业性的产业投资机构，如天使基金、VC、PE等投资相关产业，分享企业成长并获取收益。

而对于产业项目的资本运作这方面，主要是指在不允许直接转让产业用地的前提下，探索作价入股等方式盘活项目并获取收益。最后对于目前现有物业的资本运作，主要是指产业性房产通过信托、证券化等方式资本运作，进而盘活资产获取收益。

（2）电商园区的六大开发模式。政府主导型。以优惠政策带动发展，该开发模式是我国大多数电商园区选用的管理体制，一般由省市区领导组成的领导小组负责重大决策，所在地市政府成立开发区管理委员会。

政企合一型。以灵活机制带动发展，该开发模式的园区往往具有一定的政府背景，开发区管委会与电子商务园区建设公司实行两块牌子、一套人马，主要职能机构合署办公，既具有行政职能又具有经济职能，管委会行使市区级管理权限。

企业主导型。以市场化机制带动发展，这类园区主要以民营的建设运营开发公司来投资管理，在国内经济发达地区的电商园区大多采用这一模式。同时市场化运作有较大的抗风险能力。

产业主导型。以区域产业带动发展，该模式下的电商园区主要是在现有电商产业发展的带动下形成和发展壮大，在沿海开放城市形成的产业带优势地区大多采用这一模式。

社区主导型。以独特社区和物业带动发展，该模式主要是靠电商园区功能布局完善合理，物业形态特色鲜明，形成对客户极强的吸引力。该模式的园区客户往往在满足基本办公需求的基础上，更加追求品位及个性化的空间环境。

服务主导型。该模式主要是靠完善进驻服务带动：通过为入园企业提供一系列包括人力资源、技术、资本、市场等诸多方面的组织、管理和服务，帮助企业顺利生存、快速发展壮大。

完善的进驻服务不仅为初创企业提供基础型服务，也降低了创业风险，同时为高成长企业提供发展型、延伸型服务，满足个性化需求。

（3）电商园区发展路径。首先，优化园区环境，做好配套工作。实现园区建设的初衷，园区需要媒体、社交、营销、软件、物流仓储、客服等支撑平台，从服务于企业外围来看，涉及软件研发、创意设计、网络营销、国际贸易、现代物流、服务外包、物流配送等商务服务相关领域；从服务于企业内部来看，涉及生产管理、客户关系、供应链管理等管理应用相关领域。专业的事情由专业的人来实现。因此，"网商聚集"当前的主要任务是提供优惠措施来吸引相关配套服务行业入驻园区，完善电子商务产业链，发展电子商务产业集群，整合园区内各类企业的资源，打造功能完善的专业园区。

其次，根据本地实际，使产业园成为本地经济转型升级的新引擎。从当地实际出发，发挥本地产业优势，积极利用电子商务产业园推动当地的产业转型升级，并积极培育支撑本地电子商务发展需要的电子商务服务产业，是一条较为可行的成功经验。比如，佛山电子商务产业园以当地制造资源优势为基础，致力于打造有佛山特色能实现电商与当地实体经济高度融合的重要载体；沈阳浑南新区电子商务产业园带动了兴隆大家庭、新闻出版集团、北方图书城、雄州食品等传统企业入园，以此实现电子商务的发展转型。这些较为成功的产业园无一例外地担当着当地经济转型升级新引擎的作用。在电子商务产业园之间招商引资的竞争日趋激烈的今天，那些立足本地实际，有强大产业根基作支撑的电子商务产业园显得越来越有生命力。

最后，引入人才服务商，破解人才难题。从目前来看，不仅入驻园区的纺织企业需要人才以突破企业发展电子商务的瓶颈，同时园区内配套行业也需要人才以满足配套行业的发展。当务之急，园区需要引进人才服务商以解决对人才的大量需求与人才储备不足的矛盾，人才服务商可首选与当地的高校建立密切的合作关系，鼓励在校学生到园区企业实习，一方面可以为园区发展选拔优秀人才；另一方面有利于学生毕业后到园区就业和创业。

电子商务产业园建设的重点不是实现企业在区域范围内的简单集聚，而是实现园区内各类企业上下游之间的有机组合，并产生"1+1>2"的效应。

三、在线城镇化为城镇化另一途径

（一）在线城镇化释义

在线城镇化可以理解为乡镇的大量居民开始利用互联网（包括电子商务和手机移动商务和其他互联网提供的商业服务和公共服务的契机）作为进入市场和加入城乡生产生活产业链条的渠道，构建社交网络，线上营销产品，线下组织生产、收购、运输和社区建设等，实现地方发展和人口就业，完善商业和公共服务；集中体现在城乡人力资源的培养和流动、城乡物流供应链的完善、填平城乡信息鸿沟、城乡资本有效配置、城乡生态与文化建设5个方面，城镇和乡村成为一个城乡网络，作为各流动要素的节点和之间的联系一起纳入区域甚至全球的生产链条和生活体系里。

（二）在线城镇化发展历程

20世纪80年代改革开放初期，在相对封闭的国内城乡市场中，随着农村经济在家庭联产责任承包制和城乡市场逐渐开放中的逐步恢复，由农产品的产出、副业的积累和农村土地做工商业的溢价来实现集体的或是顶着集体的帽子私营的乡镇企业快速发展起来。在城乡市场恢复方面，随着国家对农产品价格的全面放开，城乡集贸市场从1985年的61338个，发展到1998年达到87105个，农产品的商品转化率达到55%~65%。在农业向农村工业（乡镇企业）的转变中，1978年，在农村社会生产总值中，农业产值比重高达70%。而1988年农业产值比重下降到46.5%，而非农业产值由1978年的31.5%上升到1988年的53.5%。这个阶段，农村工业部分，主要是乡镇企业已生成。在1980~1988年，乡镇企业总产值每年平均递增33.2%，占国民生产总值从1980年的7.7%增加到1988年的26%。

1991年达到了一个高峰，当时的乡镇企业产值突破了1.1万亿元，占当时全国生产的 1/3，与国营企业产值相当。"农民自觉自愿，兴高采烈，但也是千辛万苦的，在没有花国家一分钱的情况下"带来 1 亿农民转移成乡镇企业的工人。这也带来了农村走向城镇化的契机，在全国形成了苏南模式（江苏南部）、珠江模式（广东福建）、温州（江苏北部）模式、宝鸡（陕西）模式、常德（湖南）模式、民权（河南）模式等不同的发展模式（周尔鎏、张雨林，1994）。这是农村地区实现工业化的一种尝试，使农村地区的经济生活发生了迅速变化，也使农村走向了城镇化，出现了城乡一体化的前景。

1980~1987 年，中国的建制镇数量从 2600 个增长到 10200 多个，建制镇人口由 5800 万人增加到 2.43 亿人，而建制镇人口占全国人口的比重由 5.9%上升到 22.4%，此外还有未建制的乡级集镇 5.8 万个，共同组成了农村小城镇。当然，这些人口是没有完全脱离农业的城市人口，但收入提高了，城乡差距缩小了，乡镇企业成为与农业、城市工业并驾齐驱的力量，由此农村走向了城镇化。

20 世纪 80 年代末 90 年代初，由于国家财税改革，中央开始将财税权、审批权收回，改变了中央和地方的分税体系，地方所得税收缩减。1992 年，出口导向型的城市经济模式开启，新的城市化机制伴随外来投资拉动型经济由此形成，城市化最快速的发展期来临。新一轮的城市化释放了地方政府对土地出让金和工业税收的冲动。受 1994 年新的财税机制的影响，地方政府将土地出让金作为新的资金来源（到现在大概平均占到地方收入的 25%）。同时，由于没有物业税（其他西方主流国家其物业税作为地方政府主要收入可以占到 50%以上），地方政府将营业税作为主要税收来源，工业发展成为地方发展的首选。如此，既可以卖地得到土地出让金，又可以在未来得到营业税，政府支持的大量各类工业园应运而生。同时，随着教育产业化，大量的大学城也相继出现。1999 年之后，西部大开发、中部大开发都是在这样的城市化机制下发展起来的。

2001 年，中国加入 WTO，大量国际资本参与到中国的城市化过程中。中国的城市化率从 2001 年的 35%左右增长到 2011 年的 51.27%。在此过程中，农村因为没有被纳入全球化的区域分工，或是在这个过程中缺乏话语权，与城市的距离进一步拉开。这种发展不均带来了农村和城市共同的环境破坏、生态危机和城乡隔离，进一步导致农村社会空心化和城市社会碎片化。分裂的城乡沉沦到了"互害"模式，入城的农民受到一些城市人的歧视和压榨，同时另一些农民给城市人生产自己不吃的、有过多农药化肥的食品。20世纪80年代活跃起来的很多乡镇企业，也因没有和城市企业竞争的国际资本，没有机会纳入这个全球生产网络，从而快速萎缩。

现在，中国政府希望国际投资拉动型的城市化模式逐步转变成内需消费拉动的城镇化，统一城乡市场，确立农村土地产权，在保证粮食安全的前提下，实现土地、资金和人口的更有效配置。《国家新型城镇化规划（2014~2020年）》提出将"努力实现1亿左右农业转移人口和其他常住人口在城镇落户"，这与1980~1991年"在没有花国家一分钱的情况下""带来1亿农民转移成乡镇企业的工人"的情况异曲同工。

在线城镇化正是这个历史背景下城市化机制的转折。通过电子商务在不同范围和不同层面的组织农产品上行，工业品下行及农村本地服务的销售、物流、品控、供应链、融资、旅游度假、医疗、教育、养老和社区建设等各项服务，以阿里巴巴、腾讯、百度、遂网公司与赶街公司、京东、顺丰、苏宁易购等为代表的移动互联网、互联网及相关产业平台，支持了本地就近就业，拉近了城乡商业服务与公共服务的距离。对比20世纪80年代乡镇企业的崛起，现在农村电子商务的涌现与之有些相似的地方，但又面临着不同的机遇。可以这么说，80年代的乡镇企业发展给这轮农村电商涌现奠定了农村社会和经济组织的基础。不同之处在于，这次农村电商涌现将新中国成立后一直很难直接连接到全球资本流动体系的小农经济，通过BAT等全球融资渠道，纳入了国际与区域的资本运作与生产分工。在线城镇化也将乡村和县城纳入了城乡对流的区域都市群的经济整合和空间重构体系中。

（三）在线城镇化模式创新

在线城镇化模式的创新在于以下几个方面：

（1）互联网和移动通信技术通过信息技术建立更公平、透明的广泛市场的营销平台，从而降低了交易成本和地租（政府垄断城镇化带来的各级政府获得较高额地租），打破了政府推动城镇化的空间垄断；

（2）培养广大的电子商务运营商（电商），提供一定的知识和财务支持，实现了城乡人力资源素质的提升；

(3) 促使线下实体经济生产运营、资源利用、社区组织方式和空间营建的变革，给社区的社会资源（Social Capital）和组织资源（Organization Capital）的整合带来了挑战和契机。

简而言之，在线城镇化另辟互联网和移动技术平台升级传统产业，一定程度上打破了之前地方政府给城镇化带来的地租垄断效应，在相对公平公开的市场经济和信息渠道下实现了城乡部分劳动力的服务业就业。

在这种情况下，乡镇不再是独立而边陲的"他乡""异地"，而成为城乡关系的核心之一。从乡村和小城镇出发，在线城镇化可以重新寻求城乡的动态平衡，构筑城乡的新经济关系、社会逻辑和空间配置，从而探索解决当下乡镇面对的城乡不均（产业）、乡镇空心化（人力资源）、人口老化（社会）及环境品质（空间）下降等困境的方法。

在线城镇化在一定程度上消除了信息和空间带来的限制，摆脱了以各级政府垄断地租所带来的产业空间分布的制约。由在线城镇化发展出来的新市场机制、经济关系和社会组织形态，为乡镇发展开辟了新出路。

（四）在线城镇化为城镇化另一途径

城乡差距日益扩大，中国过去30年的城市化模式饱受质疑。农村因为没有被深入纳入全球化的区域分工，或是在这个过程中缺乏话语权，与城市的距离进一步拉开。这种发展不均带来了农村和城市共同的环境破坏、生态危机和城乡隔离，进一步导致农村社会空心化和城市社会碎片化。今天，在线城镇化（Urbanization Online-Mobile）或将成为中国新型城镇化的另一途径。

这一趋势正符合《国家新型城镇化规划（2014～2020年）》的战略。这个规划的核心是"完善城乡发展一体化体制机制"来建立城乡统一的商品、人力和土地市场机制，推进城乡要素平等交换和公共资源均衡配置，完善农村土地产权制度。这个核心正是呼应了由市场的作用和制度的设置促进城乡协调发展。提出突出中型城市和小城镇的人口聚集，限制大城市人口膨胀，也明确了城乡一体化发展的新型城镇化方向。

现在由于出口型经济受阻、产业过剩，原有的以农村廉价土地与廉价劳动力"进城"的城市化模式难以为继，而互联网高效及低成本去中心化开始促进入县及乡村的小农经济和小微企业升级。互联网带来信息透明，高效的市场调节降低了交易成本。同时，在线城镇化通过移动互联网与PC互联网为农村居民和农村社区赋权，让当地的农村居民可以开始部分享有土地在互联网经济体系中的溢价。这样，仍以小农经济为主的乡村在去中心化的互联网浪潮中，可能再次给中国下行的经济带来契机。

第九章 中国新型城镇化建设前景展望

一、世界城市化的发展新趋势

（一）发展中国家城市化进程将加快

尽管发展中国家的城市化水平较低，但城市总人口数大，现已占世界城市人口的68%。随着发达国家人口出生率的下降，城市化速度的减缓以及发展中国家城市人口的迅速增长，发展中国家已成为世界城市化的主流。预计到2030年，全世界有80.2%的城市人口生活在发展中国家。随着时间的推移，发展中国家城市化进程与世界城市化进程将逐步趋于一致，且与发达国家间的差距也将逐步缩小。

城市化动力机制具有阶段性规律。因此，随着经济的发展，发展中国家城市化的动力机制将逐步发生变化。对于尚未实现工业化的国家而言，工业化无疑仍将是推动城市化的基本动力之一。对于那些新兴工业化国家而言，第三产业的发展对城市化的影响将日益增大，城市的成长将逐步脱离第二产业的制约，第三产业将主导城市以新的面貌发展。

城市化的地域结构也将发生变化。发展中国家的城市化速度超过发达国家，发达国家的城市化速度逐步降低。预计到2030年，世界城市人口将达到 51.17 亿人，其中，80.2%将集中在发展中国家。城市化地域结构另一个变化特点是人口向大城市集中，大城市继续快速发展起来。

随着人口向特大城市的集中，城市地域范围不断扩展，中心区地价上涨、交通拥挤、环境嘈杂等原因使人口、就业岗位和服务业从大城市中心区向郊区扩散，城市中心区人口出现绝对数量的下降，形成郊区化现象。在大城市不断扩展的同时，相邻大都市区逐步相连形成大都市带，如巴西的里约热内卢、以圣保罗为核心的都市带；我国以上海为核心的长江三角洲都市带、京津冀都市带、以香港和广州为核心的都市带等。

（二）发达国家逆城市化更加明显

逆城市化反映了城市中心区和外围郊区人口流失的过程，城市中心区通常经历了更快的衰退。

郊区化是逆城市化的重要原因，它引起人口和就业从城市中心向大都市郊区迁移。大量富裕的城市居民迁移到郊区归因于社会、政治和经济因素。这些因素包括市区种族关系紧张、郊区较好的教育和娱乐设施，政府对中心区基础设施和工业的投资较少、高速公路的建设使人们转变为在中心区工作而在郊区居住。郊区化使大都市区的人口进一步分散。郊区化伴随着城市的向外扩张，促进了郊区商业和居住区的繁荣，提高了私人汽车的利用率，新郊区的向外扩张越过了农村和不发达地区。城市中心区的交通堵塞、学校拥挤、娱乐和公共空间缺乏等问题开始在郊区出现，促使居住者迁移到更远的地区或周边农村。

（三）城市化向巨型城市区集中

全球化的发展促进了信息和资本的流动，其城市规模不断扩大，甚至出现了超大规模的城市。因此，未来的世界不仅是城市化的世界，更是一个大城市的世界。

在发达国家，生活在特大城市的人口比例将突破 30%。因此，未来的世界不仅是城市化的世界，更是一个大城市的世界。

二、中国新型城镇化的发展前景

（一）中国新型城镇化愿景展望

中国下一阶段城镇化的初始条件和 30 年前相比有很大的不同。中国现在是一个上中等收入国家，是世界上最大的制造国和出口国，且正处于发展的转型阶段，对增长而言，资源的有效利用将比简单地调动资源更为重要。现在中国的城市规模远远大于 30 年前，中国最大的城市可以和世界上的大城市群，如纽约、东京、首尔和伦敦相媲美。由于过去 20 年里进行的大规模的基础设施投资以及以 2001 年加入 WTO 为标志的长时期开放，使得现在中国的城市与世界其他地区以及国内其他城市的联系更加紧密。这为实现高效的城镇化奠定了坚实的基础，而集聚效应和专业化可以促进生产率的提高和经济增长。

由于推行这种新型城镇化模式，中国的城市将面貌一新。中国将继续快速的城镇化，在改革的情景下，城镇化率到 2030 年接近 70%，使中国的城镇化率与基于其收入水平做出的预期相一致。这意味着中国城镇化的速度在未来 20 年将放缓，即使在实施改革后，因为农民工家庭纷纷在城市地区团聚，城市人口可能会经历一个初始的高涨。此外，未来 20 年居民收入的增长很可能会放缓，但在改革情景下，居民收入水平会更高，而且更加平衡。改革情景下经济增长加速的主要驱动力将是城乡和城城之间更高的人口流动率，以及更高效的城市所带来的生产率提升。

随着中国劳动力市场的吃紧，消费的增长很可能快于投资，原因在于随着工资的增长超过了生产率的增长，国民经济中的劳动者份额也会上升。这种日益增长的需求包括来自不断扩大的中等收入阶层的消费需求，中等收入阶层是人均日薪为 10~100 美元的群体。农村劳动力的短缺将推动土地集中和新生产技术的迅速传播，提高劳动生产率使农村地区的工资比城市地区上涨更快，缩小城乡收入差距。随着收入水平的提高，到 2030 年服务业将占 GDP 一半以上，超越制造业，成为经济增长的主要动力。城市地区将为日益多样化的服务供给提供需求空间，会使服务的需求增加以及相对价格上升（服务业生产率的提高可能会落后于制造业），也使经济中服务业的份额增加。

在改革的情景下,到 2030 年中国的城市面貌将更加多样化,原因在于城镇化进程将不会是整齐划一的,而且会反映出各个城市的比较优势。在中国最发达的城市,服务业(而非工业)将在经济增长中发挥更大的作用,因为城市是更加成熟、附加值更高的服务业发展沃土。城市群中,北京、上海、广州等大城市近年来增长迅速,并成为通往国际市场的门户,而且这种趋势还可能通过改革进一步增强。这些聚集效应将带来城市的多样性,鼓励人们在大学和商业区中相互学习,并把人们同世界其他地区连接起来。

城市群尤其是在沿海地区城市群中的二级城市,将越来越多地吸引土地密集型制造业,并给生产商带来专业化效益,而且由于邻近具有大型市场和通往国际市场的大城市,其交通成本也因此较低。中国内陆的大城市目前大部分都处在主要发展集群以外,但它们拥有可作为经济发展基础的人力资本和便利设施。更加便利的国际市场通道和更低的货物运输成本有助于这些城市与沿海城市竞争。内陆中小城市和乡镇将通过完善交通和教育基础设施,发挥企业和农场的规模经济,它们应将重点放在提供公共服务和为人们创造外出的机会上。

这种新的城市面貌会呈现出何种具体形态是无法准确预测的,但如果国际经验具有一定启发意义的话,那么中国的沿海大城市人口增速将快于中国城市的平均水平,而小城市的人口比例也有可能会下降。主要城市群中任何规模的城市都会变得繁荣,且与这些城市群紧密联系的地区也将分享繁荣。根据国际经验以及中国自己过去的经验可知,公共政策如果与由个人和企业的自主选择来推动城市增长的规律背道而驰,则必将失败,即便这些政策得以推行,也是以牺牲效率和收入增长为代价的。

(二) 中国县域经济发展机遇

作为当前引领经济发展新常态的重大创新,供给侧结构性改革为我国县域经济提供了巨大发展机遇。

"郡县治,天下安。"作为融合城乡的经济体系和国民经济的基本单元,县域经济承载着最广大的面积和最多的人口。近年来,在东部沿海县域经济发展壮大的同时,我国广大中西部县域经济普遍存在着结构不合理、农民增收缓慢、县乡财政困难、人才资金缺乏等问题。通过土地制度改革创新、提高供给质量、利用大数据，供给侧结构性改革正为县域经济提供巨大机遇。

农产品质量不高，玉米等价格"倒挂"，缺乏国际竞争力，投入产出不匹配，困扰县域经济的这些问题必须破解。供给侧改革抓住了供给侧突出问题的质量问题，抓住了供给侧短板的国际竞争力不足，抓住了投入产出失衡问题，很多县域投入多、产出少甚至负产出。抓住供给侧结构性改革机遇，就要构建县域经济开放性体系，提高供给侧结构的适用性和灵活性，实现县域供给和需求平衡。

中央农村工作会议提出农业供给侧结构性改革主线，县域经济发展要抓住农业现代化和农产品质量两大关键。要解决土地流转问题，促进适度规模经营，使农民获得更多的土地收入。推动农业供给侧结构性改革还要抓农业现代化服务体系建设。现代农业主要是家庭式集约化形式。家庭式集约化经营离不开社会服务体系，而耕种、除草、种子、肥料等要靠专业化的服务链供给。

供给侧结构性改革为县域经济提供了大数据机遇。发展县域经济要抓大数据，借力互联网。利用互联网大数据，跨学科地从节能减排、乡村建设、健康产业等推动县域经济发展。

（三）中国特色小镇发展前景

得益于政策导向，特色小镇已成为多方争抢的"风口"产业，其舆论热度不减。2017年的政府工作报告指出，中国改革发展的巨大成就是广大干部群众实干出来的，再创新业绩还得靠实干。

当前，"立足产业、突出特色"已成为建设特色小镇的普遍共识，可以预判的是，未来特色小镇将进入"内涵"发展时代，更多实质性的问题将受到关注。在延伸广度与深度的过程中，特色小镇市场也呈现出一些新的趋势。

第一，"产业+资本"造就新价值。作为加快新型城镇化建设的突破口，特色小镇正成为社会资本的关注热点。一批有相当的资金调度能力的龙头企业，如万科、碧桂园、华夏幸福、美好置业、南山控股、蓝城集团等，通过"去地产化""轻资产化"的深度整合，为特色小镇导入资金、产业与各项配套服务。

第二，PPP模式再发酵。近年来，众多的社会资本越来越积极地以PPP模式切入特色小镇开发领域。PPP模式在我国还处于探索阶段，各方面的认识和实践能力的提升都需要一个过程。

目前，PPP项目的落地周期已经开始缩短，落地的速度也在不断加快。下一步，将继续发挥好财政资金的引导作用，进一步优化项目融资环境，加大业务支持和项目推介的力度，推动PPP项目运作更加规范。

这意味着PPP模式将朝着定位准确、运作科学、机制合理的方向发展，为特色小镇建设提供综合性金融服务、宜居宜业的配套设施和多功能的产业平台。与此同时，社会资本与政府的合作关系也将趋于稳定，也更符合契约精神与公共利益。

第三，园区转型的新思路。构建特色小镇还为部分产业园区提供了转型的思路。如青岛西海岸新区琅琊镇，在海产品和农产品提档升级后，滞销问题凸显。对此，该镇开始建设以"互联网+山情海韵"为特色的电商小镇，开发全省首家镇级电商平台，整合百家农场与商家，组建覆盖全国电商网络，其海岸线的生态整治也在有序进行。

随着市场格局的变化，一些产城分离、效率低下、生态堪忧的产业园区面临被整合、被淘汰的局面。与此类产业园区明显区别的是，特色小镇是以产、城、人、文为一体的生态社区，有益于部分园区的改造。

一种可能的路径是，通过扶持龙头产业，打造产业链，再辅之以住宅、商业、医院、总部基地等多功能配套加以升级改造，使人才、科技、资本、信息等高端要素集聚，融合生产、生活、生态，促进园区的功能定位、产业结构、城市功能、土地利用、交通网络、空间布局等转型升级。

（四）中国在线城镇化发展前景

"一带一路"这条特有的全球信息化下城乡区域协调发展的道路，为其他发展中国家实现联合国千年发展目标，特别是中亚和东南亚、南亚在提供与十年发展目标相关的服务方面遇到的挑战是如何缩小城乡差距。这些国家包括，越南、印度尼西亚、马来西亚、印度、斯里兰卡等东南亚、南亚国家，也有哈萨克斯坦、乌兹别克斯坦、吉尔吉斯斯坦、塔吉克斯坦等中亚国家，这些正是中国"一带一路"倡议主要发展的区域。在拥有广袤农村和农业发展潜力大的国家，推进千年发展目标和战略必须包括通过引进新型农业技术和针对农村居民的人力资本开发投资，提高农村生产率，改善与城市市场的连通性和扶植非农经济活动。

"一带一路"将引领这条农村电子商务和在线城镇化的模式走向亚洲。在福建电商发展中，已经有东南亚的朋友参与。中国可以培养东南亚电商人才从事其东南亚农产品和特色产品的跨境电商和本地服务，正是在民间为"海上丝绸之路"预热。同时，"丝绸之路"上新疆农村电商的崛起，正是为南疆、北疆到中亚的农村电商和跨境电商的发展提供借鉴。而在线城镇化正是要通过这些乡村创新创业的先锋和广大的参与者带来电子商务和手机移动商务，以此激发整个产业链条，实现家乡建设、地方发展和人口就业。

新型城镇化战略和"一带一路"倡议正是新常态下保持和促进经济中高速发展的两个新的经济增长点。伴随中国新型城镇化发展而成长壮大和崛起的大城市（包括500万以上人口的特大城市和1000万以上人口的超大城市），在对外开放和国际贸易中将发挥越来越重要的作用，而"一带一路"倡议对国内区域经济以及沿线国家和地区的影响，也只有通过与此战略相关的大城市的积聚和辐射作用才能实现。在线城镇化将在其中发挥举足轻重的作用。

（五）中国众创空间发展前景

在总体向好的发展趋势下，众创空间回归服务提供者和市场盈利者的本质，通过线上与线下结合的方式打造创业社群，在产业细分领域提供上下游对接服务，为创业者提供有偿的专业咨询，并通过投资获得主要收益。做好服务，形成系统而有效的可视化服务模块，通过"孵化+投资"来提高孵化效率与盈利，最终形成品牌化经营。

1. 打造创业社群，建立资源连接平台

在经济新常态下，"双创"受到政府力挺，服务于创新经济发展的创业孵化平台闯入大众视野。创新驱动的氛围催生了规模庞大的孵化机构和创业群体，但这并不等于创业变得更容易，政府支持对创业环境有所改善，但大多数创业者的困境依旧在于资源获取，如资金、人脉、市场、技术指导或思想见识等。服务于创业者，解决创业者的难题并在此基础上获得收益，是孵化机构的事业。孵化机构搭建平台，实现从创业者到投资机构、

企业家、导师、市场资源以及更多相关方的连接。

建立连接,需要构建创业社群。现在,不少大企业、行业骨干企业意识到行业生态建设的重要性,围绕自身优势产业建立孵化平台,如腾讯众创空间、健康智谷Healthwork(美年大健康孵化平台)、蓝色彩虹(华大基因孵化平台)等。对于此类企业,因着其在行业领域的资源积淀,在多方资源连接和构建社群方面有天然的优势。而对于没有专业技术平台或产业实体作为支撑的孵化机构而言,通过线上与线下相结合的方式聚集创新创业相关主体,尤为必要。对于多点式布局的孵化机构,通过社群连接还可以将平台核心资源在各孵化基地之间共享。

创业社群可以聚集产业资源,提供上下游产业链对接,也可以聚集资金、技术、人才与市场等。当创业者越来越多时,创业社群也将越来越成熟和繁荣。孵化机构作为资源连接的平台,需要触达各方需求并进行资源共享,社群是一个重要的渠道。

2. 提供上下游产业对接服务,围绕"创新—孵化—产业化"路径打造有效运营模式

社会分工程度不断提高,产业细分进一步深化,创业者的创业方向也将随之不断精细化。与此相应,创业者们对众创空间所提供服务也会有更多的精细化要求,"大而杂"的综合性创业平台未必是创业者的首选。打通上下游产业链,提供上下游产业对接服务,切中创业者资源缺乏的"痛点",既可为创业者提供专业领域的技术、人才等要素资源,亦可提供对接市场和产业化落地机会。

在产业细分领域,提供上下游产业对接服务,围绕"创新—孵化—产业化"路径深耕,形成特色化运营,将迎合更多创业者的需求。产业链服务型即是其例,还有高校、科研机构的产学研结合型,大企业平台型,产城结合型以及大企业创新服务型,它们有的是全产业链走通,有的主要针对下游技术应用而往上寻求技术创新,有的以对接大企业或落地产业园作为优势。总之,不管是全产业链走通,还是主要关注下游服务,都将是技术创新产业化的路径,也都是进行产业对接的思路。

3. 关注创业者真实需求,提供有针对性的咨询服务

各类孵化平台越来越多,提供同质化的工商、税务、法务、人事、培训辅导等基础服务的也越来越多。这些服务,有的免费,有的打包给中介机构提供，有的由平台以服务入股形式提供。基础性服务的供给即使免费也不足以形成对创业者真正的吸引。初创企业，从创立时的股权结构分配到市场方向的确定或调整，需要资金支持，到进一步打磨技术或产品，再到对接市场应用等，整个过程的节点性阶段可能都是一道坎儿，需要孵化平台适时支持来突破瓶颈。对应的支持即是进行专门的咨询服务，这些服务大多不免费。孵化平台咨询服务的提供有三种方式：一是与咨询公司合作提供，二是成立专门的咨询团队，三是与创业导师通过股权投资的方式绑定提供。

4. 投资作为重要盈利方式，提供更完备的创业投融资服务

场地出租是最初级的盈利，虽然目前大多数孵化平台不得不依靠租金生存，却并不打算长期依靠租金作为主要来源。众创空间要运作得好，必须要与资本深度融合，并形成可持续化运营模式。在那些提供专业服务、具备良好运营模式的创新型孵化器或众创空间中，投资盈利被重点突出。孵化平台对初创企业进行投资，将平台收益与企业绑定在一起，投资前提供咨询服务，投资后长期跟踪指导，企业将获得更好的服务支持。

5. 孵化载体资源模块化、可视化，通过线上与线下结合方式降低沟通成本

创新创业的激情被点燃后，不少孵化载体面临"客流"大增的压力，在评审项目入驻之前，这种压力最直接的体现是孵化载体与创客之间的沟通。对接有意向入驻项目，一般由运营总监负责，基于控制运营成本的考虑，各职能设定人员有限。负责对接项目入驻的运营总监，既要与众多有意向入驻项目团队接洽，又要与已入驻项目团队进行相关对接，尤其众多面临有意向申请入驻者，产生"同样的内容重复说"之感，其沟通成本大。

还有，以投资驱动设立的孵化机构，除应对空间入驻申请外，还须评审众多以融资为目的的项目申请。不管是空间入驻申请还是融资需求申请，能够被选中的概率非常有限，但初步筛选的过程却需要花费不少精力。

将孵化载体的资源模块化、可视化包括两个方面：一是线上整合孵化载体资源并模块化分类，如创客入口、孵化服务介绍、投资机构、政府相关部门、中介服务机构、高校院所等研究机构，既展示了载体具备的资源门类，又尽可能地将与创业有关的各方资源打通；二是线下开辟孵化载体

资源展示区，对接创客来访者或相关参访人员，形成有效对接机制。线上与线下相辅，形成孵化器与各方人员的有效对接。

6. 输出品牌和管理，孵化载体实现"从一到多"的连锁化经营

在创业服务领域，一个品牌下进行孵化载体的多点式布局，传统科技企业孵化器已有先例，如启迪创业孵化器、苏州火炬孵化等。孵化机构的多点式布局，前提是服务或管理模式的标准化、系统化，通过连锁式经营更广泛地吸纳资源、占有市场和扩大品牌影响力。对于企业集团来说，品牌是无形资产，输出品牌和管理是重要的品牌溢价方式。

在调研众创空间企业中，腾讯众创空间、太库孵化器、创大Innohub孵化器、英诺厚德孵化器等已先期占领多地市场，成功进行品牌营销。进行品牌连锁化经营有不同模式：一是输出品牌和运营标准，在地方招募运营团队，并开放一定的总部资源；二是品牌直营，整合地方创业资源，在多地实现连锁化经营。不管何种输出方式，在孵化载体激增和创业服务市场泡沫化的情况下，创业服务机构更应在纷乱的市场中做大做强。结合自身资源禀赋，在产业细分领域充分整合资源，梳理服务模块，形成管理标准，打造创业孵化领域的金字招牌，从而实现品牌溢价。

（六）中国城市群建设前景

在"十三五"规划纲要中，加快城市群建设发展作为一项重要内容，是优化城镇化布局和形态的一个重要着力点。通过发展城市群，促进人流、物流、信息流等资源的高效利用，减小区域间经济差异，确保城镇化过程中人员的有序流动，将会有力地推动我国城镇化的整体健康有序发展。

根据"十三五"规划纲要，中国内地城市群数量或将达到20个，包括京津冀、长三角、珠三角、山东半岛、海峡西岸等城市群，未来有望形成更多区域发展的增长极。通过城市群的发展目标、开发方向、空间结构，以及城市群内各城市的功能定位和分工、生态环境治理、协同发展体制机制等建设，增加我国城市群数量，增大城市群覆盖范围，推进我国不同区域的经济发展，减小区域间现存的经济差异。在五大发展理念中，"协调发展"的首要要求就是"推动区域协调发展"，而建设城市群正是区域协调的重要内容。

此外，城市群的建设也与社会公众的就业、生活息息相关。我国的未

来城镇化不以简单的 GDP 或人口来作为定量标准，应更注重城市化的品质与质量，以及更加注重民众在本土本乡的发展。当前，人口的跨区域流动仍然是主流，全国各地的流动人口主要集中于长三角、珠三角和京津冀，在增加社会活力的同时，也带来了难以弥补的流动之痛。而发展城市群正可以促进劳动人口在本区域内有序流动，既可以促进落后地区发展、增加就业岗位，从而实现就地就业，也可以通过城市群吸收一部分人就业，避免人口大规模地跨区域流动。显然，这既能缓解大城市的人口压力，也能在一定程度上弥补人口流动带来的社会问题。

可以预见，"十三五"规划纲要确立的加快城市群建设发展目标，将有利于区域经济发展，体现社会的公平正义发展的文化内涵，有利于构建和谐的社会关系。进一步推进以人为本的城镇化，"离土不离乡"地建设城镇集群，让人民看得见"乡愁"、真正安居乐业，这将是我国城镇化的发展方向。

案例篇
——新型城镇化探索成功案例

案例篇——新型城镇化探索成功案例

第一章 中国城市群建设案例

一、长三角城市群

长江三角洲城市群（以下简称长三角城市群）位于长江入海之前的冲积平原，根据2016年5月国务院批准的《长江三角洲城市群发展规划》，长三角城市群包括：上海，江苏省的南京、无锡、常州、苏州、南通、盐城、扬州、镇江、泰州，浙江省的杭州、宁波、嘉兴、湖州、绍兴、金华、舟山、台州，安徽省的合肥、芜湖、马鞍山、铜陵、安庆、滁州、池州、宣城等26市，国土面积为21.17万平方公里，总人口1.5亿人。

长三角城市群是"一带一路"与长江经济带的重要交汇地带，在中国国家现代化建设大局和全方位开放格局中具有举足轻重的战略地位。中国参与国际竞争的重要平台、经济社会发展的重要引擎是长江经济带的引领发展区，也是中国城镇化基础最好的地区之一。长三角城市群经济腹地广阔，拥有现代化江海港口群和机场群，其高速公路网比较健全，公路、地铁交通干线密度全国领先，立体综合交通网络基本形成。

《长江三角洲城市群发展规划》指明了长三角城市群要建设面向全球、辐射亚太、引领全国的世界级城市群。建成最具经济活力的资源配置中心、全球影响力的科技创新高地、全球重要的现代服务业和先进制造业中心、亚太地区重要的国际门户、全国新一轮改革开放排头兵、美丽中国建设示范区。

长三角城市群协调发展模式。自1982年"以上海为中心建立长三角经济圈设想"的提出，长三角城市群历经了30多年的发展和多次扩容。至2010年，其范围包括了上海市、江苏省和浙江省，共22个城市。长三角城

市群是我国协调发展水平较高的一个城市群,其协调发展模式体现在如下几个方面:

(1) 空间发展协调。长三角城市群按"一核九带"的空间格局进行了统筹规划。其中,"一核"是指中心城市上海,"九带"是指沿沪宁和沪杭甬线、沿江、沿湾、沿海、沿宁湖杭线、沿湖、沿东陇海线、沿运河、沿温丽金衢线。按照这种空间组织构想,政府重点加强了两个方面的工作:一是通过长三角城市群区域规划,明确中心城市、区域性中心城市以及其他城市的功能性,以引导各类城市功能的完善和提升,构建完备的城镇体系。二是利用中心城市的辐射带动,推动苏北、浙西南地区的发展,以此缩小区域经济差距。

(2) 经济运行协调。长三角城市群经济运行系统的协调有以下两条主要路径:一是通过差异性经济运行模式,提高城市群内部分工与合作效率[①]。这种差异性的形成既源于自然禀赋和区位因素的影响,同时也离不开地方政府的作用。上海市政府以政策创新为核心,通过建立现代企业制度,改革现有国有企业,开放资本市场等措施,促进了"上海模式"的形成。浙江以"温州模式"为代表,政府通过启动产业集群和引进外资的战略,改革传统的投资融资体制,发展民营特色经济等措施,促进了"温州模式"的形成。江苏以"苏南模式"为代表,政府通过发展特色乡镇企业,以建立园区经济为主要方式,带动外向型经济的发展,促进了"苏南模式"的形成。二是通过区域产业转移,实现对产业结构的动态调整。政府引导产业有序转移的主要措施包括:第一,推动跨省市合作的共建开发园区建设,并通过成立长三角园区共建联盟、长三角合作与发展共同促进基金,探索建立新型的管理体制和运行机制。第二,以产业转移专题组的形式,推动产业转移跨区域协调工作和专题研究。

(3) 社会组织协调。长三角城市群主要采用的是地方政府自主协调模式,即以市场为基础,从城市自身利益需求出发,以多层次的联合协调机构和协议为基本合作方式。该模式主要包括四个协调层次:第一层为决策层,由中央政府和沪苏浙两省一市高层领导组成。在中央层面,国务院制定了《关于进一步推进长江三角洲地区改革开放和经济社会发展的指导意

---

① 汪伟全.长三角"两省一市"发展模式的比较研究 [J].华东经济管理,2009 (3).

见》《长江三角洲地区区域规划》等政策文件，从全局的角度明确了长三角地区协调发展的目标、战略定位和总体布局。在长三角城市群内部，地方政府联合组建了党政主要领导人定期会晤制度，以轮流举办高层座谈会的形式，共同探讨城市群发展中的重大决策问题和合作方案。第二层为协调层，即沪苏浙经济合作与发展座谈会。该会由两省一市常务副省（市）长共同主持，先后确定了交通、旅游、信息、环保、天然气、人力资源、信用体系、区域规划、自主创新及区域能源等重点合作专题。第三层为执行层，主要工作是落实决策层和协调层制定的各种规划和任务。具体包括沪苏浙重点合作专题组、长三角城市群经济协调会市长联席会议、长江三角洲16城市市长论坛等。第四层为局部区域合作，以行业协会与企业为主体的交流会议、论坛等[①]。

（4）公共设施协调。政府采取的主要措施有：一是联合制定一系列的公共设施建设专项规划和协议，成立了长三角道路运输一体化联席会议，保障长三角城市群区际公共设施建设的有序推进。二是以重大基础设施一体化建设为重点，提升交通、能源、水利、信息等基础设施的互联互通水平。在交通方面，结合长三角城市群总体空间布局，重点加强"九带"交通通道和综合枢纽建设，推动城市群内部3小时交通圈的初步形成。在信息方面，重点建设了企业信用和商务信息等资源共享与交换平台，开展了长三角地区无线宽带省际漫游、异地充值、查询等服务。三是加大了财政和金融的政策扶持力度，采用创业投资基金等方式引导社会资金加入。

（5）生态环境协调。政府采取的主要措施包括以下四个方面：一是重视环境保护规划和组织制度的建设。沪苏浙三地政府就长三角城市群环境保护工作签订了合作协议，成立了环境保护合作联席会议，并以环境合作专题的形式开展合作。二是加强环境信息共享平台的建设。已建成长三角城市群区域大气环境保护合作平台和城市空气质量统一发布系统。三是推动长三角城市群污染权交易，启动了太湖流域主要水污染物排污权有偿使用和交易试点，并逐步统一污水处理费和企业排污费征收标准。四是开展"绿色信贷"政策合作，加强企业环境行为信息评级，完善重点企业的环境

---

① 覃艳华，马争，梁士伦. 长三角一体化合作协调机制及其对珠三角的启示 [J]. 宏观经济管理，2009（5）.

行为信息公开工作。

二、珠三角城市群

珠江三角洲城市群包括广州、深圳、珠海、佛山、东莞、惠州、中山、江门、肇庆9个主要城市，新规划扩容汕尾、清远、云浮、河源、韶关5个城市，共14个城市所形成的珠三角城市群，大珠江三角洲地区另外再加上香港、澳门，是国家级三大城市群之一。

珠江三角洲城市群是亚太地区最具活力的经济区之一，它以广东70%的人口，创造着全省85%的GDP。是有全球影响力的先进制造业基地和现代服务业基地，南方地区对外开放的门户，我国参与经济全球化的主体区域，全国科技创新与技术研发基地，全国经济发展的重要引擎，辐射带动华南、华中和西南发展的龙头，是我国人口集聚最多、创新能力最强、综合实力最强的三大区域之一（另外两个是长三角、京津冀），有"南海明珠"之称。

2015年9月29日，珠三角国家自主创新示范区正式获得国务院批复同意。目标是把珠三角建设成为我国开放创新先行区、转型升级引领区、协同创新示范区、创新创业生态区，并打造成为国际一流的创新创业中心。2015年1月26日，世界银行发布的报告显示，珠江三角洲超越日本东京，成为世界人口最多和面积最大的城市群。珠三角9市携手港澳打造粤港澳大湾区，是继美国纽约湾区、美国旧金山湾区、日本东京湾区之后的世界第四大湾区，建成了世界级城市群。

2016年，珠三角9个城市共吸纳37.33万高校毕业生就业，其中到广州市就业的最多，有16.32万人；其次是深圳市，有7.51万人。广州居民人均可支配收入为50940.7元，居全省第一，其次为深圳48695元。

城市群形成的原因主要有如下几点：

（1）政府政策机遇。1978年实行改革开放以来，我国城镇化发展出现了新的契机，尤其是改革前沿的广东省，更是从中得到了空前的发展。改革开放先行一步的经济和政策优势对珠三角城市群的形成和发展具有重大意义。这种经济体制的改革与对外开放格局的初步形成，极大地吸引了全国的资金、人才、技术等生产要素在这里聚集，为珠三角城市群的形成铺平道路。

（2）行政区域规划优势。珠三角同属一个省管辖，在资源整合协调上明显优于长三角或京津冀地区，后两者由三省市管辖，整合协调相对较难。这一因素可以使得珠三角能够更好地在统一的规划与安排下整合各城市的资源，发挥各个城市的优势，相互分工合作，这能够使城市群进行良性循环。

（3）地缘优势。珠三角区位优势十分明显：珠三角毗邻港澳，且改革开放初期正逢港澳产业结构升级换代，需要依托大陆转移其成本日渐高昂的轻型产品加工制造业，于是大量资金流入珠三角城市；面临南海，与东南亚隔海相望，越过海洋能与整个世界连接在一起。

（4）具备极大包容性的文化。岭南文化毫不排斥地接受来自五湖四海的投资者、企业家和各方面的人才，也填补了本土很多资源的不足。综观珠三角的发展历程，外来人员所做的贡献是巨大的，帮助珠三角形成世界级的城市群，以后他们还将发挥更大的作用。

（5）足够的资金流入。珠三角是我国著名的侨乡，港澳同胞、海外侨胞最多，与海外有天然便利的人文联系。在珠三角吸引的外资中，港澳和侨资占绝大部分，这对珠三角外向型经济发展起了主导作用。

1994年，广东省委七届三次全会明确提出建设珠江三角洲经济区的设想，由此开始了推动珠三角城市群协调发展的长期探索。目前，珠三角城市群范围包括广州、深圳、珠海、佛山、江门、东莞、中山、惠州市和肇庆市9市。珠三角城市群也是我国协调发展水平较高的城市群之一，形成了自身的协调发展特点，其珠三角城市群协调发展模式包括：

（1）社会组织协调和空间发展协调。珠三角城市群采用了省政府引导下的空间布局与地方政府分权管治相结合的模式。其特点包括：一是省政府以总体规划为主要手段引导城市群协调发展。其中具有阶段性意义的城市群规划有两个：一方面，2005年制定的《珠江三角洲城镇群协调发展规划》（以下简称《规划》）。该《规划》明确了珠三角城市群"两主（广州、深圳）+一副（珠海）"的空间格局，初步确定了城市群中各城市的战略地位和战略部署。另一方面，2008年制定的《珠江三角洲地区改革发展规划纲要（2008~2020年）》。它进一步明确了珠三角城市群的协调发展方向和总体布局，成为未来珠三角城市群协调发展的总指导文件。在这一规划的引导下，广东省政府陆续出台了一系列指导意见和工作方案，并制定了基础设施、产业布局、城乡规划、公共服务、环境保护等一体化发展专项规划。二是空间布局与地方政府分权管治（地方政府分权管治是指在珠三角城市群整体发展规划下，通过较为自主和松散的形式来推动区域合作，如区域规划、联席会议，专项协议和政府部门之间的对接等方式）相结合。主要体现在以下三个方面：一是以广佛肇、深莞惠和珠中江三大经济圈为基本空间结构的圈内地方政府分权管治。通过经济圈内部联席会议制度，共同制定了合作框架协议或发展规划，并针对专项开展了重点合作。二是三大经济圈之间的地方政府分权管治。主要以跨区域合作协议和重点专项协议为主要形式推动三大经济圈之间的合作。三是城市内部行政区划的调整。具体表现为以撤市（县级）设区为手段的城市扩张。

（2）经济运行协调。珠三角城市群经济运行系统的协调路径可以归纳为以下两个方面：一是在珠三角城市群内部，以产业转移为路径推动要素跨区域自由流动，进而带动区域产业结构的升级与调整；二是在珠三角城市群外部，通过对外开放的多元化跨区域经贸合作带动珠三角城市群经济发展。其中，政府的作用主要体现在两个方面：一方面，引导产业有序转移，首先，政府出台一系列的产业转移配套政策，以建设产业转移园为主要方式推动产业有序转移，其政策内容涉及产业转移区域布局、园区目标责任考核、产业转移园建设指导意见以及推进产业转移工作指导意见等。其次，采用奖励政策和控制政策来促进产业有序转移。奖励政策主要表现为加强财政拨款和融资力度，降低产业转移园的工业用地价格、电价，以及行政事业性收费负担。同时，将产业转移工作列入政府业绩考核内容，以竞争方式择优扶持产业转移园，而控制政策主要体现在环境保护方面。要求产业转移园区严格执行环境评价制度，适当地提高产业转移的入园门槛。另一方面，努力降低珠三角城市群与港澳及东盟之间的贸易壁垒。主要是通过一系列的贸易协议来逐步减少双方之间的货物贸易关税和非关税壁垒，采用双边协商机制解决贸易争端，实现服务贸易的自由化。

（3）公共设施协调。以广佛肇、深莞惠、珠中江三大经济圈为基本空间结构，珠三角城市群重点采取了以下措施，推动公共设施建设一体化和基本公共服务均等化。第一，通过三大经济圈内部联席会议，制定本区域公共设施建设规划。通过设立珠三角公共服务一体化领导小组和珠三角交通一体化协调决策小组等机构，整合资源，协调跨区域利益冲突。第二，以交通一体化为重点，共同推进公共服务一体化建设。珠三角城市群现已启动城际轨道交通建设和广深沿江、广珠西线等高速公路建设，分步推进珠三角电信同城化和"三网融合"，积极开展以旅游合作为主要内容的资源整合。第三，在投融资方面，综合采用横向与纵向财政转移支付机制相结合的方式，设立省级融资平台，并以发行中期票据、信托（用）贷款等多种方式来筹集项目建设资金。

（4）生态环境协调。在这方面，政府采取的措施主要包括：一是按照主体功能区规划和本区域资源环境要求，实施分区控制；二是按产业转移区域布局规划，严格产业转移转入区域的环境准入，防止在产业转移过程中污染转移；三是以重点工程项目建设为基本合作形式，加强节能减排等重大工程的建设，以重大跨区域水污染和空气网络化监控为重点。在这一过程中，政府专门设立了专项工作组，负责珠三角城市内部规划的落实、监督和协调工作，并以区域性环境保护法规为手段，保障政策措施的实施。

三、长株潭城市群

长株潭城市群位于中国湖南省中东部，包括长沙、株洲、湘潭 3 市，是湖南省经济发展的核心增长极。长沙、株洲、湘潭 3 市沿湘江呈"品"字形分布，两两相距不足 20 公里，其结构紧凑。

2007 年，长株潭城市群获批为全国资源节约型和环境友好型社会建设综合配套改革试验区。长株潭城市群一体化是中部六省城市中全国城市群建设的先行者，被《南方周末》评价为"中国第一个自觉进行区域经济一体化实验的案例"。在行政区划与经济区域不协调之下，通过项目推动经济一体化，长株潭城市群为其他城市群做了榜样，致力于打造成为中部崛起的"引擎"之一，其协调发展具有以下特色：

（1）空间发展协调。政府按"一心双轴双带"的空间布局，对长株潭城市群进行了统筹规划。其中，"一心"是指长株潭三市交界的绿心地区。"双轴"是指长株东轴和长潭湘江发展轴。"双带"是指北部东西发展带和南部东西发展带，着重产业集聚发展，为长株潭城市群向周边地区辐射的区域。为了协调空间发展与生态环境之间的关系，政府对长株潭城市群进行了严格的主体功能区划分，并明确了长株潭城市群的区域性职能和地区性职能。另外,对控制开发的区域、城市建设用地的规模和发展方向、区域性及相邻城市间的重大基础设施布局等,实施强规管治。

(2) 经济运行协调。按空间发展协调系统和生态环境协调系统的需要,政府在协调长株潭城市群经济运行时,采取的模式是以园区为主要载体,以产业规模经济和经济集聚为主要路径,建设现代"两型"产业体系(指资源节约型、环境友好型产业体系)。在园区建设上,设立了"五区十八片"示范区,建立或正在建立的重要园区包括9个国家级开发区、1个国家生物产业基地、1个国家级科技产业园、45个省级开发区。在现代"两型"产业体系的建设上,重点引进先进制造业、高新技术产业和现代服务业。通过引进人才和技术创新战略,建立价格杠杆调节机制,组建跨区域投融资平台等措施为"两型"产业的发展提供了更优良的成长环境。

(3) 社会组织协调。长珠潭城市群采用的是省政府主导下的强组织管理模式。这种模式主要包括以下三个层面:第一层面,省级政府直接参与。长株潭城市群的整体规划、建设和管理均由省政府统一领导完成,具体工作的实施也是省政府指定相关主管部门承担,并由省政府部门负责协调城市群内部的各类规划。第二层面,部省联合推进。利用长株潭城市群"两型"社会建设试验区这一国家级平台,省政府加快了部省合作,先后与国土资源部、科技部、环保部、食品药品监管局、民政部、教育部、铁道部和国家工商总局等签署了合作协议。第三层面,各地方政府共同推进。长株潭三市政府以联席会议为平台,以专项合作协议为主要形式来推动地方合作。通过成立长株潭三市党政领导联席会议,三市地方政府在合作框架、工业、科技、环保等方面达成了多项专项协议。

(4) 公共设施协调。根据城市群经济运行和空间发展状况,湖南省政府提出了"交通同网、能源同体、信息同享、生态同建、环境同治"的"新五同"规划,以三市联席会议为沟通平台,以重大基础设施项目建设为主要方式,推动跨区域公共设施建设。在交通方面,已开通长株潭城际公交,开展了高速公路网、城市轨道交通、机场、铁路、港口航道等综合交通建设和低碳交通运输专项行动。在基础设施建设方面,政府加大了清洁能源和可再生能源的系统建设,并对跨区域供水系统、排水系统、城市垃圾处理系统和防洪系统的重点工程实施强制规划。在信息网络的建设方面,完成了同号并网升位工程,正式启动了"三网融合"试点,推动了信息同网工程、公共信息共同发布平台,以及跨区域空间动态管理信息系统等项目建设。

(5) 生态环境协调。政府除了在上述空间发展、产业结构、社会组织管理、公共设施建设等方面积极作为外,还在以下方面开展了生态环境协调工作:一是重视环境保护规划,加强环境保护体制机制改革建设。通过制定《长株潭城市群环境同治规划》和《长株潭城市群环境保护体制改革专项方案》等,逐步规范和建立决策、执行、监督统一的协调机制。二是完善环境同治考核机制和生态流域补偿机制。湖南省政府制定了环境同治目标责任考核办法,采用系列指标考核的方式来激发长株潭三市地方政府参与的积极性。拟将资源环境生态消耗计入绿色 GDP,逐步建立下游对上游水资源、水环境保护的补偿和上游对下游超标排污或环境责任事故赔偿的双向责任机制[①]。三是强化行政手段,以此保障政策的实施。对自然保护区、退耕还林(草)地区等限制开发区域实施强制规划和管治。成立省环保局监察总队直属支队,专事长株潭城市群环境执法。

第二章 中国特色小城镇案例剖析

一、第一产业为基础的特色小镇

(一)江南药小镇

磐安是"中国药材之乡"。磐安将按照"一心两带多点"的规划思路,

---

① 陈群元,喻定权. 长株潭城市群一体化模式构建探索[J]. 国土与自然资源研究,2012(1).

实施中药材种植基地建设、中药材精深加工、中药材市场商贸流通、旅游保健、商贸服务、休闲养生及配套基础设施7大类项目,目标把江南药镇打造成为"药材天地、医疗高地、养生福地和旅游胜地"。

江南药镇所在的金华市磐安县,地处浙江中部,素有"群山之祖、诸水之源"美称,是浙江省钱塘江、曹娥江、瓯江、灵江四大水系的主要发源地之一。全县面积1196平方公里,森林覆盖率高达75.4%,空气质量常年保持国家一级,全县98%的河流水质达到国家一类标准,环境质量排名居全省首位。

它是1983年才设的全省"最年轻"山区县,却因为土地资源有限、交通区位不便、人口与经济总量低等原因,长期被列入"欠发达地区"。1983年全县生产总值仅为5331万元,财政总收入330万元,农民人均纯收入124元。早在1995年,磐安就开展了国家级生态示范区建设试点;20世纪90年代末,提出了"生态富县"战略;2000年,被命名为首批国家级生态示范区。

2004年,提出"生态立县、工业强县、旅居兴县"三大战略;2010年,通过了国家生态县验收;2011年,提出通过几年努力争创"国家生态文明示范县"的新目标。直到2015年,浙江省明确不再考核26个欠发达县的GDP总量,转而着力考核生态保护、居民增收等方面,磐安县才正式摘掉欠发达地区的"帽子"。

"摘帽快跑"是每一个磐安人的共识。但快步跑向何方?却是摆在磐安人面前的难题。作为全县建设基础最好、对外交通便利的乡镇,新渥镇肩负着全县跨越发展的重任,一度被定位为县城工业建设的主战场,规划了大量工业工地。

恰值此时,浙江省提出创建特色小镇的工作思路,聚焦"七大产业和历史经典产业""根据自身优势找准定位","坚持产业、文化、旅游'三位一体'和生产、生活、生态融合发展"一系列创新提法适时点醒了磐安人:坚持"生态立县"30年的磐安,不能再选择工业发展的老路。在冷静分析新渥镇区域竞争优势之后,"江南药镇"的发展方向呼之欲出。

1. 江南药镇的产业基础

磐安是"中国药材之乡",全县境内有药用植物1219种,种类数量占全省68%,同时也是全省最大的中药材主产区。汉代医学家张仲景《伤寒杂病论》中记载了"浙八味",其中白术、元胡、浙贝母、玄参、白芍这五味地道药材就盛产于磐安。县域内的大盘山国家级自然保护区,拥有大量珍稀濒危的药用植物、地道中药材种植资源,是目前全国唯一一处以药用植物种质资源为主要保护对象的自然保护区。

新渥镇距磐安县城18公里,古名灵山,种植药材面积超过2万亩,每年中药材产量有1万余吨,产值达到4.8亿元,占全县农业总产值的近35%。全镇80%的人口从事药材产业,拥有药材生产专业村5个,种植大户450户,相关行业人数超过1万人,可谓"户户种药材,村村闻药香"。

新渥镇基于种植优势,逐渐发展形成中药材产业。1982年,中药材种植户自发聚集在新渥镇新渥村的露天市场,形成了药材种子市场的雏形;1985年,磐安第一个农副产品专业市场——新渥中药材市场,在新渥镇大会堂开设;1987年,根据市场交易需要,由宅口村提供12.5亩土地,工商部门筹资76万元,与宅口村合资兴建了第二代新渥中药材市场。全镇800多人长期从事中药材的购销行业,在亳州、安国、成都等著名药市设经销站的有70多家,平时亦农亦商的购销户达3000多户。

2007年,浙八味特产市场·磐安中国药材城作为第三代中药材市场开工建设,市场距县城车程15分钟,距诸永高速公路出口车程仅5分钟,建筑面积28万平方米,总投资7.5亿元,是长三角地区硬件设施最好、交易面积最大的大型中药材集散地,也是全国硬件设施最好的中药材专业市场、浙江省第二批现代服务业集聚示范区。2015年实现交易额15.5亿元,产品销往四川、广东、广西、河南、云南、安徽多地,许多药材还直接出口到韩国、日本等国,最高日成交额达到120余万元,带动全镇人均纯收入超过1万元。

2. 传统产业的优势升级

培育"特而强"的主导产业是特色小镇建设的第一要务。相比农作物种植,中药材的质量标准不统一、市场需求量有限、价格波动较大。为了助力中药材产业壮大升级,江南药镇举全县之力,多管齐下,开展了如下工作:

(1) 积极创建地方品牌。2003年,磐安白术、元胡、浙贝母、玄参、白芍、天麻、玉竹等品种获原产地标记认证;2006年,磐安白术、元胡、浙贝母、玄参、白芍获证明商标注册;2011年《磐五味生产加工技艺》被列入浙江省非物质文化遗产；2014年注册了"浙八味"商品商标、服务商标22个。

（2）自建、合建种植示范基地。示范基地能够有效提高中药材良种覆盖率，全县出台了规模化种植补贴政策，自建有浙贝1号、浙胡1号、浙芍1号种苗基地3000多亩，浙贝母优质高产高效示范基地1000亩，浙贝母标准化示范基地被列为浙江省重点农业标准化实施示范项目和国家农业标准化示范区二类项目，并由多家大型药品生产企业投资建立GAP（中药材生产规范）基地。

（3）加强中药材质量管控。磐安的中药材产业协会为当地的"磐五味"量身打造了《磐五味中药材》联盟标准，22家中药材联盟企业提出并共同遵循，希望借此推动当地乃至全国中药材质量安全的规范。同时，在浙八味特产市场设立中药材检测中心、浙江中药材预警信息平台，并对交易的中药材质量进行监管。2016年全镇投入300万元建成4处无硫加工点，确保药材品质纯正。

（4）采集发布"浙八味"中药材价格指数。浙八味特产市场的浙贝母销量占到全国的2/3以上，元胡销量为全国之最，因此成为全国十七大药市的"晴雨表"。2013年起，政府与成都天地网科技有限公司合作，成立了磐安天地网科技有限公司，每天有2名采集员采集浙八味特产市场上的中药材价格，利用价格模型分析，每半个月发布一次中药材价格指数，供药农和药商参考。

（5）开发药膳等下游产品。2014年成立浙江求是药膳科学研究院，集聚了浙江大学、浙江中医药大学的专家以及国家特二级烹饪师，基于地道药材研究开发药膳菜品。同年，由磐安药膳馆承办浙江省首届药膳烹饪大赛，2015年在电商平台推出了"盘安药膳膳食滋养包"。

此外，小镇还筹建中药材冷藏库和中药材种植大棚，用以减小季节、气候对中药材储存和产量的影响，稳定交易价格；全镇推行浙贝母与蔬菜设施轮作栽培示范园，通过套种、轮作，提高药农收入；连续承办中国中药协会、医药保健品进出口商会举办的全国中药材交易博览会，提高江南药镇的行业知名度；与农业局所属的中药材研究所合作，不断研发中药材种植的新品种和新技术；成立电子商务交易平台，建设江南药镇电子商务园区，拓展互联网营销渠道。

3. 项目带动城镇发展

江南药镇规划面积3.9平方公里，其中核心区面积2000亩，建设用地1500亩。近期建设用地面积393公顷，其中主要建设区用地面积132公顷。按照"一心两带多点"的规划思路，实施中药材种植基地建设、中药材精深加工、中药材市场商贸流通、旅游保健、商贸服务、休闲养生及配套基础设施7大类32个项目，总投资达76.7亿元。

江南药镇分为三大功能区：一是结合浙八味市场，通过药文化园、养生博览馆、中医药文化特色街区、中医院、康体养生园的建设打造江南药镇的核心区，作为药镇对外服务的主体部分；二是主题展示区，包括中医药主题公园、百草园，以中药材的种植和展示功能为主；三是以中医药产业园建设为代表的产业区。2017年江南药镇产值达到22亿元，税收3.2亿元，旅游人数300万人。

江南药镇以浙八味特产市场作为核心区域，结合用地现状，规划形成"一城四区"的空间发展架构，"四区"即指中药材交易区、科技信息区、综合服务区和药文化展示区。目前市场一期的900余个摊位已不能满足交易需求，二期的B区和C区正在紧张施工中，并将配建酒店等服务设施，完工后，经营面积和市场功能都将进一步完善。

截至2015年底，药镇已开发建设面积112公顷，完成固定资产投资（不包括商品住宅和商业综合体项目）10.05亿元，吸引120家企业、990个个体工商户、20多个创业团队入驻。目前江南药镇的发展已经初见成效，其中，中医药产业园正在加快推进土地平整，园内大晟药业、丰源实业等企业正在加快建设，一方制药已完成土地挂牌和项目前期；药文化园北区正在招商洽谈中，南区已经启动建设，第一期投资2000万元；中药材特色产业服务业营业收入已经突破5亿元。

同时，百中医药养生园、养生博览馆、中医药文化特色街区、百草园等项目都在积极招商中，逐步将药镇的功能从简单的种植、生产、销售衍生至旅游服务、医疗保健、养生研发等多个层面。

江南药镇的建设也拉动了新渥镇的镇区发展。江南药镇紧邻新渥镇政府所在地，并通过市场北路、灵山路等道路建设，小镇核心区和新渥镇镇区紧密联系在了一起。为配合江南药镇建设，新渥镇投入3000万元资金完成了新兴街、城里街的改造，同时，大量融入药文化元素，建设药文化景观公园 6 处，以此提升集镇整体特色品位。

以新 42 省道建成通车为契机，镇区内道路框架得到拓展，道路沿线的管网、防洪堤等配套项目建设加速，总部经济大楼及绿地公园推动了核心商务区块建设，商场、超市、银行等功能配套得到完善，滨水商住项目、磐安工艺美术博览城等重点项目启动，新老城区及区块内部的融合加快。近期，新渥镇计划以"江南药镇"总体规划为引领，完善提升各项控规和专项规划，把全镇打造成为"药材天地、医疗高地、养生福地、旅游胜地"。

（二）远洋渔业小镇

项目位置：浙江省舟山市。2016 年 1 月，定海远洋渔业小镇作为健康产业类特色小镇入围浙江省公布的第二批 42 个省级特色小镇。

1. 项目背景

2015 年 4 月，农业部批准设立全国唯一的国家级远洋渔业基地——舟山国家远洋渔业基地，该基地位于定海北部干览镇，距离市中心约 16 公里，主干道与舟山跨海大桥连接，交通便利。全市共有远洋渔船 450 余艘，该基地远洋水产品捕捞量占全国的 22%，其中鱿鱼占全国的 70%，已有水产品精深加工企业 40 余家，产业基础扎实。同时，已形成远洋捕捞—海上运输—水产精深加工—冷链物流—水产交易、销售、服务等全产业链的远洋渔业发展体系。定海远洋渔业小镇位于该基地内，将大力发展海洋健康制造业，积极培育远洋渔业的总部服务经济和文化休闲经济功能。

2. 项目区位

定海远洋渔业小镇位于舟山市定海区北部的干览镇境内，毗邻定海西码头渔港，距离定海中心城区 16 公里，距离舟山市政府所在地——临城新区 19 公里。

舟山是我国远洋渔业起步最早、最为发达的地区之一。定海西码头渔港具有"百年渔港"的传承历史，自古就是舟山本岛北部政治、经济、文化、交通和贸易中心，被称为舟山的北大门，其人文底蕴深厚，是舟山和浙江渔业振兴史的缩影。

3. 原有基础

舟山渔场是中国最大的渔场，也是我国最大的鱿鱼生产、加工和集散基地。舟山远洋渔船占全国的 20%，远洋经济总量占全国的 70%，舟山鱿鱼加工市场年加工量达 15 万吨以上。

4. 区位优势

舟山群岛新区地处我国东部沿海，区位条件独特，位于长江入海口，面向太平洋，是长江流域走向世界的海上门户和通道，海陆空交通便捷，背靠"长三角经济圈"的特大型国际大都市群。民间资源充足、经济发达、消费市场庞大，是浙江海洋资源的聚集区和全国海洋渔业发展的重点地区。

5. 产业基础

舟山渔业历史悠久、渔业文化浓郁，孕育了雄厚的渔业产业基础。舟山现有的远洋渔业资格企业 30 家，远洋从业人员 1.2 万余人，远洋渔船 450 余艘，占全国远洋渔船总量的 1/5。舟山远洋产品回运量接近 100%，高于全国 40 个百分点，占全国远洋产品回运量的 40% 左右，为国家远洋渔业基地建设提供了基础支撑。

作为我国最大的鱿鱼生产、加工和集散基地，舟山鱿鱼生产渔船数、生产量和产值分别占全国总量的 75%、71.9% 和 70.6%。舟山展茅鱿鱼批发市场是目前全国最大的鱿鱼干制品市场，长期从事干制品加工的商户近百家，年加工量 15 万吨以上。

6. 产业链支撑

在舟山远洋渔业的带动下，水产品加工、海上运输、船舶修造、机电设备、金融服务、石油化工、渔需物资补给等多项产业联动发展。一个集远洋水产品装卸、仓储、交易、加工、物流等综合服务于一身，一二三产业联动发展的现代化远洋渔业集聚区已初现雏形。

7. 项目内容

小镇规划面积 3.18 平方公里，建设用地 1894 亩，将围绕"海洋健康制造"主题积极引进战略运营商，重点发展集科研、生产、综合物流于一身的海洋健康食品、新型海洋保健品、远洋生物医药等海洋健康产业，同时深度挖掘远洋航运、远洋生物、远洋风情、远洋捕捞、加工等远洋文化内涵，大力发展主题类海洋文化旅游业，着力打造健康人居社区。

8. 项目概况

定海远洋渔业小镇规划面积约 3.18 平方公里，其中建设用地面积约

1.26平方公里。根据远洋渔业小镇的总体功能定位和产业发展导向，结合小镇的基础现状，小镇规划形成了"一核五区"的功能布局结构。

一核是指远洋渔都风情湾区，即"小镇客厅"。"小镇客厅"位于远洋小镇的中部，总面积约43公顷，规划构建"远洋渔都风情湾区"，集中布置以地标性建筑、大型公共建筑和特色街区等为主的建筑空间类型，营造富有渔港风情气息的小镇空间形态。五区是指远洋健康产品加工区、健康产品物流区、生活配套区、健康休闲体验区和综合保障区五类功能区。

定海远洋渔业小镇规划期内计划共新（扩）建项目12个，包括9个产业项目和3个基础设施配套项目，总投资52.58亿元，至2015年底已完成13亿元的投资额；到2017年底，预计可实现年产值60亿元，产生年税收收入1亿元以上，集聚中高级人才100人以上，提供就业岗位6000人左右，年旅游人次30万人以上。

9. 发展理念

定海远洋渔业小镇立足"远洋渔业"和"渔文化"的地域特色，抓住舟山国家远洋渔业基地建设的契机，遵循浙江省特色小镇倡导的"产、城、人、文"四位一体的发展理念。

重点打造集科研、生产、综合物流于一身的海洋健康食品、新型海洋保健品、远洋生物医药等海洋健康产业。

采用"海洋健康产业+"的创新发展模式，促进健康产业与新经济模式的充分"嫁接、契合、互融"，积极推动创意、文化、旅游、电子商务等新兴业态发展，构建形成多链条、高融合的新型产业生态圈。

10. 发展优势

定海远洋渔业小镇具有以下五个方面的发展优势：

一是舟山远洋渔业全国领先，具备发展远洋健康食品产业的坚实基础。

二是远洋渔业前景广阔，舟山拥有全国唯一的国家远洋渔业基地。

三是岸线腹地资源极佳，定海西码头区域远洋渔业基地建设初步成型。

四是百年渔港历史传承，定海西码头渔港人文底蕴深厚。

五是各级领导高度重视，省市政府全力支持远洋渔业基地建设。

11. 发展前景

定海远洋渔业小镇的发展：

有利于更高品质地打造舟山国家远洋渔业基地，成为浙江海洋经济发展新的增长点；

有利于完善浙江省健康产业体系建设，成为浙江健康产业发展示范区与产业基地；

有利于海岛文化传承和高端要素集聚，成为浙江舟山群岛新区的形象展示窗口；

更有利于优化浙江舟山群岛新区城乡空间格局，成为浙江"产城融合"的典范区。

12. 目标愿景

定海远洋渔业小镇未来将大力发展以"海洋健康食品和海洋生物医药研发制造"为主的海洋健康制造业，积极培育远洋渔业的总部服务经济和文化休闲经济功能，围绕"海洋健康制造"主题积极引进战略运营商，不断改善和塑造远洋渔业小镇的软硬件环境，建成"一港、一湾、一基地"的目标愿景。

以AAA级旅游景区建设为载体的定海远洋渔业小镇，将给舟山的滨海旅游贴上新标签——渔都健康休闲游。干览镇澜港大道沿线两侧和西码头中心渔港沿港核心段将打造一个"小镇客厅"，即远洋渔都风情湾区。

这个集观光、休闲、娱乐、餐饮、旅游等综合性文化休闲功能于一身的渔人广场健康休闲中心，将满足你对渔都健康休闲旅游的所有畅想。海洋健康食品休闲美食街、海洋主题酒店、渔人俱乐部、海洋风情商业街，所有的一切都与海相关；所有的一切都能让你淋漓尽致地感受海的味道。舟山锣鼓、渔民号子、灯会，这些舟山传统的文化节目也将在后期设置的节庆活动上有所展现；渔村传统历史风貌、百年渔港传统面貌、近岸渔船景观，这些原汁原味的海岛风情，你都能感受得到；你还能亲身体验海鲜美食的制作乐趣。

13. 产业投资

定海远洋渔业小镇已经引进中国水产舟山海洋渔业公司总投资10亿元的深海鱿鱼健康食品加工项目和中农发远洋渔业基地项目，并引进了浙江兴业集团公司总投资5亿元的深海鱼油加工项目。

按照"三年初见成效"的总体安排，定海将坚持政府引导、企业主体、市场化运作的原则，进一步强化规划引导、产业培育和要素保障，加快和督促特色小镇项目推进，积极打造一个产业特色明显、地方文化独特、生态环境优美、"产、城、人"三位一体的省内唯一的远洋渔业健康产业小镇，使之成为长三角地区乃至全国海洋健康产业的新样板、新典范。

14. 支持政策

注册便利化可以推进企业全程电子化登记工作，实现网上申请、受理、审核、反馈（含短信）等功能的"一条龙"在线服务，并在定海远洋渔业小镇实行集群注册、一址多照、工位注册等政策。入驻企业申请取冠省名的，注册资本（金）从1000万元降低至500万元（法律法规另有规定的除外）；取消原冠市名的实业、投资类、房地产、建筑类企业最低注册资本要求；取消原冠"浙江舟山群岛新区""国际"字样名称最低注册资本要求。

帮助制定定海远洋渔业小镇品牌发展规划，在驰（著）名商标、商标品牌示范乡镇、商标品牌示范企业、"浙江制造"品牌、政府质量奖、省市名牌产品培育、守合同重信用等推荐上给予政策倾斜；发挥专业技术优势，主动服务海洋生物医药、健康养生、水产精深加工等重点项目发展，重点对入驻定海远洋渔业小镇的海洋食品、海洋生物医药及保健产品项目予以支持。

国务院《关于浙江舟山群岛新区发展规划的批复》《关于促进海洋渔业持续健康发展的若干意见》以及《浙江海洋经济发展示范区规划》《全国渔业发展第十二个五年规划》和《舟山市"十二五"渔业规划》等十四项文件的出台，对建设舟山国家远洋渔业基地提出了国家产业发展战略和国际关系层面上的要求。

（三）热河草莓公社小镇

热河草莓公社小镇位于承德市隆化县茅荆坝国家森林公园、七家森林温泉休闲旅游区；距离承德、赤峰均是1小时车程，距离北京2~3小时车程，位于北京坝上草原出游黄金游线上。

隆化县政府在打造茅荆坝七家森林温泉旅游区的基础上，以草莓元素为主题，以西道村草莓产业为依托，全力打造集"生态农业、温泉养生、草莓采摘、特色餐饮、田园风光、民俗展演、民宿体验"于一身的充满欧陆风情的旅游目的地，以及打造"热河草莓公社"民宿品牌。草莓公社成为隆化县以休闲农业、创意农业引领的"第一、第三产业"融合发展，实现了"生态美与百姓富"的新型发展模式示范点。

案例篇——新型城镇化探索成功案例

草莓公社小镇依托周边千亩四季草莓大棚、草莓产业基础，通过风雨廊桥、稻田栈道、百亩花海、草莓风车、水上乐园、草莓广场等项目、景观小品的建设营造整体的自然、生态环境。为了草莓公社整体环境的营造，隆化县政府改善水、电、路、灯基础设施，实现了美化、绿化、亮化，提高了公共服务水平，提升了群众生活品质；投资700万元，按照特色民宿接待的规格和标准进行规划设计，将12家别墅型农户客房改造成草莓主题、欧陆风情的特色民宿。

铺设完成4000平方米的村内道路；修建1000平方米停车场1处；修建拦河坝3道、游客接待中心1处、景观廊桥1座、风车景观4架、观景台3处；栽植金丝小柳树木500余棵；建玫瑰园1处、村民广场1处、儿童戏水池1处、露天舞台1座、烧烤乐园1处；供水排污设施可解决1500口人的生活用水，日处理污水70吨。草莓公社的基础设施、景观绿化、景观小品、服务设施、田园景观等整体休闲旅游环境基本打造成型。

草莓餐厅内果香阵阵，草莓风车旁溪水潺潺，草莓民宿里新颖雅致，草莓广场上音乐悠扬；还有风雨廊桥、稻田栈道、草莓风车、水上乐园等设施提供观光、休闲娱乐体验；草莓公社基本具备开展特色民宿需要的食、住、行、游、购、娱等旅游接待服务能力，日可接待800多人。热河草莓公社自2015年5月开业以来，逐渐成为都市自驾游、背包客踏青寻幽的休闲旅游目的地。

草莓公社小镇的建筑风格是以草莓元素为主题，以欧陆建筑风格为特色进行农户住房改造，包括农户住房外立面改造、庭院营造、室内装修设计，提供草莓主题、欧陆风情特色住宿体验。在建筑及景观小品的营造过程中，草莓公社坚持融入特色文化主题元素，在草莓公社里，草莓元素无处不在，从廊桥、路灯、舞台到卡通雕塑、产品标识、餐饮用品，无不融入了鲜明的草莓文化元素。

小镇依托千亩四季草莓种植产业，通过民宿打造，植入草莓采摘、花海田园观光、特色餐饮、农事体验、滨水娱乐、民宿体验、民俗表演、森林温泉、旅游商品等业态内容，整合草莓产业链，打造草莓文化旅游创意品牌，形成以草莓种植和深加工为主体，拉动特色餐饮和体验民宿产业发展，成为深度开发农业资源、调整农业结构、增加农民收入的成功尝试，实现休闲农业与乡村旅游的融合互促。

村民转变了经营模式,由过去单纯地卖草莓挣点小钱的"小农意识"和"一间房、一个院、一顿饭"的传统农家乐经营模式,实现了传统农村朴素生活与新农村现代化生活品位的有机融合,四季草莓种植基地、草莓创意工坊、草莓庄园、草莓音乐广场、玫瑰园、演艺广场等现代旅游业态在这里汇集。

特色餐饮:乡村特色餐饮,以草莓公社菜园为原材料供应。

游乐体验:游客在草莓公社可以体验草莓采摘、草莓创意工坊体验草莓产品DIY、草莓庄园、草莓音乐广场、玫瑰园、百亩花海、欢乐稻田、露营地等娱乐体验项目。

旅游商品:草莓公社大力引进草莓运输、包装、深加工项目,延长下游产业链条,提高附加值;打造伴手礼店,售卖草莓蛋糕、草莓甜品、草莓饮品、草莓酒、草莓宴等草莓主题高附加值的旅游商品。

二、第二产业为基础的特色小镇

(一) 青瓷小镇

1. 小镇面临的挑战

(1) 产业链的缺失。生产模式基本以家庭作坊为主,小型工厂为辅,自产、自销,缺乏专业细分和合理的产业结构,例如缺少工业设计、产品包装和销售渠道,导致产品形式单一、产品价值不能得到真实的体现,同时同质化竞争影响经济效益的同时反过来影响产业发展。

(2) 公共服务平台缺失,不利于产业规划和发展。人才、技术、信息、融资、管理等公共服务平台缺失,生活配套、产业配套缺乏,并没有形成产业运营环境和服务体系。

(3) 旅游现状。景点布置分散、缺乏规划和线路组织,不利于景点的展示和旅游流线的打造。

缺乏旅游服务的支撑,单一的披云山庄无法完全满足游客不同层次、不同规模的接待要求。另外,工业遗迹闲置、破败,造成资源浪费。

2. 项目发展条件

(1) 区位条件。龙泉市位于浙江省西南部浙闽赣边境,东临温州经济开发区，西接福建武夷山风景旅游区，是著名的青瓷之都。上垟位于龙泉市西部，距市区36公里，龙浦高速、53省道穿境而过。

(2) 生态资源。上垟镇被誉为"浙江林海""毛竹之乡""香菇之地"，森林覆盖率近80%，空气中负氧离子含量高，被誉为"华东氧吧"。上垟凭借丰富的林木资源和优越的生态条件，被国家环保部认定为"全国生态镇"，而优越的自然生态环境、独特的山水资源也为发展青瓷小镇提供了生态土壤。

(3) 历史文化资源。上垟是现代龙泉青瓷的发祥地，素有"青瓷之都"的称号，现镇内仍留有大量原龙泉国营瓷厂工业遗址，包括工业大厂房、办公楼、会堂、大烟囱、青瓷研究所、职工宿舍等。此外，李记、曾记、张记等老字号青瓷作坊也都被完整保护下来，其中上垟曾芹记古窑址是目前龙泉连续烧制时间最长的龙窑。

(4) 旅游条件资源。为了打响龙泉市"山水天堂"生态旅游品牌和"中国青瓷小镇"文化旅游品牌，项目以上垟镇为中心，与国家级自然保护区龙泉山、国家AAAAA级旅游景区千岛湖和雁荡山以及世界自然与文化遗产武夷山对接，构建"两小时旅游圈"。

(5) 民俗文化资源。上垟镇长期以来形成了淳朴自然的民俗民风，其中反映饮食文化的有老鼠爪、槎儿冻等，反映民间习俗的有捣黄果、揉麻糍、做豆腐、采香菇等，以及反映传统工艺的民间青瓷制作等。淳朴自然的民俗民风赋予了上垟镇"青山、碧水、古窑"更多的生活意义，集中反映了上垟镇舒适、自然、和谐的生活方式和生活氛围。

(6) 瓷器资源。上垟镇是闻名中外的龙泉青瓷主产地，凭着优越的自然条件和丰富的瓷土资源及传统制瓷工艺，原龙泉瓷器总厂、一厂、三厂、五厂都设在镇内，素有"青瓷之都"之称。现镇内个体青瓷作坊发展迅速，镇内有个体瓷厂30多家，正所谓"瓷窑林立，烟火相望"。上垟镇瓷土资源丰富，已探明的瓷土矿储藏量达2000多万吨，上垟因此成为龙泉青瓷最主要的生产区域。

3. 发展定位

项目以青瓷文化为品牌，以休闲养生为核心，以龙泉青瓷非遗传承基地为平台，打造集文化传承、文博展示、学习交流、创作教学、收藏鉴赏、旅游观光等功能于一身的瓷文化旅游观光小镇，延续技艺传承和生产组织传统方式的家庭小作坊，打造具有国际影响力的中国青瓷小镇。

4. 空间布局

项目立足于独特的山水自然景观和田园风光，形成总体为"一核心，三组团"的空间布局结构。"一核心"是指项目的核心景区，"三组团"是指项目的入口及旅游配套区、城镇配套区及周围的村落。

5. 项目规划

（1）总体规划。项目沿着八都溪展开，规划项目包括：古民居、田园风光、青瓷文化广场、商业风情街、度假酒店、青艺坊、冠云青居、瓷人坊、青瓷民俗公园等。

（2）重点项目规划。青瓷文化广场。青瓷文化广场作为小镇主出入口的形象展示，集旅游展示、游客服务和停车换乘于一身。商业风情街。商业风情街集餐饮、旅游、购物和休闲于一身，作为整个景区的配套，业态以特色餐饮、茶吧、咖啡吧等为主，兼顾青瓷产品的销售，推出"青瓷茶具+龙泉金观音茶+青瓷雅乐"特色产品。度假酒店。度假酒店与山水环境相结合，突出生态、文化、健康养生三大理念，建筑采用庭院式的布局和中式的设计元素，融山景、水景于酒店景观中。青艺坊。青艺坊集生产、创作和生活主题于一身，打造独具特色的名师生产创作基地。冠云青居。冠云青居通过节庆日定期邀请的形式开展交流和现场技艺展示活动，游客在其中既能近距离欣赏大师精湛的技艺，感受大师深厚的人文修养，同时还可以与大师同期制作，以增强体验感。瓷人坊。瓷人坊是集生活、生产和经营于一身的新式作坊，是民间艺人聚居的街区，游客可以参观制作工艺和流程，并定制购买艺术作品，以增强体验感。

6. 活动策划

小镇作为龙泉青瓷宝剑节重要的分会场之一，根据自身定位、整合资源优势，打造五大品牌活动：

（1）开窑节。恢复传统的祭窑盛典，成为景区一大特色节庆。出窑部分大师级的青瓷艺术作品，并在开窑节上进行展示和拍卖，打响小镇在艺术界的影响力；建立青瓷艺术基金，用于青瓷创作及慈善的投资基金。

（2）青瓷艺人技能比拼大赛。寻找当地民间青瓷艺人，定期举办技能大赛，如初坯成型、装饰精修、上釉、入窑烧等比拼活动，比拼结果均由青瓷大师评分和当月游客投票共同决定。

(3) 青瓷艺术双年展。活动内容包括青瓷艺术品展示、文化创作交流、学术研讨等，成为世界青瓷艺术的殿堂。

(4) 大师绝活秀。定期邀请一位大师来小镇景区表演，同时可使游客与大师一起来制作，增加游览体验性。

(5) 青瓷寻宝。设计景区青瓷寻宝地图，参与者借助地图，将每个找到的青瓷制品拼成成品，对获得佳绩的团队给予奖励，以培养团队凝聚力。

7. 项目思路

项目通过外在物质环境的保护与街巷功能的再生和重构，发展传统手工艺，恢复原有青瓷作坊、水碓，积极地开展传统商业活动，将特色小镇的风貌特征、传统文脉、文化内涵嫁接到新时期的城镇社会经济基础上，以"青瓷文化"为主题，将青瓷一条街和源底古村、木岱口村进行有机融合，从而使其获得新的发展动力，也使上垟成为青瓷产业的集聚区、龙泉青瓷文化的体验区和休闲旅游的度假区。

（二）黄岩智能模具小镇

1. 项目概况

项目地处浙江台州市黄岩区，黄岩素有"中国模具之乡"的美誉，模具产业作为黄岩区的优势产业之一，至今已有近60年的发展历史。项目规划总面积约3.47平方公里，建设用地1500亩，总投资55亿元。

2. 项目优势

(1) 区位交通优势。项目临近甬台温高速公路、铁路，紧挨104国道、82省道，台州机场、海门港为小镇发展架起了通往各地的空中和海上通道。通过北院大道可直接到达甬台温高速公路出入口，通过世纪大道可向东与黄岩主城区及椒江区联系。

(2) 政策优势。浙江省"加快建设特色小镇"及台州市打造"一都三城"的决策部署，都为黄岩区打造智能模具小镇提供了优惠、便利的体制政策环境。黄岩区委、区政府历来重视民营经济发展，积极推动模具产业转型升级，长期以来一直对模具产业予以政策倾斜，每年安排3500万元资金用于扶持模具行业的企业发展，占区本级转型升级专项资金的55%，这些都极大地促进了黄岩模具产业的发展壮大。

(3) 产业集聚优势。项目范围内已集聚了30家规模以上模具生产企业，从塑料件测绘、材料供应，到模具设计、造型、编程，再到粗细加工、热处理、试模，各类专业加工服务一应俱全，极大地降低了模具制作成本和加工周期，为模具接单创造了有利条件。同时，还计划从日本、中国台湾引入3~5家国际知名大型模具企业入驻，直接投资设立生产基地，作为模具产业发展的标杆。

（4）配套服务优势。为推动模具产业的快速发展，黄岩区成功开发建设了中国（黄岩）国际模具博览城、黄岩区模塑工业设计基地，致力于打造模塑产业展示交易平台和模塑工业设计公共服务平台。这些为小镇中的模具企业提供了市场交易、工业设计、科技研发等生产性服务，有利于延伸产业链，降低生产成本，提升市场竞争力，推动产业集群的快速发展。

（5）技术装备优势。目前模具小镇已入驻企业的生产自动化和信息化水平较高，各种现代制造技术、高性能加工中心、网络系统等都在企业中得到广泛应用，模具设计和制造环节全部实现数字化，其设备基本实现数控化。同时，不少企业的模具研发水平在国内处于领先地位，获得多项国家级新产品、国际水平模具权威评定，具有较强的竞争力。

（6）自然人文优势。模具小镇西倚群山，河网密布，邻近定位为高品位综合休闲社区的百丈高地及省级划岩山风景名胜区，西南侧有万亩柑橘观光园，自然生态环境优越。新前街道素有"武术之乡"美誉，新前采茶舞列入浙江省非物质文化遗产保护名录，乡土文化源远流长，具备发展文化休闲旅游的良好条件。

3. 问题评估

（1）产业转型：单纯生产功能，转型驱动要素不足。项目内企业基本以纯生产为主，相关研发设计、信息服务、人才培训等产业配套服务功能缺乏，且模塑设计、检测中心、模具博览中心等大型产业配套功能均在区外设置，如何在产业转型的要求下，协调区内区外的关系，实现良性互动是特色小镇建设面临的问题。

（2）发展空间：多个村庄包围，小镇空间拓展受限。项目内外村庄众多，呈环绕产业区分散分布，同时与产业区之间完全割裂，对未来小镇功能布局、交通组织影响较大，如何协调村庄与小镇的关系是特色小镇建设的重要问题。

（3）配套服务：设施建设滞后，生产生活需求欠缺。从现状来看，项目内配套服务设施建设滞后，生活性服务设施基本以小、散、乱、差的沿街底商为主，而东侧新前街道可满足基本的生活服务等职能，但商务商业设施相对匮乏，且难以满足特色小镇的高标准建设需求，需在特色小镇建设中完善配套设施系统。

（4）景观风貌：厂村景观无序，整体风貌缺乏引导。项目区域内工厂、村庄并存，城镇景观与乡村景观差异较大，同时现状建成的企业之间风貌混杂，缺乏统一。山体水系以及滨水空间、通山视廊、田野景观等缺乏系统的组织和整合。

4. 发展定位

项目以产业为核心，实现产业、文化、旅游和社区居住功能的有机融合，涵盖包括信息经济、环保、健康、旅游、时尚、金融和高端装备制造七大产业，以及茶叶、丝绸、黄酒、中药、青瓷、木雕、根雕、石雕和文房用品等历史经典产业，通过智能模具产业与文化、艺术、旅游相结合，融"智造、研发、孵化、休闲、旅游"等功能于一体，打造具有较强国际竞争力的模具产业基地、国内的模具产业集聚区。

5. 空间布局

项目总体形成"一环两轴七廊、两心三点多组团"的空间布局结构。一环，即以水环为基础，串联滨水多个公共服务节点的功能景观复合环；两轴，即沿新江路、锦川路两条道路功能轴，是大区域功能轴线的延伸；七廊，即沿水系形成的七条生态廊道，使小镇与周边山体、水库及永宁江形成生态联通；两心，即围绕锦川路小镇门户形成的生产服务中心和三水交汇处的生活服务中心；三点，即人才培训中心、科研创新中心和企业商务中心三个公共服务节点；多组团，即多个特色产业组团和生活配套组团。

6. 重点项目规划

（1）工业项目。工业项目主要包括智能工厂、孵化中心、龙头企业园区、特色园区四类产业园区。①智能工厂。智能工厂通过融入智能技术，体现智能智造，具有参观体验性。②孵化中心。孵化中心功能主要为模具中小企业提供创业、科研、智造平台，新型企业的集中孵化地。③龙头企业园区。园区主要为拥有成果孵化与示范、精品生产与加工、培训与交流等方面的优势龙头企业提供服务。④特色园区。特色园区内包括汽摩、白色家电、日用品等大型模具企业，主要支撑标志性、生命力强、高精尖大型企业园区。

（2）旅游项目。旅游项目包括模具文化体验、高端服务配套、农村乡俗游览、滨水湿地休闲等五大类旅游项目，具体包括模具博物馆、模具雕塑主题公园、商务会展中心、乡村度假区、湿地生态公园等十八个重点旅游项目。

7. 活动策划

（1）中国模具博览会。通过邀请产业代表考察模具产业，开展技术交流会，加强交流和学习，开展产品展销会，推广企业产品。

（2）模具行业研讨会。通过模具行业研讨会交流模具行业发展的形势、问题，探讨产业生产技术、管理经验，提高行业的凝聚力和竞争力。

（3）模具制作竞赛。竞赛涉及整个模具产业制作环节，面向整个模具行业的所有技术工人，以此激发技术人员的创新拼搏精神，也是选拔人才的途径。

（4）乡俗文化大舞台。主要展示体现本土民俗的表现节目，以及展示乡土文化，以此吸引游客。

8. 项目思路

项目以模具产业为核心，以项目为载体，嫁接工业旅游及区域特色乡土文化休闲旅游功能的特定区域，依托特色小镇建设，集聚创新资源、激活创新资源、转化创新成果，实现产业发展从资源要素驱动向创新发展驱动转变。

（三）唐山丰登坞钢铁物流小镇

1. 项目概况

项目位于河北唐山丰登坞镇，小镇以商贸、运输、铸钢、轧钢、钢木家具为主，全镇有镇村企业 16 个，私营企业 33 个，个体工商户达到 1573 个。项目以钢铁物流为特色，多元业态并举，致力于建成产城融合的新型城镇示范区。项目占地面积 5000 亩，总投资 35 亿元。

2. 战略机遇

（1）空港城辐射带动。唐山空港城产业由四大制造业（汽车电子、新材料、精密机械、高端设备制造）、两大新兴服务业（仓储报税物流、软件及服务外包)、一个农业(生态农业及农产品深加工)组成,到2020年区域内设计客运量将达50万人次,货运量达3183万吨。受空港城直接辐射的影响,丰登坞镇将成为"物流、人流、资金流、信息流"四流汇聚之地,承接空港城要素外溢。

(2) 交通潜力及城市扩张。项目片区距离唐山北站、唐山站和雅鸿桥站40公里之内,区域内有京沈高速和津唐高速,未来片区将贯通丰津快速路与机场快速路。随着交通条件的改善,丰登坞将成为直接对接唐山中心城区的"西花园",并成为承载主城人口及产业外溢的第一阵地。

3. **资源优势**

(1) 区位优势。唐山处于中国最大的环渤海钢铁产业圈及消费圈核心地带,周边钢铁产能接近9亿吨。目前中国四大钢铁产业圈层初步形成了以上海、天津、武汉、佛山为中心的物流中心及价格生产中心,唐山作为最大的钢铁产地,具有建设与其他地位相匹配的钢材物流资源调配中心及钢铁产品定价中心的巨大潜力。

(2) 交通优势。丰登坞镇处于三条主干道的交汇之处,区位交通优势独特。区域内玉新线连接雅鸿桥市场和新军屯镇,未来机场快速路直接连通空港,丰登坞镇将成为吸纳商贸、商务、农产品三大特色资源的汇聚之地。

(3) 生态资源及有机农业优势。丰登坞镇具有丰富的水系条件及生态湿地资源,并形成了良好的有机生态农业产业格局,具备发展生态有机产业的条件。项目区域内有两条河流南北向穿过,东侧为泥河,西侧为黑龙河,其水系资源丰富,提供了良好的自然生态景观;基地内部农业用地以耕地、林地为主,其中林地点状分布均匀,形成了天然的楔形生态林地。

(4) 产业优势。丰登坞镇目前500万元以上规模企业有10个,产值达26.5亿元,利税7650万元,形成了以钢铁加工为主,农产品加工为特色的产业格局。镇域内胡张坨工业小区、钢结构&废旧物资集散加工园区、住宅产业园区、生态农业与农产品深加工小区四大园区分布于镇区四个方向,形成合抱之势,为项目的资源整合及物流联动提供了有利条件,未来项目的发展将对物流产生巨大的需求。

4. **发展定位**

项目以钢铁物流产业园为龙头项目,全面提升城镇配套服务功能,形成钢铁物流、总部商务、商贸展销、文化创意、生态农业五大核心产业集群，以产促城，以城促产，打造新兴的5E（宜业、宜居、宜养、宜智、宜人）新镇模式的特色钢铁物流小镇。

5. 功能分区

项目共划分为三大功能板块：总部物流园、生态小城镇和农业观光园。

（1）总部物流园。总部物流园以"电子商务、供应链管理"为特色，降低钢铁物流成本，打造精细物流示范区，建设项目包括国际钢铁资源配置中心、国际综合物流集散中心、国际钢铁产业总部基地。

（2）生态小城镇。生态小城镇强化"生态水系、服务配套"特色，满足不同人群的生活需求，打造精致小城镇示范区，建设项目包括城镇商贸服务核心区、滨水活力休闲轴、生态宜居三大组团。

（3）农业观光园。农业观光园突出"有机农业、休闲体验"特色，引领唐山有机生活方式，打造精粹农业示范区，建设项目包括有机农业生产、田园休闲养生、农业观光体验、冷链农产品物流。

6. 项目规划

（1）总部物流园。①南区核心物流区。南区核心物流区是集现货交易、精密加工、仓储展示、车源整合等钢铁物流核心功能于一身的钢铁物流综合区，核心项目包括"钢元素"超市、车源联运中心、立体智能仓储中心、精密深加工中心、现货交易展示中心、公路港服务中心、物流产业公寓。②北区钢铁总部区。北区钢铁总部区是集商务、企业会馆、会议展示、教育研发、物流信息及金融服务等钢铁产业链高端服务功能于一身的钢铁总部服务区，核心项目包括钢铁总部办公区、钢铁文化公园、华北钢铁虚拟交易中心、钢铁领袖企业会所、钢铁物流论坛会址、钢铁研发示范园及人才专家公寓。

（2）生态小城镇。生态小城镇是依托黑龙河水系生态环境优势，复合商业、文化、疗养、文化活动等功能于一身的生活居住区，核心项目包括风尚雅居、商业副中心、知名医院分院及疗养中心、乐活商业中心、杨向奎文化园、文化休闲街、镇行政中心、文化休闲街、市民文化广场、九年教育学校、回迁幸福社区。

（3）生态农业园。生态农业园通过实现设施农业高效化—集约化，田园生活方式情境化—定制化，农耕文明体验化—感官化，三产业联动化—

直销化，全面提升丰登坞镇的农业设施水平，园区划分为田园休闲板块、农产品物流板块、田园养生板块和生态农业板块，核心建设项目包括冷链物流及有机食品加工增殖区、滨水田园养生疗养中心、有机食品展贸中心、花卉种植交易市场、四季花海小镇、田园主题酒店、生态温室有机种植区和设施农业博览园等。

7. 项目经济效益

项目建成后将带动农业资源、人口资源、产业资源和商贸物流资源四大资源要素的汇聚，其中，将汇聚人口约4.5万人，产生农业总产值约2亿元、其他相关产业总产值约26.5亿元，带来商贸物流资源交易额共50亿元，带动镇域内的农业种植、农业观光经济崛起。

8. 项目思路

项目通过强调钢铁文化主题，围绕工业设计、名人文化、钢铁研发等优势细分产业链，打造翼东生态型钢铁文化主题创意产业基地，同时联动区域内其他创意产业园，弥补唐山西部文化创意产业园项目的空白。

三、第三产业为基础的特色小镇

（一）成都菁蓉创客小镇

1. 小镇基本概况

成都菁蓉镇，一个昔日劳动密集型产业的生活配套区，随着产业布局的调整，背负着大量闲置房源的"沉重包袱"。

在大众创业万众创新的有力驱动下，在"创业天府"行动计划的引领下，自2015年初开始，短短6个月时间，一座充满生机活力的创客小镇初具雏形。

菁蓉镇依托区域高校、科研院所密集的优势，搭建政府引导、企业主体、市场运作、社会参与的创业创新协同机制，着力打造低成本、便利化、全要素、开放式的众创空间，创业创新要素加速聚集。

现已建成24万平方米创业载体。创客服务中心等设施一应俱全。

短短6个月，引进了创业创新项目471个、各类新型孵化器15家，聚集创业创新人才8000余名。汇聚了软件设计、大数据、云计算等互联网相关领域产品研发、生产、经营和技术（工程）服务产业，初步形成集"创业苗圃+孵化器+加速器+生产销售"于一身的全链条创业创新体系。

未来将推动众创、众包、众扶、众筹等大众创业万众创新支撑平台快速发展，力争到2017年底，建成创业创新载体120万平方米，引进创业企业2000家以上，吸引500家以上基金及投资机构参与菁蓉镇建设，聚集创业创新人才4万余人，孵化培育规模以上科技企业100家以上（其中上市企业10家左右），成为全球具有影响力的创客小镇。

2. 小镇平台效应

打造全球影响力创业小镇，郫县坚持将"菁蓉镇"的发展视野放到国际化背景下，突出平台效应。

实际上，从2015年开始，郫县在提振"菁蓉镇"的平台效应上一直不遗余力：

——2015年5月30日，成都市第六场创业天府"菁蓉汇"活动在郫县举行，正是在这次活动上，郫县德源镇被创业者"冠以"成都城市创业品牌——"菁蓉镇"；

——2015年8月24日，中央电视台经济频道在"菁蓉镇"成功举办全国第二届《创业英雄汇》西南区海选活动；

——2015年9月，美国"硅谷市长行"来"菁蓉镇"考察，与门洛帕克市结为友好城市，并与美中硅谷协会达成初步合作协议，从硅谷引进项目；

——2015年10月19日，"菁蓉镇"亮相全国"双创周"活动北京主会场，设独立展馆，与中科院国家技术转化中心等40余家知名机构企业达成初步合作意向；

——2015年11月底，郫县承办2015年"海外学人回国创业周——梦启华夏·创业菁蓉"活动暨"菁蓉镇杯"成都全球华人创业大赛；

栽好梧桐树，引来金凤凰。平台效应凸显之后，"菁蓉镇"引来更多创新创业企业。

在2016年1月5日举行的成都"菁蓉镇"创新创业专家、导师国际交流峰会上，建筑面积约为4700平方米的硅谷楼正式揭牌，成都和煌吉普斯能源科技有限公司、饵光美容仪、科乐得技术有限公司等首次7个海外归国人才的高科技创新创业项目宣告正式入驻。

3. 小镇建设成果

2016年1月5日，郫县举行了成都"菁蓉镇"大数据产业相关项目入驻签约仪式。其中，中国数码港科技有限公司投资近50亿元建设成都大数据产业园引人注目。该项目计划建设一个集数据运营指挥中心、数据安全中心、数据综合处理中心、数据分析中心、数据运营管理中心、数据运营保障中心、金融数据交易中心、财务结算中心、创新孵化中心、行业数据灾难备份中心，以及相关数据机房于一身的数据产业园。

与此同时，郫县与电子科大、西南交大、成都工业学院等大专院校达成在"菁蓉镇"共建产业园的协议：电子科大与郫县在"菁蓉镇"共同建立电子科技大学"一校一带"创新创业学院项目孵化基地、孵化器及科技成果转化产业园区；成都工业学院则与郫县在"菁蓉镇"共同建立了有全球影响力的国内一流的集无人机展会、赛事、培训、研发、设计、生产、检测、行业应用开发的无人机创新创业基地……

以大数据、无人机等新兴产业为着力点，郫县在"菁蓉镇"的产业发展上，充分立足于"互联网+"思维，积极构建现代产业支撑。

成都优易的成立，作为国家信息中心在西部地区进行的战略布点，即是郫县开放性合作、寻求现代产业支撑的体现。

2015年12月18日，成都市人民政府已经与国家信息中心正式签订战略合作协议，双方将共同在郫县"菁蓉镇"打造国家信息中心大数据创新创业（成都）基地，并将以此为支撑大力引进国家级数据资源库、存储与服务中心和打造大数据产业链。2016年1月5日在"菁蓉镇"举行的国家信息中心大数据创新创业（成都）基地揭牌仪式上，项目将充分利用周边楼宇和智慧科技园等载体资源，预计将提供10万平方米的办公、孵化场地和约1500亩的大数据产业园区用地，到2020年，大数据产业基地基本建成，以数据为基础的信息服务产业特色明显，产业体系健全，成为西部地区重要的、全国有影响力的战略性新兴产业基地。

4. 未来发展规划

根据规划，到2018年，菁蓉小镇将建成创新创业园区120万平方米，聚集创新创业人才3万~4万人，引进2000家以上创新创业企业、500家以上基金及投资机构在郫县注册，孵化100家规模以上科技企业项目落地建设，培育上市创业企业 10 家以上。同时，打造具有全球影响力的创客小镇和四川省大数据产业基地，菁蓉小镇迈出了铿锵有力的步伐。

到 2020 年，郫县将实现全社会科技研发经费支出占 GDP 比重达到 3% 以上，高新技术产业占工业增加值比重达 45% 以上，战略性新兴产业总产值占规模以上工业总产值比重达到 35% 以上，拥有知识产权的创新型企业占规模以上工业比重达 90% 以上，每万人有效发明专利拥有量达到 7 件以上。

（二）贵州安顺西秀区旧州镇

1. 小镇基本概况介绍

西秀区旧州镇是贵州省唯一获得国家历史文化名镇、绿色低碳小城镇的乡镇。同时，又是成功申报国家级邢江河湿地公园和获得国家级 AAAA 级生态文化旅游景区的乡镇。西秀区旧州镇的小城镇建设紧紧围绕打造国家级绿色生态古镇的目标，举全镇之力，全力打造"活力小镇·美丽乡村"的宜居环境。

西秀区旧州镇是古"安顺州"治府所在地，位于贵州省中部，安顺市西秀区东南部，紧邻平坝县，对望清镇市。距省会贵阳 80 公里、黄果树 60 公里、龙宫 45 公里。镇内气候宜人，风光秀丽，自然资源丰富，森林覆盖率 56%，平均海拔 1456 米，邢江河南北贯境而过。山峰、溶洞、洼地、丘陵地形等构成独具特色的黔中自然生态景观风貌。年平均气温 14.3℃，冬无严寒，夏无酷暑。全镇人口 43442 人，镇区人口 16142 人，少数民族人口比例占 38.1%。

为恢复屯堡建筑整体历史文化风貌，旧州镇投入 3000 万元，对古镇周边 298 栋民居进行了外立面景观整治，同时投资 2000 万元，对东环路、屯堡旅游大道沿线 361 栋民居进行了风貌整治。

旧州镇还投入近 4000 万元，完成了扶风夜笛、南堤绿柳、碧波秋月等"旧州八景"的修复，此外投资 6000 万元，完成"三线入地"配套设施建设。

2. 小镇发展建设路径

一是发挥生态和文化优势，建设绿色旅游小镇。过去，旧州镇是以种植、养殖和加工为主的农业乡镇，经济总量小、发展水平低，在推进特色小城镇的建设过程中，我们依托丰富的文化资源和良好的生态环境，按照"镇在山中、山在绿中、山环水绕、人行景中"的规划布局和发展理念，坚持生态保护优先，先后完成了"土司衙门、古民居、古街道、古驿道"的修复修缮工作，培育了一个国家级湿地公园、一个AAAA级国家生态文化旅游景区、两个特色观光农业示范区。同时加快旅游慢道、旅游小火车、游客服务中心等旅游基础设施建设，逐步形成了以旧州、天龙、云峰为重点的大屯堡旅游圈，推动了生态旅游与人文旅游融合发展，旅游产品的业态不断丰富，今日旧州农村变成了景区。2015年接待游客总人数近40万人次，实现旅游总收入2.53亿元，同时旅游的发展也带动了民俗客栈、特色农庄的迅速发展。既解决了农民就业，又拉动了经济增长，2015年解决了镇区和周边乡镇6000人的务工，其中吸纳异地搬迁人民1000余人就业。

二是探索就地就近城镇化路径，建设美丽幸福小镇。根据旧州镇实际，就地就近城镇化是推进特色小镇发展的重要路径，是打好脱贫攻坚战的必然选择。我们按照国家"3个1亿人"城镇化行动方案和省"5个100工程"建设目标要求，率先探索实践城镇基础设施"8+×"项目建设模式，完善了交通运输、污水处理、垃圾清运等基础设施，优化了教育医疗、文化、体育、便民服务等公共服务设施。加强政企合作、借助外力发展，我们与清华大学城市研究所深度合作，吴良镛院士亲自指导美丽乡村人居环境建设项目，在浪塘村打造升级版"微田园"，以"万绿城"城市综合合作建设特色产品职工基地，实现示范小城镇订单式生产，城市综合体链条式销售。以葡萄牙里斯本大区维苗苏镇、黄果树旅游集团公司结成对子，合作打造特色旅游民居、"山里江南"旅游综合体等项目，吸引农业转移人口向镇区和美丽乡村集中，同时把小城镇建设与异地扶贫搬迁结合起来，并将生活在治安条件极其恶劣、生态环境脆弱、自然灾害频繁区域的贫困户搬迁，集中安置到镇区附近，并帮助其就业。2015年新建搬迁移民住房500户，计划安置2250人，群镇城镇化率由2012年的35%提升到2015年的45.2%，提高了10.2个百分点。

三是按照国家新型城镇化的试点要求，积极探索创新城镇化发展体制机制，围绕城乡发展一体化，投融资机制、公共服务、供给机制等试点要求，深化改革探索创新投融资模式，成立了镇级投融资平台，积极争取各方面的投资资金。逐步把旧州镇打造成为连接城乡的重要纽带、服务农村的重要平台，带动周边的辐射点，建成了连接镇区以安顺中心城区的屯堡大道，改造提升区内路网和对外通道，把周边的双堡、七眼桥、大西桥和刘官、黄腊等乡镇串联起来，形成具有辐射带动作用的城镇集群。

四是加快省级示范小城镇建设，打造贵州小城镇省级版的"排头兵"。在各级各部门的支持下，我们抢抓发展机遇，在成功申报为全国历史文化名镇后，着力打造文化生态旅游古镇。首先坚持规划引领，科学编制了镇总体规划以及历史文化名镇保护规划，并委托省规院在全省率先编制了旧州镇"多规融合"规划。其次注重绿色发展的理念，继成功创建省级绿色低碳小城镇后，申报国家级绿色低碳小城镇，并通过了国家发改委、住建部、财政部的专家验收。最后，树立"一盘棋"思想，把特色小镇建设与全面小康结合起来，按照建设美丽乡村的要求，统筹镇村基础设施、公共服务设施建设，构建"以镇带村、以村促镇、镇村融合"的"1+N"镇村联动发展模式，通过特色小城镇建设我们得到了很多实惠。近3年来，农民人均纯收入实现了3级跳，超过1万元人民币，2015年全镇所有小康监测指标实现程度均达90%以上。

3. 找准特色发展定位

旧州镇素有"黔中小江南、安顺鱼米乡"的美誉，历史上就是优质水稻出产地，如今是贵州省无公害农产品基地。当地独特的屯堡文化是中国汉民族传统生活的实景再现和中国汉民族传统文化的活态呈现，至今依然在民居、服饰、饮食、民间信仰、娱乐方式等方面沿袭着600多年前的明代习俗，跳地戏、唱花灯、穿大袖、住石房、讲"明朝普通话"的群众随处可见，彰显着大明古风、江南古韵、屯军古堡、美食古味、民间古艺，是汉民族文化的乡愁与乡脉。

随着经济的发展，群众休闲需求和消费能力显著增强，旅游正式成为越来越多的中国人新的生活方式，游客已经从最初期盼出行的朴素愿望，转变为更加追求品质、更加渴望深度体验普通民众的生产和生活方式。

近年来，旧州镇依托资源禀赋和市场需求，选准、选对发展的特色路径，通过就业、入股、销售特产、增加财产性收入渠道等多种方式把贫困户挂钩在特色发展路径上，从而既能实现扶贫资源的最有效利用，又能因为有特色，实现差异化发展，以及实现脱贫致富。

从旧州看,其旅游资源禀赋高,屯堡特色鲜明,适合发展以休闲、度假、体验为主导的乡村旅游。结合屯堡赶场传统习俗,突出"乡愁美食小镇"特色定位,规划布局五大业态,以"旧州赶场·贵州食堂"为定位,把传统农家乐与屯堡文化相结合,打造屯堡文化体验版的"屯家乐"美丽生态乡村民俗度假体验产品。

4. 延展产业发展链条

旅游富民,富在业态上。根据各村的资源优势和发展特点,科学规划旅游业态布局,以多元业态打造为前提,引导形成集绿色种养、特色加工、体验服务于一身的"旅游+"融合产业链,将贫困户与业态产业链精准挂钩,并分步推进旅游扶贫。

走进旧州古镇老街民俗场,在古镇核心区的豆腐坊、榨油坊、粉坊、酒坊"四坊",游人络绎不绝,木匠、石匠、砖瓦匠、篾匠、绣匠"五匠"各自展示拿手绝活,地戏花灯演艺、庙会宗祠等乡村民俗业态,唱屯家歌、跳屯家舞轮番开演,置身其中,仿佛回到了古代的热闹街坊。

享屯家乐,观屯家景,美丽田园成就了美丽乡村风光场。旧州镇以屯堡美丽乡村和秀美自然生态环境为基础,突出山里江南花海风光和邢江河景观,以"坐着小火车去赶场"主题,布局乡村民宿、自驾车野营、廊桥咖啡馆、画廊、摄影展示等,打造有文化底蕴的农家乐。

游客观赏美丽的风景、品尝鲜美的屯家菜,还能在这里实现地块认领、农耕体验、艺术手工、亲子活动、农技课堂、健康饮食、农家采摘等市民农园业态,干屯家活,学屯家技,体验健康食补,感受屯家养生。

农旅不断融合发展,绘就了一幅幅农村发展的新画卷。眼下,旧州镇正在实现花旅与果旅融合,药旅与茶旅、粮旅与菜旅等融合发展的产业链条,实现民俗体验、美食特色产业链发展,实现全镇贫困人口、移民与旅游产业全过程挂钩,实现依托旅游资源实现脱贫之路。

5. 小镇建设建议

虽然旧州特色小镇建设取得了一些成效,但总体上还处于起步阶段,存在内生动力不足、产业支撑力不强、发展资金缺乏等问题。下一步,需要深入贯彻落实创新、协调、绿色、开放、共享5大发展理念,坚持以人的城镇化为核心,努力解决发展中存在的问题,力争在基础设施、公共服务、产业升级、生态环境、文化传承等方面取得更大进展。

一是进一步提升基础设施建设水平，继续实施"8+X"项目建设和"美丽乡村6项行动计划"，不断推动城镇基础设施和公共服务向农村延伸。建设垃圾收集站，完善垃圾转运系统。计划在镇区北郊新建1座小型垃圾中转站，方便镇区北部的垃圾收集与转运。同时在浪塘景区和其他人口密集的村庄设置垃圾收集站，方便浪塘景区、农村生活垃圾的收集与清运。增加环卫设备，保障垃圾清运能力。计划购买扫地车1台，以加强东环路和屯堡大道的扬尘治理能力。解决洒水车治标不治本，泥沙只能冲到道路两旁而无法根本处理的问题。同时，对镇区门头、路面进行全面改造升级，恢复古镇原貌。解决主次干道、背街小巷、城郊结合部路面及沟盖板破损和脏乱问题，完善城区污水收集管网系统。另外，加快镇区绿化、美化、亮化工程。2016年，旧州镇争取到国家发改委建设资金5000万元，还款期限20年，国家贴息90%，旧州镇付息10%，并可以此为依据向国家中国农发行贷款5亿~6亿元用于新型城镇化建设。计划投入19亿余元对镇区3条环路、旅游公厕、停车场、文昌路和碧波路进行建设，进一步完善城镇功能，增加城镇人口，汇聚更多的产能。

二是加快推进产城融合，实施好大数据、大扶贫两大战略行动，念好"山"字经，做好"农"文章，打好"生态牌"，实现农村人口就近就地城镇化。

三是大力发展特色生态旅游，突出大明屯堡文化特色，抓好农村人居环境整治，着力打造一个以山水风光、民俗文化、绿色低碳为特色的生态旅游示范镇。

第三章 中国"飞地经济"案例分析

一、江苏案例

"共建园区"始创于苏南。第一个吃螃蟹的是苏南的"百强县"江阴和隔江相望的苏北县级市靖江。1999年,江阴长江大桥正式通车,两地车程从半个小时缩短为五六分钟。彼时,江阴经济飞速发展,若干发展前景良好的制造业企业,因土地指标、长江岸线紧张等因素束缚了扩张的脚步。而靖江刚刚迈出沿江开发的步伐,急于学习苏南的系统招商经验。空间距离的拉近使江阴和靖江产生了"联姻"的想法。经过2年多的协商,2002年8月,江阴、靖江共同签署园区《联合开发备忘录》。2003年,江苏省委、省政府认可了这种"健康的自由恋爱关系",江阴开发区靖江园区正式揭牌,江苏首个跨区域联动开发园区正式启动。

十几年来,"飞地经济"已经成为拉动苏北振兴的强大引擎。根据江苏省发改委提供的数据,在全省45家共建园区中,约60%的园区土地投资强度达到280万元/亩以上,超出苏北开发区的平均水平,主要经济指标均保持15%以上的年增长率。其中,江阴—靖江工业园区吸引了扬子江船业、新长江实业等一批优秀骨干企业投资大体量优质项目,累计投资额超过100亿元。苏宿工业园区已累计引进企业101家,总投资314亿元。

江苏是"飞地经济"开展的先行者,20世纪90年代即以飞地模式引进了新加坡与我国的高层次合作,随后江苏省政府大力实施"南北共建"工程,把苏南对口支援苏北工业园区作为重点工作推进,制定了一系列补贴、奖励、考核政策,有力地促进了省内、省外"飞地经济"的发展。

江苏"飞地经济"发展方式可分为：

（1）国家层次的合作：苏州工业园区。主要有以下特点：第一，它是中国和新加坡两国政府签署协议兴办的国际合作项目；第二，园区的行政管理由中方全权负责，成片开发由中新合资的中新苏州工业园区开发股份有限公司负责，中方财团与新方财团股权比例为35：65，对外招商引资由中新共同负责；第三，国务院同意在苏州工业园区自主地、有选择地借鉴新加坡经济发展和公共管理方面的经验在园区实施。

（2）省际间的合作：对口支援的新疆霍尔果斯口岸项目和西藏拉萨口岸项目，还有市场化运作的江苏、安徽两省合作的滁州现代产业园。

（3）省内政府推动型的政府间合作：宿迁现代产业园、巢湖开发区、连云港开发区、盱眙新兴产业园、淮安服务业集聚区等。

（4）省内政府推动、市场化运作下的园区间或企业与园区的合作：如国信淮安工业园区、南通科技产业园。这些园区都已经成功推进，具有重要的借鉴经验。

二、临汾案例

发展"飞地经济"必须具备一定的前提条件，只有这些条件具备时才有可能达到预期目的。临汾市在区位、资源、平台、政策、经验等方面具有独特优势，且已经具备了发展"飞地经济"的基础和条件。

一是具备发展"飞地经济"的区位优势。2012年，国家批准设立晋陕豫黄河金三角承接产业转移示范区，这是全国唯一跨省区的承接产业转移示范区，是与国家中西部关中—天水经济区、山西省国家资源型经济转型综合配套改革试验区、中原经济区相互契合的承接产业转移示范区，这为临汾市发展"飞地经济"提供了千载难逢的机遇，临汾的区位优势更加突出。同时，临汾市交通便利，地处太原、郑州、西安三个省会城市连接的中点，大运高速公路贯穿南北，区域优势突出，是华北铁路交通枢纽、中国四大货运中心站之一，随着大西高速铁路、晋中南铁路出海通道和临汾民航机场的建设，临汾市已经形成"公、铁、空"立体交叉的现代化交通运输体系。

二是具备发展"飞地经济"的资源优势。首先，临汾市区域面积较大，未利用地较多，可以通过城乡建设用地增减挂钩、矿业存量土地整合利用、工矿废弃地复垦利用等机制加大土地资源的储备。其次，矿产资源丰富。目前已探明的矿种有 38 余种，煤、铁、石膏、石灰岩、白云岩、膨润土、花岗石、大理石、油页岩、耐火黏土等在省内及全国均占重要地位。同时，临汾市农业生产条件较好，是山西省棉麦生产基地之一。最后，成本因素是飞出地、飞入地双方政府合作的重要经济条件。相对沿海发达地区而言，临汾的劳动力成本要低 30%~40%，用地成本更有显著优势。这些资源优势为飞地双方相互合作提供了可靠基础。

三是具备发展"飞地经济"的平台载体。"百里汾河新型经济带"是推动临汾市综改试验区建设的龙头工程，经济带将重点打造 18 个大型工业园区、10 个大型现代农业园区、6 个物流产业园区、17 个文化旅游景区、2 个中心城市、4 个大县城和 19 个重点镇，2012 年，"经济带"固定资产投资占到全市的 49%，招商引资总额占到全市的 64%，已成为支撑全市经济发展的重要增长极，是临汾扩大对外合作、引进高智支持、发展"飞地经济"的最好平台和载体。

四是具备发展"飞地经济"的实践经验。"飞地经济"作为一种新的发展模式在沿海地区取得了明显成效，临汾市作为后发地区也进行了积极探索。临汾经济技术开发区与洪洞县按照发展"飞地经济"的思路，本着"全面合作、整合资源、优势互补、创新共赢"的原则，与洪洞县合作共建了"临汾经济开发区（洪洞·甘亭）工业园区"，双方在理顺管理、利益分配机制的前提下，共同成立了工业园管理协调委员会，实行市场化、公司化运营，实现了良好的经济效益，被省商务厅批准为"山西省产业转移示范区"。这些有益的探索可以为发展"飞地经济"提供宝贵的借鉴和启示。

三、宜昌案例

宜昌"七山二水一分田"，既有全国县域经济百强县（市）宜都，也有国家扶贫开发重点县，区域之间、城乡之间发展极不平衡。各地资源禀赋、环境承载能力和发展潜力不同，按照因地制宜、扬长避短、注重特色、发挥优势的原则，明确沿江地区和山区、库区、少数民族地区不同的功能定位，逐步形成了各具特色的区域发展格局。坚持"基础共建、产业共育、环保共担、利益共享"的思路,积极探索宜昌市沿江区域与贫困县市区联动发展机制,打破区域经济地缘限制,鼓励引导山区县、库区县、老区县、贫困县（市、区）到沿江开发区园区兴办项目,发展"飞地经济",推进各区域联动协调发展。目前,进入国家武陵山片区的五峰、秭归2县和插花贫困地区兴山、远安、夷陵5个县（区）分别在宜昌市高新区、沿江经济技术开发区等地有11处"飞地园区"或"飞地项目",规划面积超过10平方公里,规划投资超过200亿元。目前已建成的26个项目年产值超过150亿元,利税3亿元,吸纳就业人员10000多人。宜昌市探索出以下四种不同的"飞地经济"模式。

（一）"飞地园区"模式

五峰民族工业园是省市为支持少数民族地区发展,振兴五峰经济,特批在毗邻宜昌高新区白洋工业园区的白洋镇善溪冲、善溪窑村兴建的"飞地园区"。该园区由枝江市政府和五峰县政府按照"合作共建、封闭运行、利益分享、共同发展"模式创建的工业园区,是五峰实施"生态立县、工业强县"发展战略,举全县之力打造的"产业特区"。园区距离三峡国际机场12公里,距离沪蓉高速路口14公里,距离云池深水港4公里,距离紫荆岭火车站8公里。园区规划总面积8.71平方公里,其中工业用地5平方公里。园区优先发展装备制造、电子信息、生物医药、现代物流等产业。力争通过2~3年建设实现产能100亿元,5~8年实现产值300亿元、税收12亿元的目标,同时加快产城一体化建设,园区建成后,人口规模达到6.5万人,解决就业人数4.3万人,把园区建成为五峰的产业发展高地、承接转移平台和对外开放窗口。2012年6月25日,湖北省人民政府正式批准筹建省级工业园。

（二）"飞地企业"模式

2004年,"飞地经济"理念还没有提出。兴山县支柱企业兴发集团为突破系统资源约束而积极探索,落户宜昌市开发区猇亭园区,在收购原企业仅有的7500吨/年黄磷、3万吨/年五钠,以及年产值不足1亿元的基础上,开始谋划产业转型。集团与猇亭区政府合作,规划、建设循环经济化工产业园区。2007年8月,市政府、兴山县政府召开兴发集团专题办公会,确立了"打造百亿兴发，建设百亿园区"战略目标。现总面积3000亩，成员企业9家，员工2200人。2012年集团在该地实现销售收入120亿元。"十二五"期间，集团依托兴山县内丰富的磷矿资源与国家科技兴贸创新基地和国家级企业技术中心平台，坚持精细化工发展方向和循环经济发展道路，继续投资70亿元，以发展硅化工、磷化工为主线，扩建有机硅单体及下游产品等项目，配套建设自备电厂、综合码头等公用工程设施，形成年销售收入300亿元、利税贡献30亿元的规模，建设成为国内一流的集精细硅化工、磷化工、盐化工于一身的循环经济产业集团，助推猇亭园区产业升级。调研中该模式中兴山政府有被边缘化的担心。

（三）"飞地项目"模式

秭归属于三峡库区县，引进20万吨的电石项目，可以享受国家优惠电价。但由于市场准入和库区环境容量限制，不宜落户本县县域内。经秭归县与宜都市协商，决定采用托管的方式落户宜都开发区。五峰自治县魔芋资源丰富。该县宏力魔芋公司由于发展需要，与宜都一家企业在宜都工业园联合办企业，在投资、技术、管理、销售上各有侧重，以此促成企业走出深山，加快了发展步伐。

（四）"统筹飞地"模式

夷陵区虽属插花贫困地区，但区内各乡镇发展极不平衡，重点贫困乡镇、老区乡镇与经济发达镇差距日益增大。近几年来，区委区政府以"一带两区六园"为载体，集中资金14.2亿元改善开发园区基础设施环境的同时，出台政策，鼓励贫困乡镇到东部发达乡镇和工业园区"借地招商、借地发展"。据统计，全区目前有樟村坪镇、雾都河镇、分乡镇等7个乡镇分别到夷陵开发、小溪塔高新技术产业园、龙泉食品工业园、鸦鹊岭精细化工园、青岛工业园、黄花新型建材工业园、乐天溪移民生态工业园发展"飞地经济"，共入驻企业12家。夷陵区连续5年在全省县域经济排名中列前10强，乡镇财政公共预算收入均过1000万元，得益于这种"统筹飞地"发展模式。

四、其他地区案例

（1）安徽与长三角的"飞地经济"。2010年1月，国务院正式批复《皖江城市带承接产业转移示范区规划》，引起了长三角的强烈关注，共建产业园区成为承接产业转移的重要议题。日前，安徽省出台了《关于建立利益分享机制推进园区合作共建的初步设想》，计划围绕"飞地经济"，在皖江示范区内推进与长三角合作共建园区。

安徽省考虑在皖江示范区开发园中划出一定区域，经合作双方省（市）政府约定产业发展方向、经营管理期限、权利义务等，由安徽省将"净地"交给沪苏浙政府，由其组织开展建设与管理，独立经营，封闭运作。园区的经营期限为10~15年，在此期间，经营方可在园区设立规划、税务、工商等派出机构，行使相关经济管理权限，享有园区开发经营收益。同时，园区还将享受安徽省支持开发园区的各类扶持政策。

目前，安徽宣城等地已和沪浙一些区县共同设立了开发区，形成了园中园、托管园、共建园等合作模式。其中，共建园是目前主流的合作方式，双方利益主要通过总部经济和GDP、税收两块实现。安徽方面提出了建议，如"允许GDP统计数据在转出地和转入地之间分解"。宣城经济技术开发区玉环机电工业园已开工建设，有22个项目签订框架协议。上海淀山湖工业城、温州瑞安工业园已签订协议。浙商资本工业园框架协议正在洽谈中。

（2）长三角的"飞地经济"。长三角的"飞地经济"分为两个阶段：2010年之前，主要在长三角内部"飞"，2010年之后往安徽"飞"。2009年6月初，上海杨浦区内的民营企业反映，企业产能迅速扩大，生产厂房已不够用，而由于上海居高不下的地价和房租，民营中小企业无力在本地扩大生产。建议区政府寻找地价相对便宜、劳动力和商务成本较低的地区，建立"上海杨浦工业园区"。为此，杨浦区委、区政府组团对江苏省11个市县进行考察，最后确定在大丰市和海安县建设规划面积各为5平方公里的"杨浦异地工业园区"。2009年10月，"上海杨浦异地工业园"在大丰市和海安县同时奠基开建。大丰园区首期建设用地近800亩，引入5家企业，注册资本共计6亿元，总投资14.95亿元；海安园区首期建设用地400亩，引入 9 家企业，注册资本共计 1.11 亿元，总投资 7 亿元。两地政府合作组建的"杨浦异地工业园"实行利益共享。该协议约定，园区前 5 年产生的地方税收全部用于园区建设；以后产生的地方税收按比例分成。2011 年 12 月，上海浦东新区与浙江舟山群岛新区开始共建"特别合作区"。浦东新区拟在舟山群岛区域设定特别合作区，鼓励产业园区通过资本运作开展舟山群岛新区的开发。舟山群岛新区将承担社会管理责任，将经济权限和部分产值、收益归浦东。同时鼓励浦东新区产业园区、企业集团通过资本运作，以持股方式参与舟山群岛新区的开发。

第四章 中国众创空间不同类型案例

一、媒体依托型众创空间案例

利用媒体宣传的优势为企业提供线上线下相结合，包括宣传、信息、投资等各种资源在内的综合性创业服务。这类新型孵化器的典型代表有创业家、创业邦和 36 氪等。

1. 创业家孵化器——思八达

思八达，是商业智慧传播机构，一直致力于创建中国创业家孵化器，以提升企业家的精神境界，引导、提升、服务中国企业，为老板换芯片，为企业找"魂"，也为企业的持续发展注入生生不息的原动力，不断孵化行业隐形冠军和新型领军企业。

思八达是 2002 年由刘一秒先生发起创立的。刘一秒先生潜心研究中国企业家的实际问题，推出了多项商业智慧研讨会，并本着"先富带后富，先福带后福"的精神，帮助一批又一批的企业解决了管理问题，带动许多富裕和幸福起来的企业家成为企业家训练师,向更多企业传播商业智慧,提供解决问题之道。思八达智慧企业家训练师们,就在此刻,正同刘一秒先生和遍布中国26个省和直辖市、160多个地级市的数千名思八达智慧助理们一起,以及与千千万万企业家们深度结伴,解决企业实际问题,倡导健康的生活方式,提供独有的商业资源,并共同打造一个智慧服务和商业交流平台。

思八达秉承原创性原则,经十余年的锤炼,已成功推出备受会员欢迎的智慧系列品牌研讨会(《影响运营宗教智慧》《领袖演说智慧》《三弦智慧》《全员生发系统》《禅智慧》《大"势"智慧》《领袖财商智慧》《决策智慧》《战略智慧》等),并根据市场需求,与时俱进,不断地研发和推出新产品。思八达拥有图书、音像、杂志、在线社区等多种形式,全方位多角度地传播商业智慧,为客户提供一流的资讯服务。

2. 创业邦

创业邦成立于2007年1月,由美国国际数据集团(IDG)和清科集团共同投资设立。创业邦致力于成为中国创业类的第一媒体集团,致力于成为中国创业者的社区和自媒体平台,帮助中国新一代的创业者实现创业梦想,进而推动中国中小企业成长壮大。

作为在中国的创业企业中有着广泛影响力和资源的两家机构,IDG和清科此番联手使得人们对"创业邦"的未来充满了期待。IDG集团拥有深厚的国际媒体资源和经验,中国的《计算机世界》《IT经理世界》《时尚》等著名媒体的成功崛起莫不得益于IDG。而清科集团则拥有国内最强大的创业投资人关系网络,并在创业者中也拥有一定的影响力,曾帮助过众多创业企业成功获得上亿美元的风险投资。双方强强联手,希冀共同打造一个对中国新一代创业者最具吸引力的互动媒体平台。

至2012年创业邦已推出创业邦网站、《创业邦》杂志和各种创业类活动。创业邦网站是中国创业者的资讯门户和互动平台,致力于成为中国创业者的网上家园。《创业邦》杂志致力于成为中国创业者的思想乐园和行动指南,并为中国成长中的中小企业提供企业发展中遇到的各种问题的解决办法。此外,创业邦定期举办创业沙龙、项目展示等各种活动,为创业者提供了可以广泛结识商业伙伴、积累资源、分享他人成功创业经验的双重渠道;作为创业企业自我营销的平台,为创业企业提供了一个可以有效推销自己以及扩大市场影响力的媒体平台,鼎力打造线下互动交流。

3. 36氪

36氪专注互联网创业。2010年12月8日,36氪作为科技媒体正式上线,其名字源于元素周期表的第36号元素"氪",化学符号为Kr,一个稳定、独立,不易与其他物质发生化学作用的元素。传说中的氪星是超人的故乡。经历4年的成长,36氪不仅有备受顶级投资机构关注的高效互联网融资平台(氪加),还有专注于互联网创业项目孵化的氪空间(KrSpace),在全中国首创了"不收费、不占股、全球资本,平台服务"的新型孵化器模式。同时,36氪的科技媒体已然成为最前沿科技资讯的平台,也是互联网创业者寻求报道、接洽资本的首选入口。由媒体、氪加和氪空间三条产品线构成了36氪专注互联网创业的生态圈模式。创始人兼CEO刘成城,1988年出生在江苏盐城,中国科学院硕士,在2013年被《福布斯》评为"中国30岁以下的创业者前30名"之一。36氪从4个创始人到现在100人,90%的员工是"85后",平均年龄25岁,他们更了解年轻人,他们更了解创业者,他们更了解创投的生态环境。年轻开放的团队从早午餐到下午茶,从每周健康按摩到集体出境旅行,让每位员工的付出与福利同步前进。产品氪加:高效的线上创业融资平台氪加是36氪从创业观察者到践行者的升级,从媒体到平台的延伸。36氪认为,只有存在更活跃、更透明的投融资对接市场,投资人才能够最有效地发现创业者的优秀价值。氪加团队由资深媒体记者、产品技术开发团队、专业财务顾问、数据库人才组成。同时,在这一平台内也活跃着逾千名国内外专业投资人,以及数以万计的互联网创业者。氪加的理念在于,创造一个为创业者展示项目,吸引融资的平台,筛选并匹配优秀专业的投资机构和投资人。截至目前,已有83个项目正在平台挂牌融资,其中30多个已经完成融资,同时在后代申请挂牌的项目也已经超过3000家,这个数据每天都在被不断刷新。氪空间专业专注的创业项目线下孵化器。自2014年4月上线以来,报名申请入驻氪空间的创业项目超过5000个。到2014年10月为止,已有29家团队入驻过氪空间。第一批项目共12个,其中11个完成融资并孵化成功。全部项目总融资额达到5000万元人民币,最大单笔融资1000万元,入驻后平均融资周期仅为1个月。36氪主站www.36kr.com自2010年底主站上线至今,36氪媒体获得了高速的成长。目前主站单月UV超过500万,PV达到1000万以上。

36氪的科技媒体部门坚持不收车马费,不发软文,自觉做最有原则的科技媒体。

二、天使孵化型众创空间案例

这类孵化器针对初创企业最急需解决的资金问题,以资本为核心和纽带,聚集天使投资人、投资机构,依托其平台吸引汇集优质的创业项目,主要为创业企业提供融资服务,并帮助企业对接配套资源,从而提升创业成功率。这类新型孵化器的典型代表有创新工场、车库咖啡和天使汇等。

1. 创新工场

创新工场(Innovation Works)由李开复博士创办于2009年9月,是一家致力于早期阶段投资,并提供全方位创业培育的投资机构。创新工场是一个全方位的创业平台,旨在培育创新人才和新一代高科技企业。创新工场通过针对早期创业者需求的资金、商业、技术、市场、人力、法律、培训等提供"一揽子"服务,并帮助早期阶段的创业公司顺利启动和快速成长。同时帮助创业者开创出一批最有市场价值和商业潜力的产品。创新工场的投资方向将立足信息产业最热门的领域,如移动互联网、消费互联网、电子商务和云计算等。

2. 车库咖啡

车库咖啡,是以创业和投资为主题的咖啡厅,创业者只需每人每天点一杯咖啡就可以在这里享用一天的免费开放式办公环境。对于早期创业团队来说,车库咖啡也是跟其他创业团队和投资人交流的平台,在那里你不仅能够见到许多活跃的创业者,还有可能碰到潜伏在车库寻找项目的投资人或者圈里的各路"大佬"。可以说,车库咖啡不仅是创业者的低成本办公场所,也是投资人的项目库。

车库咖啡可不是因为咖啡厅开在车库里,这个名称可有着自己的深刻渊源。20世纪30年代,比尔·休利特和戴维·帕卡德租下了加州的一间车库,创立了惠普;20世纪70年代,乔布斯的苹果诞生于车库,盖茨在车库里有了微软的雏形。20世纪末,Google也是两位创始人在租来的一间车库里创办的。原来,美国的车库多且价格低廉,这让苹果、惠普、Google等企业在初创时能以极低的成本创业。反观中国，高昂的房价令人咋舌，缺少一些适合早期创业的场所。能不能在国内打造一个开放式的办公环境，同时也给投资者提供一个沟通和聚会的场所？在车库咖啡创始人苏菂的思考和行动下，我国的第一家位于中关村的孵化器式的车库咖啡厅诞生了，也是全国最具活力的孵化器之一。

3. 天使汇

天使汇是一个连接投资者和融资者的中介平台，本身不为任何项目提供基金。天使投资人是风险投资家，天使湾是众多天使投资人中的一个，专注于互联网，为自己看上眼的项目提供天使基金。服务对象大多数是初创者，融资成功后亟须成立公司，但对工商注册公司的手续和流程又不熟悉，即将上线的工商快速变更系统与天使汇的投融资平台融为一体，所有手续全部都在互联网上解决，实现"一站式"服务。

2011年11月11日，天使汇经过2个月的内部测试正式上线。2012年3月1日，天使汇经过5个月的打磨迭代发布了新版，在用户体验上大大提升。2012年6月1日，根据用户的需求进行了投资人、项目页面改版升级。2012年11月11日，天使汇网站上线1年，在这一年里，通过天使汇平台完成融资的项目总共有48个，完成的融资额是8000万元人民币。

天使汇平台主要关注的项目和企业有三类：TMT（以互联网为主），尖端技术背景的项目和企业，传统产业转型升级过程中具有技术创新和商业模式创新的企业。现在平台上大多是高科技背景的中小企业和项目。

三、专业服务型众创空间案例

这类新型孵化器依托行业龙头企业建立，以服务移动互联网企业为主，提供行业社交网络、专业技术服务平台及产业链资源支持，协助优质创业项目与资本对接，帮助互联网行业创业者成长。这类新型孵化器的典型代表有云计算孵化器、诺基亚体验创新中心、微软云加速器等。

1. 云计算孵化器

上海杨浦科技创业中心云计算孵化器，是以"打造移动互联、云计算产业为核心的区域创新集群，成为区域发展的创新引擎，并通过对产业链的合理布局，实现对于产业链端企业和创新集群本身的投资价值"为宗旨，以 IT 技术为支撑，以专业市场为引导，以 IAAS、SAAS、PAAS 等不同业务类型的产业集聚为抓手，面向长三角乃至全国的具有示范意义的科技孵化器。2012 年，上海杨浦云计算孵化器根据自身的定位，结合社会资源和政府政策，为在孵企业提供了六类专业服务：云计算数据中心基础服务、云计算实验平台服务、云计算技术人才培训服务、云计算企业投融资服务、房租（宽带费）补贴中的云计算认定服务、云计算企业市场对接服务。这些服务的具体提供模式可归纳为三类：一是整合社会资源，搭建专业平台提供服务；二是结合政府优惠政策，提供云计算技术评定服务；三是发挥自身优势，引导企业市场对接。

云计算孵化器利用自身掌握的企业信息，引导云计算企业形成市场和技术研发的联合体，并针对长三角地区及全国的信息化改造和网络建设，为企业提供专业市场对接机会；同时，通过线上企业信息展示平台为云计算企业提供信息交流、取长补短的在线信息对接服务。

从上述杨浦云计算孵化器提供的服务来看，一方面，整合社会资源搭建混合供给平台，增加专业服务供给数量，避免了市场供应的负效应；另一方面，通过云计算企业评定，使符合规定的云计算企业获得了相关的政策优惠，解决了房租（宽带费）补贴政策的"拥挤性"问题，避免园区企业"搭便车"现象的发生。杨浦云计算孵化器供给模式实践证明孵化服务符合准公共产品的供给特点，同时，通过孵化服务的供给，体现出孵化器对促进区域科技成果转化，培养高新技术企业和企业家的使命和责任。

2. 诺基亚体验创新中心

诺基亚体验创新中心（Nokia Experience Innovation Center，NEIC），于 2012 年 9 月 18 日在北京成立，通过诺基亚体验创新中心资源扶助、技术支持、培训服务、交流探讨等方式，为移动互联开发创业者提供全套创业解决方案的平台。NEIC 旨在扶持开发创业者成长，鼓励并孵化初级创业者向互联网公司迈进，为打造一个软件生态园奠定了基础，并创建了企业与政府双赢发展的模式。

诺基亚体验创新中心（NEIC）的目标是：遴选 3000 个创意，并扶持 300 家创业公司，帮促 30 家创新企业上市。按照目前的规划，NEIC 将用 3~5 年的时间来实现这三个目标。

第一个目标是遴选 3000 个创意，NEIC 将从开发者和创业团队提交的创新想法及应用中遴选出 3000 个创意,并为之提供技术和业务支持,帮助他们将创新萌芽转化为真正的商业机遇;第二个目标是扶持 300 家创业企业,NEIC 将为他们提供加速发展的各项支持;第三个目标是帮促 30 家创新企业上市,NEIC 将通过全方位的紧密合作助力这 30 家公司实现更进一步的发展。

3. 微软云加速器

微软于 2012 年 7 月正式启动微软公司在中国的首个创业加速器——云加速器。微软云加速器旨在深入中国的创业生态链,鼓励更多的创业者使用微软云计算平台进行技术开发及实现创新;同时为企业提供多方位的创业支持资源,以此帮助创业者实现梦想。

微软云加速器将硅谷的孵化器模式逐步引入中国,不仅激发了创业者的创业动力,同时带动着其他创业服务机构成长,一起成为中关村科技企业孵化体系中最具活力的新生力量。微软云加速器与中关村管委会的联动机制也使得中关村的金种子企业有更多的机会加入微软云加速器。未来,微软云加速器还计划拓展到国内其他省市,期望与中关村的全国辐射效应一同发挥作用,实现创新型孵化器的快速复制。

微软云加速器将在北京市海淀区中关村微软亚太研发集团总部展开运营。该加速器是微软 BizSpark 新创企业扶植计划的延伸。因此,每一个入驻的创业公司将得到 BizSparkPlus 计划所提供的微软软件及使用 WindowsAzure 云服务。除此之外,微软云加速器还将为入驻的创业企业提供办公空间、多方位培训与导师扶持、技术及运营指导、融资机会等多种创业支持资源。

四、企业平台型众创空间案例

这类孵化器侧重对创业者的创业教育和培训辅导,以提升创业者的综合能力为目标,充分利用丰富的人脉资源,邀请知名企业家、创投专家、行业专家等作为创业导师,并为企业开展创业辅导。这类新型孵化器的典型代表有联想之星、亚杰商会、北大创业训练营等。

1. 联想之星

"联想之星"是由中国科学院和联想控股有限公司于 2008 年共同发起

的,通过免费创业培训、天使投资、开放平台等扶持手段,致力于发现并培养优秀的科技创业领军人才、为早期科技创业企业提供天使资金、树立并传播科技成果产业化、科技创业的观念、探索适合高科技成果产业化的"三位一体"科技创业孵化模式。

通过5年的探索和发展,这种综合孵化模式已逐步得到了社会的广泛认可,并且在创业界拥有了良好的品牌美誉度。2011年,联想之星被北京中关村正式认定为"中关村国家级自主创新示范区创新型孵化器"。2009年,由联想控股出资4亿元人民币,设立天使投资基金,主要投资领域涉及移动互联网及其应用、高端制造、新材料、生物医药和医疗器械、节能环保技术以及其他高增长的新兴领域。

为了帮助更多的创业者,2010年联想之星启动了"区域短训班"和"创业大讲堂"。其中"创业大讲堂"是面向当地创业者的千人以上规模的大型活动,与各地为创业企业服务的政府机构合作,由柳总领衔,参会嘉宾和创业者就具体创业问题展开了交流。目前已经在无锡、武汉、成都、北京、天津举办五场,参与人员超过7000人,并通过网络进行直播,覆盖数万人。

2011年,为了给科技创业者提供持续服务,整合更多的有利于创业的政府和社会资源,联想之星创业联盟成立。创业联盟以联想之星特训班各期学员为主体,与政府相关机构(北京、上海、苏州、武汉、无锡、天津、成都、广州等地)、知名投资机构(红杉、KPCB、经纬中国、创新工场、中新创投、金沙江、北极光等)以及社会专业服务机构(上海大学生科技创业基金会、汉口银行、硅谷华源科技协会等)建立战略合作关系,共同为创业企业提供全方位的持续服务。

2012年,联想之星与上海市大学生科技创业基金会、天津经济开发区、苏州工业园区合作,分别在上海、天津和苏州联合设立联想之星创业孵化基地。

2. 亚杰商会

AAMA 起源于美国硅谷,全称为 Asia America Multi-technology Association(亚美高科技商会),经过30多年的成功运作,成为美国商界最具影响力的亚裔科技商业协会之一。AAMA 亚杰商会是由一批具有丰富经验和资源的成功企业家、投资银行家、管理咨询专家发起成立,抱着对中国未来商业和创业企业极强的责任感和使命感,他们共同实践以自己的资源、经验和积累,推动中国科技产业和创业企业的发展和进步。

"摇篮计划"是 AAMA 亚杰商会一项推动中国青年创业家成长与进步的公益项目。自 2006 年开始,每年邀请 10 位在科技、商业、投资金融界的精英人士作为导师,同时通过多种渠道甄选 20 位富有潜力的创业家,以 1 对 1 辅导、讲座培训和集体活动等多种方式,为年轻创业家创造面对面向导师学习的机会,同时打造一个导师与学员及学员之间交流分享的网络化学习型组织。目前已有 98 位导师、214 位创业家进入"摇篮计划",已先后有完美时空、海兰信、鑫泉物联网、煦联得节能、多玩游戏 YY 及兰亭集势、聚美优品等 12 家企业在纳斯达克、创业板及新三板成功登陆或挂牌。融资额超过 380 亿元人民币(不包括 IPO 融资),并有 10 余家企业在上市申请中,使得"摇篮计划"成为国内最具影响力的公益性创业家培育、孵化平台。

3. 北大创业训练营

北大创业训练营是北大校友会发起的全公益开放创业教育平台,依托北京大学的教育资源、研究资源、校友资源,通过实战与行业理论相结合的创业培训、全链条的创业孵化,为创业者提供理论、技术、资金、场所等全方位的服务与支持。

北大创业训练营是由北京大学校友会、北京大学产业技术研究院联合相关单位团体共同发起的"北京大学创新创业扶持计划"(以下简称"扶持计划")的核心部分。

作为"扶持计划"的核心部分,北大创业训练营旨在系统帮扶北大及社会优秀创新创业人才创业成功;北大创业训练营采用集中模块化授课方式,邀请北大知名学者及创业家校友全程讲授,每期针对 50 位左右优秀创业者免费授课,以理论结合实际的实战创业课程体系为依托,以企业导师计划及创业服务联盟为特色,综合帮扶创业者解决企业创建和发展期的战略规划设计及实际经营问题;"训练营"采用集中模块化授课方式,邀请北大知名学者及创业家校友全程讲授,并推出创业导师计划,引入早期创投基金,综合扶持、孵化创业项目;同时,创业训练营结业者将成为北京大学创业营校友会成员,纳入北大校友数据库,邀请北大相关领域校友专家及校友企业,从法务、税务、战略、市场、咨询等多个维度长期关注、帮扶解决创业企业的后顾之忧。

五、垂直产业型众创空间案例

这类孵化器是在互联网技术、硬件开源和3D制造工具基础上发展而来的,以服务创客群体和满足个性化需求为目标,将创客的奇思妙想和创意转化为现实产品,为创客提供互联网开源硬件平台、开放实验室、加工车间、产品设计辅导、供应链管理服务和创意思想碰撞交流的空间。这类新型孵化器的典型代表有创客空间、柴火空间等。

1. 创客空间

创客空间是一个以推动开源运动为使命,具有加工与设计能力、工作室功能的开放的实验室,创客们可以在创客空间里共享资源和知识,来实现他们的想法。"创客空间"出自 Make Magazine。它是一个实体(相对于线上虚拟)空间,在这里的人们有相同的兴趣,人们在这里聚会,以及活动与合作。创客空间可以看作是开放交流的实验室、工作室、机械加工室,这里的人们有着不同的经验和技能,可以聚会来共享资料和知识,为了制作/创作他们想要的东西。

从发展趋势看,创客空间必将成为技术创新活动开展和交流的场所,也是技术积累的场所,也必将成为创意产生和实现以及交易的场所,从而成为创业集散地。

创客们以好玩为主要目的,恰恰是创客的意义所在。当创意及其实现有成为商业模式的可能的时候,创业就是一件顺理成章的事情。一旦有创业的想法,就要去思考商业模式,搭建创业团队。所以,凡是有创业想法的创客,就要做有心人,并且要坚持。从创意到实现创意是一个质的飞跃,从创意产品到形成商业模式,又是一个飞跃,且每一个飞跃都不容易,也都意味着有失败的危险。同时,这样去做之后,作为纯粹创客的乐趣也许会减少。

成都创客空间是一个知识分享、创意交流以及协同创造为主的非营利组织。创客空间遍布全球,它们都具有实体空间并采用社区化方式运营。在这里,大家可以一同开展有趣的项目。成都创客空间既是西部的第一个创客空间,也是全球数百个创客空间之一。

尽管每个创客空间都自主运营,但大家都秉承着相同的理念——在创作中寻求快乐。在创客环境中，大家可以捣鼓新技术，可以与团队一同协作，也可以参与国际竞赛，寻找并创造新的机会。向软硬件高手、电子艺术家、设计师、DIY 爱好者和所有喜欢自己动手捣鼓各种东西的人提供了一个开放式社区、实验空间和基础设备。在这里，大家不仅可以和兴趣相投的人一起拆装各种电子和物理产品，还可以共同实施一些好的设计和想法。

2. 柴火空间

柴火创客空间是机器科技的工作坊。"创客"概念源自国外，来源于英文单词"Maker"，意指热衷于创意、设计、制造的群体。柴火创客空间是深圳的创客们聚集的"创意会所"。据悉，每周三晚上，柴火创客空间像各地的创客空间一样，会举办聚会活动，创客们分享大家最近的战斗成果或者关注到的最新的技术。

2010 年，柴火创客空间正式成立。作为深圳第一家创客空间，承载了一份执着、一份信念，当然也给在深圳的创客们带来了一个可以拧成一股绳的契机。

柴火建立的初衷很简单，犹如名字的由来：众人拾柴火焰高。也因此一直以来，柴火的理念都是为创客们提供一个好的场所，让来自各界各有所长的人碰撞出更多的火花，并且加些催化剂，把这些火花炸得更欢腾，让普通大众能够看到、感受到。创客来源于生活但不拘泥于生活，归根结底，柴火一直都想把不甘寂寞的人变为创客，让创新创业变为他们不甘寂寞的一种宣泄。

从柴火走出的项目与成就大家都是有目共睹的：柴火第一位会员王建军的 Makeblock、海归高老师的 Betwine、国内创客大神级人物张浩 Dorabot 以及充满乐趣像朝阳一般的 Shenzhen DIY……柴火只是深圳创客社区的一个缩影，但绝不是柴火就代表着深圳的创客。深圳的创客们都是有独立思想、高尚情怀以及梦想的。

第五章　中国主要国家级技术创新项目案例

一、国家火炬计划项目

火炬计划项目是火炬计划的另一重要组成部分，通过项目示范，引导实施火炬计划。

火炬计划项目是以国内外市场需求为导向，以国家、地方和行业的科技攻关计划、最新技术研究开发计划成果以及其他科研成果为依托，以发展高新技术产品、形成产业为目标，择优评选并组织实施的高科技产业化项目。通过火炬计划项目的实施，造就高新技术企业和企业集团。

火炬计划项目的重点发展领域是：电子与信息、生物技术、新材料、光机电一体化、新能源、高效节能与环保。从"九五"开始，为扶持火炬计划项目的发展采取了以下措施：

1. 认定重点火炬计划项目

每年从国家火炬计划中认定一批重点火炬计划项目。这些项目应具有我国自主知识产权，技术水平在国内同行业中居领先地位，项目市场前景好，产业规模大，有较强的市场竞争能力和较大的市场覆盖面，是国内重点发展的高新技术产业。重点项目应在同行业中起到示范带动作用，且在地方经济中起支柱作用。

2. 认定重点高新技术企业（集团）

高新技术企业是实施火炬计划项目的载体。每年从承担火炬计划项目的企业中，择优选定一批重点高新技术企业（集团），国家和地方共同在市场、信息、资金、管理、服务等方面给予支持，以此促进地方区域经济的发展。

3. 建立国家火炬计划软件产业基地

软件作为计算机系统和信息产业的核心与灵魂，是火炬计划重点支持的高技术领域之一。国家火炬计划软件产业基地集成所在地区主要是软件企业，创造产业政策、基础设施、综合管理等方面的优化局部环境，推进中国软件产业的发展。基地具有促进软件研究成果转化、培育中小软件企业的功能，为基地内企业提供通信、技术、管理培训、产品评测、项目组织、融资协调、市场开拓和促进国内外交流合作等服务。已建立的东大软件园等国家火炬计划软件产业基地发展迅速，且在国家和地方软件产业发展中起到了重要的示范和带动作用。

二、国家 863 计划项目

863——国家高技术研究发展计划，1986 年 3 月，王大珩、王淦昌、杨嘉墀、陈芳允四位老科学家给中共中央写信，提出要跟踪世界先进水平，发展我国高技术的建议。这封信得到了邓小平同志的高度重视，邓小平同志亲自批示：此事宜速决断，不可拖延。经过广泛、全面和极为严格的科学、技术论证后，中共中央、国务院批准了《高技术研究发展计划（863 计划）纲要》（以下简称《纲要》）。从此，中国的高技术研究发展进入了一个新阶段。15 年来，在党中央和国务院的正确领导下，以及在有关部门的大力支持下，经过广大科技人员的奋力攻关，863 计划取得了重大进展，为我国高技术发展、经济建设和国家安全做出了重要贡献。

三、国家科技支撑计划项目

国家科技支撑计划（以下简称"支撑计划"）是面向国民经济和社会发展的重大科技需求，落实《纲要》重点领域及优先主题的任务部署，以重大工艺技术及产业共性技术研究开发与产业化应用示范为重点，主要解决综合性、跨行业、跨地区的重大科技问题，突破技术瓶颈制约，提升产业竞争力。

政策篇

——改革开放以来新型城镇化相关政策一览

政策篇——改革开放以来新型城镇化相关政策一览

第一章 中国城镇化建设政策分析

一、城镇化早期政策一览

1978年，安徽省凤阳县小岗村18位农民冒着极大的风险，在土地承包责任书上按下了鲜红的手印，小岗村包产到户拉开了中国土地改革的序幕。

1979年9月28日，党的十一届四中全会通过的《中共中央关于加快农业发展若干问题的决定》提出"有计划地发展小城镇建设和加强城市对农村的支援，这是加快实现农业现代化，实现四个现代化，逐步缩小城乡差别、工农差别的必由之路"。

1980年的全国城市规划工作会议又确定了"控制大城市规模，合理发展中等城市，积极发展小城镇的方针"。

在1992年明确经济体制改革的市场化趋向之后，农村发展和小城镇建设在国民经济发展中所扮演的角色也越来越重要，政府用政策引导农村的城镇化显得尤为重要。

1994年9月，建设部、国家计委、国家体改委、国家科委、农业部、民政部等六部委联合发布《关于加强小城镇建设的若干意见》，这是我国第一个关于小城镇健康发展的指导性文件，是政府引导城镇化的开端。

1995年4月，根据国务院原则同意的《关于加强小城镇建设的若干意见》的要求，国家体改委、建设部、公安部、国家计委、国家科委、中央机构编制委员会办公室、财政部、农业部、民政部、国家土地局、国家统计局等联合发布《中国小城镇综合改革试点指导意见》决定依靠地方政府和各有关部门，选择一批小城镇，并进行综合改革试点。

1998年10月,《中共中央关于农业和农村工作若干重大问题的决定》中提出,"发展小城镇,是带动农村经济和社会发展的一个大战略"。江泽民同志在十五届四中全会上进一步指出:"实施西部大开发和加快小城镇建设,都是关系到我国经济和社会发展的重大战略问题。"将小城镇建设提高到了"大战略"的高度。

2000年6月13日,中共中央、国务院发布了《关于促进小城镇健康发展的若干意见》,指出当前小城镇建设中存在一些不容忽视的问题。

2005年胡锦涛强调,坚持走中国特色的城镇化道路,按照循序渐进、节约土地、集约发展、合理布局的原则,努力形成资源节约、环境友好、经济高效、社会和谐的城镇发展新格局。

2008年中共十七届三中全会通过《中共中央关于推进农村改革发展若干重大问题的决定》,允许农民以转包、出租、互换、转让、股份合作等形式流转土地承包经营权,发展多种形式的适度规模经营。

2010年,中央经济工作会议明确强调"城镇化是我国现代化建设的历史任务,也是扩大内需的最大潜力所在,要围绕提高城镇化质量,因势利导、趋利避害,积极引导城镇化健康发展"。会议还着重强调,未来大中小城市和小城镇、城市群要科学布局,与产业布局和环境资源相协调,而且"要把有序推进农业转移人口市民化作为重要工作抓实抓好"。

2012年12月16日,中央经济工作会议指出,城镇化是我国现代化建设的历史任务,也是扩大内需的最大潜力所在,要围绕提高城镇化质量,因势利导、趋利避害,积极引导城镇化健康发展。

2013年3月,国务院总理李克强指出城镇化是我国经济增长的巨大引擎,是本届政府的工作重点,新型城镇化是以人为核心的城镇化,并特别强调要防止城市病,不能一边是高楼林立,另一边是棚户连片。解决城市内部的二元结构也是降低城镇化的门槛。

二、新型城镇化建设支持政策

2014年3月16日,新华社发布《国家新型城镇化规划(2014~2020年)》(以下简称《规划》)。该《规划》分规划背景、指导思想和发展目标、有序推进农业转移人口市民化、优化城镇化布局和形态、提高城市可持续发展能力、推动城乡发展一体化、改革完善城镇化发展体制机制、规划实施8篇，重大意义、发展现状、发展态势、指导思想、发展目标、推进符合条件农业转移人口落户城镇、推进农业转移人口享有城镇基本公共服务、建立健全农业转移人口市民化推进机制、优化提升东部地区城市群、培育发展中西部地区城市群、建立城市群发展协调机制、促进各类城市协调发展、强化综合交通运输网络支撑、强化城市产业就业支撑、优化城市空间结构和管理格局、提升城市基本公共服务水平、提高城市规划建设水平、推动新型城市建设、加强和创新城市社会治理、完善城乡发展一体化体制机制、加快农业现代化进程、建设社会主义新农村、推进人口管理制度改革、深化土地管理制度改革、创新城镇化资金保障机制、健全城镇住房制度、强化生态环境保护制度、加强组织协调、强化政策统筹、开展试点示范、健全监测评估31章。

印发通知指出，《规划》是今后一个时期指导全国城镇化健康发展的宏观性、战略性、基础性规划。城镇化是现代化的必由之路，是解决农业、农村、农民问题的重要途径，是推动区域协调发展的有力支撑，是扩大内需和促进产业升级的重要抓手。制定实施《规划》，努力走出一条以人为本、四化同步、优化布局、生态文明、文化传承的中国特色新型城镇化道路，对全面建成小康社会、加快推进社会主义现代化具有重大的现实意义和深远的历史意义。

通知要求，各级党委和政府要进一步提高对新型城镇化的认识，全面把握推进新型城镇化的重大意义、指导思想和目标原则，切实加强对城镇化工作的指导，着重解决好农业转移人口落户城镇、城镇棚户区和城中村改造、中西部地区城镇化等问题，推进城镇化沿着正确方向发展。各地区各部门要科学规划实施，坚持因地制宜，推进试点示范，既要积极、又要稳妥、更要扎实，确保《规划》提出的各项任务落到实处。

2015年2月，国家发改委通知印发国家新型城镇化综合试点方案，将江苏、安徽两省和宁波等62个城市（镇）列为国家新型城镇化综合试点地区，试点自2014年底前开始，并根据情况不断完善方案，到2017年各试点任务取得阶段性成果，形成可复制、可推广的经验；2018~2020年，逐步在全国范围内推广试点地区的成功经验。

表1-1 国家发改委公布第一批国家新型城镇化综合试点地区名单

分类	名　　单
省	江苏省、安徽省
计划单列市	宁波市、大连市、青岛市
省会城市	武汉市、长春市、哈尔滨市、石家庄市、长沙市、广州市
直辖市	重庆市
地级市（区、县）	江苏省扬州市、江苏省高邮市、湖北省孝感市、
	北京市通州区、天津市蓟县、吉林省吉林市
	黑龙江省齐齐哈尔市、黑龙江省牡丹江市、上海市金山区
	浙江省嘉兴市、福建省莆田市、江西省鹰潭市
	山东省威海市、山东省德州市、河南省洛阳市、湖南省株洲市
	广东省东莞市、广东省惠州市、深圳市（光明新区）
	贵州省安顺市、云南省曲靖市、甘肃省金昌市
	青海省海东市、宁夏回族自治区固原市
	广西壮族自治区柳州市、广西壮族自治区来宾市、四川省泸州市
县级市（区、县）、部分建制镇	湖北省仙桃市、湖北省宜城市、河北省定州市
	河北省张北县、山西省介休市、内蒙古自治区扎兰屯市
	辽宁省海城市、吉林省延吉市、浙江省义乌市
	江西省樟树市、山东省郓城县
	福建省晋江市
	新疆维吾尔自治区伊宁市、新疆维吾尔自治区阿拉尔市
	贵州省都匀市、云南省大理市、西藏自治区日喀则市桑珠孜区
	浙江省苍南县龙港镇、吉林省安图县二道白河镇
	河南省禹州市、河南省新郑市、河南省兰考县
	陕西省高陵县、青海省格尔木市
	湖南省资兴市、海南省儋州市、四川省阆中市

资料来源：国家发改委。

2015年11月，国家发改委公布第二批国家新型城镇化综合试点地区名单。国家发改委在同时发布的名单中明确，这一轮试点将于2015年底前启动，到 2017 年与第一批试点地区同步取得试点任务的阶段性成果形成可复制、可推广的经验；到 2020 年在全国范围内全面有序地推广试点成功经验。

表1-2　国家发改委公布第二批国家新型城镇化综合试点地区名单

分类	入 围 名 单
北京市	房山区
	大兴区
上海市	松江区
浙江省	德清县台州市
广东省	佛山市南海区
山西省	泽州县
内蒙古自治区	和林格尔县
黑龙江省	安达市
河南省	长垣县
广西壮族自治区	北流市
海南省	文昌市
重庆市	大足区
贵州省	湄潭县
西藏自治区	曲水县
甘肃省	陇西县

资料来源：国家发改委。

2016 年 12 月，国家发改委公布第三批国家新型城镇化综合试点地区名单。北京市顺义区等 111 个城市（镇）列为第三批国家新型城镇化综合试点地区，2016 年底前启动试点，到 2018 年取得试点任务的阶段性成果，形成可复制、可推广的经验；到 2020 年在全国范围内全面有序地推广试点成功经验。

表1-3　国家发改委公布第三批国家新型城镇化综合试点地区名单

分类	入围名单
北京市	顺义区、延庆区
	平谷区金海湖镇
天津市	西青区张家窝镇、静海区大邱庄镇、静海区团泊镇
上海市	奉贤区
	宝山区罗店镇、青浦区重固镇
浙江省	衢州市开化县
	湖州市吴兴区织里镇、绍兴市柯桥区钱清镇、金华市婺城区汤溪镇
重庆市	永川区、璧山区、潼南区
四川省	遂宁市、达州市、自贡市富顺县、巴中市南江县
贵州省	黔西南州兴义市
	黔东南州凯里市
	六盘水市盘县
	黔南州独山县、三都县
西藏自治区	西藏自治区日喀则市拉孜县
	山南市扎囊县桑耶镇、林芝市巴宜区鲁朗镇
甘肃省	甘肃省白银市会宁县、天水市麦积区、庆阳市华池县
福建省	福州市福清市、漳州市长泰县、龙岩市上杭县、宁德市古田县
江西省	萍乡市、赣州市、抚州市、吉安市井冈山市
山东省	济南市、淄博市、烟台市、聊城市
	潍坊市诸城市、临沂经济技术开发区
湖北省	荆门市、随州市、宜昌市长阳县
	黄石市大冶市、襄阳市老河口市
内蒙古自治区	通辽市科尔沁左翼中旗
	巴彦淖尔市乌拉特中旗
	呼伦贝尔市鄂伦春旗大杨树镇
山西省	临汾市侯马市、吕梁市交城县
	太原市古交市马兰镇、晋城市城区北石店镇

续表

分类	入围名单
河北省	唐山市迁安市、秦皇岛市卢龙县
	邯郸市涉县、邢台市南和县
河南省	鹤壁市、郑州市新密市、郑州市登封市、许昌市长葛市
辽宁省	沈阳市辽中区、本溪市本溪满族自治县
	鞍山市台安县桑林镇、锦州市北镇市沟帮子镇
吉林省	通化市梅河口市、延边州敦化市
	四平市公主岭市范家屯镇、延边州珲春市敬信镇
黑龙江省	伊春市、黑河市北安市、黑河市逊克县、绥化市绥棱县
湖南省	湘潭市、郴州市、永州市祁阳县、永州市东安县芦洪市镇
广东省	韶关市、潮州市、肇庆市四会市、梅州市丰顺县留隍镇
海南省	澄迈县福山镇、保亭县三道镇、琼中县湾岭镇
广西壮族自治区	桂林市荔浦县、钦州市浦北县、百色市靖西市、南宁市横县六景镇
云南省	保山市腾冲市、楚雄州楚雄市、德宏州瑞丽市、大理州剑川县沙溪镇
陕西省	延安市、榆林市神木县、商洛市山阳县、宝鸡市岐山县蔡家坡镇
青海省	海北州海晏县、海南州贵德县、果洛州玛沁县、海东市循化县街子镇
宁夏回族自治区	银川市、吴忠市盐池县
	石嘴山市惠农区红果子镇
新疆维吾尔自治区	巴音郭楞州库尔勒市
	吐鲁番市鄯善县鲁克沁镇、阿勒泰地区布尔津县冲乎尔镇
新疆生产建设兵团	五家渠市

资料来源：国家发改委。

2016年2月2日，国务院以国发〔2016〕8号印发《关于深入推进新型城镇化建设的若干意见》（以下简称《意见》）。该《意见》分总体要求、积极推进农业转移人口市民化、全面提升城市功能、加快培育中小城市和特色小城镇、辐射带动新农村建设、完善土地利用机制、创新投融资机制、完善城镇住房制度、加快推进新型城镇化综合试点、健全新型城镇化工作推进机制 10 部分 36 条内容。

《意见》指出，新型城镇化是现代化的必由之路，是最大的内需潜力所在，是经济发展的重要动力，也是一项重要的民生工程，要总结推广各地区行之有效的经验，深入推进新型城镇化建设，充分释放新型城镇化蕴藏的巨大内需潜力，为经济持续健康发展提供持久的强劲动力。

《意见》提出，要坚持走中国特色新型城镇化道路，以人的城镇化为核心，以提高质量为关键，以体制机制改革为动力，紧紧围绕新型城镇化目标任务，加快推进户籍制度改革，提升城市综合承载能力，制定完善土地、财政、投融资等配套政策。

《意见》强调，深入推进新型城镇化，要坚持点面结合、统筹推进，着力解决好"3个1亿人"的城镇化问题，全面提高城镇化质量，充分发挥国家新型城镇化综合试点作用，带动全国新型城镇化体制机制创新；坚持纵横联动、协调推进，加强部门间政策制定和实施的协调配合，推动相关政策和改革举措形成合力，加强部门与地方政策联动，确保改革举措和政策落地生根；坚持补齐短板、重点突破，加快实施以农民工融入城镇、新生中小城市培育发展和新型城市建设为重点的"一融双新"工程，瞄准短板，优化政策组合，弥补供需缺口。

2017年7月，国家发改委组织编写的《国家新型城镇化报告2016》正式出版。国家发改委发展规划司负责人强调，2017年是新型城镇化建设向纵深推进、综合政策效应加快显现的重要一年，国务院批复同意的《加快推进新型城镇化建设行动方案》，明确了2017年工作的五大重点领域、25项具体任务。

第一个重点是促进农业转移人口市民化，具体包括7项工作：一是全面放宽重点群体落户限制。二是全面实施居住证制度。三是全面落实支持农业转移人口市民化财政政策。四是全面落实城镇建设用地增加规模与吸纳农业转移人口落户数量挂钩政策。五是建立进城落户农民农村"三权"维护和自愿有偿退出机制。六是推进教育、医疗等城镇基本公共服务覆盖常住人口。七是提高农民工职业技能培训质量和水平。

第二个重点是培育发展城市群和新生中小城市，具体包括5项工作：一是编制实施城市群规划。二是推进城市群一体化发展，强化基础设施和公共服务共建共享。三是规划布局中心城市，开展国家中心城市研究。四是加快培育新生中小城市，继续推进美丽特色小（城）镇建设。五是推进特大镇扩权赋能，推动公共服务从按行政等级配置向按常住人口规模配置转变。

第三个重点是提升城市功能和宜居水平，具体包括6项工作：一是推动城市集约紧凑发展。二是加快棚户区改造。三是加强城市基础设施建设。四是强化城市污染治理。五是加快绿色城市建设。六是加快新型智慧城市建设，开展新型智慧城市试点示范，出台分享经济发展指南。

第四个重点是加快推进城乡发展一体化，具体包括3项工作：一是推动交通运输、信息网络等基础设施和公共服务向农村延伸。二是激发农村资源资产要素活力。三是健全农村集体产权制度。

第五个重点是深化重点领域改革，具体包括4项工作：一是完善城乡土地制度，全面实行增减挂钩政策。二是健全城镇化投融资机制，大力推广政府和社会资本合作模式。三是深化新型城镇化综合试点。四是完善城镇化统计制度，加快建立健全全国统一的人口城镇化率统计指标。

第二章　中国特色小镇建设政策环境分析

一、《关于深入推进新型城镇化建设的若干意见》

2016年2月，《关于深入推进新型城镇化建设的若干意见》提出，加快特色镇发展，发展具有特色优势的休闲旅游、商贸物流、信息产业、先进制造、民俗文化传承、科技教育等魅力小镇。

加快特色小镇发展。因地制宜、突出特色、创新机制,充分发挥市场主体作用,推动小城镇发展与疏解大城市中心城区功能相结合、与特色产业发展相结合、与服务"三农"相结合。发展具有特色优势的休闲旅游、商贸物流、信息产业、先进制造、民俗文化传承、科技教育等魅力小镇,以此带动农业现代化和农民就近城镇化。提升边境口岸城镇功能,在人员往来、加工物流、旅游等方面实行差别化政策,提高投资贸易便利化水平和人流物流便利化程度。

二、《国民经济和社会发展第十三个五年规划纲要》

2016年3月,《国民经济和社会发展第十三个五年规划纲要》提出,加快发展中小城市和特色小镇,因地制宜地发展特色鲜明、产城融合、充满魅力的小城镇。

三、《关于做好2016年特色小镇推荐工作的通知》

2016年8月,《关于做好2016年特色小镇推荐工作的通知》,要求全国32个省(市、区)推荐上报特色小镇,共计159个名额,其中,名额最多的是浙江,有10个名额。该名单为业内首批,但尚未公布。

同时,明确了各省市推荐上报2016年特色小镇工作的各项细节,特色小镇推荐上报工作进入实质性开展阶段;发改委等有关部门将支持符合条件的特色小镇建设项目申请专项建设基金,中央财政对工作开展较好的特色小镇给予适当奖励。

四、《关于开展特色小镇培育工作的通知》

2016年7月1日,住房城乡建设部、国家发展改革委、财政部发布了《关于开展特色小镇培育工作的通知》,其目标是:到2020年,培育1000个左右各具特色、富有活力的休闲旅游、商贸物流、现代制造、教育科技、传统文化、美丽宜居等特色小镇,引领带动全国小城镇建设,不断提高建设水平和发展质量。

（一）培育要求

1. 特色鲜明的产业形态

产业定位精准，特色鲜明，战略新兴产业、传统产业、现代农业等发展良好、前景可观。产业向做特、做精、做强发展，新兴产业成长快，传统产业改造升级效果明显，充分利用"互联网+"等新兴手段，推动产业链向研发、营销延伸。产业发展环境良好，产业、投资、人才、服务等要素集聚度较高。通过产业发展，小镇吸纳周边农村剩余劳动力就业的能力明显增强，且带动农村发展效果明显。

2. 和谐宜居的美丽环境

空间布局与周边自然环境相协调，整体格局和风貌具有典型特征，路网合理，建设高度和密度适宜。居住区开放融合，提倡街坊式布局，住房舒适美观。建筑彰显传统文化和地域特色。公园绿地贴近生活、贴近工作。店铺布局有管控。镇区环境优美，干净整洁。土地利用集约节约，小镇建设与产业发展同步协调。美丽乡村建设成效突出。

3. 彰显特色的传统文化

传统文化得到充分挖掘、整理、记录，历史文化遗存得到良好的保护和利用，非物质文化遗产活态传承，形成独特的文化标识，与产业融合发展。优秀传统文化在经济发展和社会管理中得到充分弘扬。公共文化传播方式方法丰富有效，居民思想道德和文化素质较高。

4. 便捷完善的设施服务

基础设施完善，自来水符合卫生标准，生活污水全面收集并达标排放，垃圾无害化处理，道路交通停车设施完善便捷，绿化覆盖率较高，防洪、排涝、消防等各类防灾设施符合标准。公共服务设施完善、服务质量较高，教育、医疗、文化、商业等服务覆盖农村地区。

5. 充满活力的体制机制

发展理念有创新，经济发展模式有创新。规划建设管理有创新，鼓励多规协调，建设规划与土地利用规划合一，社会管理服务有创新，省、市、县支持政策有创新，镇村融合发展有创新。体制机制建设促进小镇健康发展，激发内生动力。

(二) 组织领导和支持政策

住房城乡建设部、国家发展改革委、财政部(以下简称三部委)负责组织开展全国特色小镇培育工作,明确培育要求,制定政策措施,开展指导检查,公布特色小镇名单。省级住房城乡建设、发展改革、财政部门负责组织开展本地区特色小镇培育工作,制定本地区指导意见和支持政策,开展监督检查,组织推荐。县级人民政府是培育特色小镇的责任主体,制定支持政策和保障措施,整合落实资金,完善体制机制,统筹项目安排并组织推进。镇人民政府负责做好实施工作。

国家发展改革委等有关部门支持符合条件的特色小镇建设项目申请专项建设基金,中央财政对工作开展较好的特色小镇给予适当奖励。

三部委依据各省小城镇建设和特色小镇培育的工作情况,逐年确定各省推荐数量。省级住房城乡建设、发展改革、财政部门按推荐数量,于每年 8 月底前将达到培育要求的城镇向三部委推荐。特色小镇原则上为建制镇(县城关镇除外),优先选择全国重点镇。

表 2-1 各省(区、市)特色小镇推荐数量分配

编号	省(区、市)	数量
1	北京市	4
2	天津市	3
3	河北省	5
4	山西省	4
5	内蒙古自治区	4
6	辽宁省	5
7	吉林省	3
8	黑龙江省	4
9	上海市	4
10	江苏省	8
11	浙江省	10
12	安徽省	6

续表

编号	省(区、市)	数量
13	福建省	6
14	江西省	5
15	山东省	8
16	河南省	5
17	湖北省	6
18	湖南省	6
19	广东省	8
20	广西壮族自治区	5
21	海南省	3
22	重庆市	5
23	四川省	8
24	贵州省	6
25	云南省	4
26	西藏自治区	3
27	陕西省	6
28	甘肃省	3
29	青海省	3
30	宁夏回族自治区	3
31	新疆维吾尔自治区	4
32	新疆生产建设兵团	2
合计		159

资料来源：住建部。

五、《关于推进政策性金融支持小城镇建设的通知》

住房城乡建设部、中国农业发展银行发布《关于推进政策性金融支持小城镇建设的通知》（以下简称《通知》）。《通知》提出建立贷款项目库，推动全国小城镇政策性金融支持工作。

小城镇是新型城镇化的重要载体，是促进城乡协调发展最直接、最有效的途径。各地要充分认识培育特色小镇和推动小城镇建设工作的重要意义，发挥政策性信贷资金对小城镇建设发展的重要作用，做好中长期政策性贷款的申请和使用，不断加大小城镇建设的信贷支持力度，切实利用政策性金融支持，全面推动小城镇建设发展。

《通知》明确了支持范围：

（1）支持以转移农业人口、提升小城镇公共服务水平和提高承载能力为目的的基础设施和公共服务设施建设。主要包括：土地及房屋的征收、拆迁和补偿；安置房建设或货币化安置；水网、电网、路网、信息网、供气、供热、地下综合管廊等公共基础设施建设；污水处理、垃圾处理、园林绿化、水体生态系统与水环境治理等环境设施建设；学校、医院、体育馆等文化教育卫生设施建设；小型集贸市场、农产品交易市场、生活超市等便民商业设施建设；其他基础设施和公共服务设施建设。

（2）为促进小城镇特色产业发展提供平台支撑的配套设施建设。主要包括：标准厂房、孵化园、众创空间等生产平台建设；博物馆、展览馆、科技馆、文化交流中心、民俗传承基地等展示平台建设；旅游休闲、商贸物流、人才公寓等服务平台建设；其他促进特色产业发展的配套基础设施建设。

《通知》指出要优先支持贫困地区，并提出要建立贷款项目库。申请政策性金融支持的小城镇需要编制小城镇近期建设规划和建设项目实施方案，经县级人民政府批准后，向中国农业发展银行相应的分支机构提出建设项目和资金需求。各省级住房城乡建设部门、中国农业发展银行省级分行应编制本省（区、市）本年度已支持情况和下一年度申请报告（包括项目清单），并于每年12月底前提交住房城乡建设部、中国农业发展银行总行，同时将相关信息录入小城镇建设贷款项目库。

由此可见，特色小镇建设与发展必须由政府引导，市场主导，同时需要精细规划与策划，方能准确定位，持续发展。政府引导+市场主导=城市运营模式+PPP模式也许会成为特色小镇的一剂良药。

六、各地特色小镇建设支持政策

2016 年 7 月 21 日，住房城乡建设部、国家发展改革委、财政部联合发出《关于开展特色小城镇培育工作的通知》〔2016〕147 号，提出即日起在全国范围内开展特色小城镇培育工作，到 2020 年争取培育 1000 个左右各具特色、富有活力的特色小镇，引领带动全国小城镇建设牢固树立并贯彻落实创新、协调、绿色、开放、共享的发展理念，因地制宜、突出特色，充分发挥市场主体作用，创新建设理念，转变发展方式，探索小城镇建设健康发展之路。

各地也纷纷出台政策、通知等来指导自己省（市）特色小镇的创建。

1. 北京市

《北京市"十三五"时期城乡一体化发展规划》指出，"十三五"期间，本市将统筹规划建设一批功能性特色小城镇，提高小城镇承载力，更好地对接非首都功能疏解，进而起到"桥头堡"作用。

在疏解北京非首都功能的进程中，郊区将迎来历史性重大发展机遇。疏解北京非首都功能，治理"大城市病"，需要在更广阔的空间配置资源。郊区特别是平原地区，是非首都功能疏解的重要承接地。其中，小城镇更是城乡体系中的重要节点。

"十三五"期间，作为重点小城镇的升级版，北京市将充分利用北京非首都功能疏解的重大机遇，调整重点镇规划布局，明确各类小城镇的功能定位。如平原地区的乡镇，位于京津冀协同发展的"中部核心功能区"，将积极承接中心城和新城疏解的生产性服务业、医疗、教育等产业项目，打造一批大学镇、总部镇、高端产业镇；西北部山区乡镇，位于京津冀协同发展的"生态涵养区"，将重点发挥生态保障、水源涵养、旅游休闲、绿色产品供给等功能，打造一批各具特色的健康养老镇、休闲度假镇；围绕重大项目建设、重点资源利用，还将统筹规划建设雪上运动小镇、世园小镇、环球影城小镇、新机场服务小镇、科技信息小镇等一批功能性特色小城镇，带动农民实现就地城镇化和增收致富。

在新型城镇化建设中，该市将着重支持农村集体经济组织和农民更多地参与农村生态环境、基础设施、公共服务等项目建设，获得更多的经营收益和劳动报酬。探索盘活农民闲置住房，发展旅游养老业。结合农村集体经营性建设用地制度改革，让农民更多地分享土地增值收益，增加农民财产性收益。深入推进集体产权制度改革，制定支持集体经济组织做大做强的有关政策，完善其市场主体地位，增加农民集体股权收益。探索建立绿色生态为导向的农业补贴制度，提高生态补偿标准，提高农村社会保障水平，增加农民转移性收入。力争到2020年，农民人均收入达到3万元，低收入农户人均收入达到1.5万元。

2. 河北省

中共河北省委河北省人民政府出台《关于建设特色小镇的指导意见》。力争通过3~5年的努力，培育建设100个产业特色鲜明、人文气息浓厚、生态环境优美、多功能叠加融合、体制机制灵活的特色小镇。

（1）特色小镇既不是行政区划的"镇"，也不是"区"。特色小镇不是行政区划单元的"镇"，也不是产业园区、景区的"区"，一般布局在城镇周边、景区周边、高铁站周边及交通轴沿线，适宜集聚产业和人口的地域。特色小镇规划要突出特色打造，彰显产业特色、文化特色、建筑特色、生态特色，由此形成"一镇一风格"。

（2）建设用地面积1平方公里左右，聚集人口1万~3万人。规划面积一般控制在3平方公里左右（旅游产业类特色小镇可适当放宽），建设用地面积一般控制在1平方公里左右，聚集人口1万~3万人。

（3）按照AAA级以上景区标准建设。突出历史文化传承，注重保护重要历史遗存和民俗文化，挖掘文化底蕴，开发旅游资源，所有特色小镇要按AAA级以上景区标准建设，旅游产业类特色小镇要按AAAA级以上景区标准建设，并推行"景区+小镇"管理体制。

（4）要有明确产业定位。特色小镇要聚焦特色产业集群和文化旅游、健康养老等现代服务业，兼顾皮衣皮具、红木家具、石雕、剪纸、乐器等历史经典产业。

（5）每个小镇投资20亿元以上。突出有效投资。坚持高强度投入和高效益产出，每个小镇要谋划一批建设项目，原则上3年内要完成固定资产投资20亿元以上，其中特色产业投资占比不低于70%，第一年投资不低于总投资的20%，金融、科技创新、旅游、文化创意、历史经典产业类特色小镇投资额可适当放宽，对完不成考核目标任务的予以退出。

（6）引进人才，创新特色产业。集聚高端要素。根据产业定位量身定制政策，打造创新创业平台，吸引企业高管、科技创业者、留学归国人员等创新人才，引进新技术，开发新产品，做大做强特色产业。建设特色小镇公共服务APP，提供创业服务、商务商贸、文化展示等综合功能。

3. 四川省

近3年来，四川大力实施"百镇建设行动"，每年遴选100个小城镇重点培育。目前，推出的300个试点示范特色小镇竞相发展，形成了"百镇示范带动、千镇蓬勃发展"的良好势头，乡土四川正加速向城镇四川迈进。

四川鲜明提出，要统筹城市和小城镇规划布局，突出小城镇文化底蕴、民族风情、自然风光和产业特色，并为小城镇建设注入鲜活的生命力。

坚持"多规合一"。四川统筹小城镇布局和功能，把小城镇建设系统纳入了新型城镇化规划体系，确保300个试点镇的土地、城建、产业和基础设施配套，与城镇总体规划相适应。

坚持"一镇一规"。四川众多小城镇分布于平原、河谷、丘陵、山地，发展条件参差不齐。按照宜工则工、宜旅则旅、宜商则商、宜居则居的原则，精准规划，使每个镇都有鲜明特色和发展方向。

坚持"绿色优先"。四川小城镇的山、水、林生态优势突出，坚持以原有城镇自然风貌为基础，划定小城镇规划红线，创建山水相依、绿色低碳、自然和谐的宜居小城镇。

四川在小城镇建设中，坚持政府引导、市场运作、企业主体，不搞"大包大揽"，不搞财政资金集成的"盆景"，坚持以改革为动力，培育提升小城镇的自我发展能力。

向改革要"小城镇内生动力"。推进"扩权强镇"，新津县、大竹县分别将97项和111项县级管理权限和事项下放到花源镇和庙坝镇，增强了试点镇的统筹管理能力。实行"一体化管理"，如成都市安德镇实行镇与功能区"镇区合一、两块牌子、一套人马"的管理体制，提升了小城镇管理的水平。

向改革要"农村人口市民化"。全面放开小城镇落户限制，从2013年开始，四川在全国率先全面放开除特大城市以外的城镇落户限制，近年来试点镇转移农村人口约60万人。推进社保制度改革，完善社保关系转移接续办法，切实保障农民"愿进来""留得住""过得好"。

向改革问"钱从哪里来"。省财政 3 年安排专项资金 15 亿元,整合专项资金近 5 亿元,通过"以奖代补"竞争机制对小城镇基础设施资金配套。同时,运用 PPP、财政贴息、直接补助、发行地方政府债券等多种方式,激励社会资本投入小城镇建设。

4. 山东省

2012 年,山东省委、省政府确定实施"百镇建设示范行动"。出台了《山东省人民政府关于开展"百镇建设示范行动"加快推进小城镇建设和发展的意见》,在实施扩权强镇、保障发展用地、适度扩大财权、加强资金扶持、优化机构设置等七个方面制定了创新性的优惠政策。

委托给示范镇的行政许可和审批事项,一律进入镇便民服务中心,实行"一站式服务"。

"十二五"期间省里每年为 100 个示范镇安排不少于 5000 亩的新增建设用地计划指标,直接单列下达。省里每年安排 10 亿元的示范镇建设专项资金。

5. 陕西省

2016 年,陕西省发出《进一步推进全省重点示范镇文化旅游名镇(街区)建设的通知》,提出通过建立动态调整机制、持续加大扶持力度、提升规划建设管理水平、切实落实扩权强镇、加强技术支持和专家指导、严格目标责任考核等 8 项措施,进一步推动全省重点示范镇、文化旅游名镇,即"两镇"建设,带动全省特色小城镇发展。

持续推进简政放权,配备规划管理专职人员。两镇的主要负责人可由县级领导兼任。2016~2020 年,省财政给予每个省级重点示范镇每年 1000 万元专项资金支持,每个省级文化旅游名镇每年 500 万元专项资金支持。

同时,陕西省还将分批次给予每个省级重点示范镇 1000 亩、文化旅游名镇 200 亩城乡建设增减挂钩用地指标、新增建设用地指标。成效显著地市级重点镇奖励 600 万元和 600 亩用地指标。

6. 浙江省

浙江省政府出台《关于加快特色小镇规划建设的指导意见》(以下简称《指导意见》)(浙政发〔2015〕8 号),明确了特色小镇规划建设的总体要求、创建程序、政策措施、组织领导等内容。

规划建设一批特色小镇是省委省政府从推动全省经济转型升级和城乡

统筹发展大局出发做出的重大决策，并将在全省重点培育和规划建设 100 个左右产业特色鲜明、体制机制灵活、人文气息浓厚、生态环境优美、多种功能叠加的特色小镇。

根据《指导意见》，特色小镇产业定位着力聚焦信息经济、环保、健康、旅游、时尚、金融、高端装备制造等支撑我省未来发展的七大产业，兼顾茶叶、丝绸、黄酒、中药、青瓷、木雕、根雕、石雕、文房等历史经典产业，坚持产业、文化、旅游"三位一体"和生产、生活、生态的融合发展。

《指导意见》明确了特色小镇规划面积一般控制在 3 平方公里左右，建设面积一般控制在 1 平方公里左右，原则上 3 年完成固定资产投资 50 亿元，所有特色小镇都要建设成为 AAA 级以上景区。同时采用"政府引导、企业主体、市场化运作"的方式，由企业为主推进项目建设，加强政府引导和服务保障。

特色小镇将采用"宽进严定"的创建方式，通过"自愿申报、分批审核、年度考核、验收命名"四个程序完成"特色小镇"创建。

另外，对纳入省重点培育特色小镇创建名单的对象，以及对如期完成年度规划目标任务的，省里按实际使用指标的 50% 给予配套奖励，其中信息经济、环保、高端装备制造等产业类小镇按 60% 给予配套奖励，对 3 年内未达到规划目标任务的，加倍倒扣省奖励的用地指标。在创建期间及验收命名后，其规划空间范围内的新增财政收入上交省财政部分，前 3 年全额返还，后 2 年返还一半给当地财政。《指导意见》还明确，各地和省级有关部门要整合优化政策资源，给予特色小镇规划建设强有力的政策支持。

7. 天津市

到 2020 年，天津市将创建 10 个市级实力小镇、20 个市级特色小镇，在现代产业、民俗文化、生态旅游、商业贸易、自主创新等方面竞相展现特色，建设成一镇一韵、一镇一品、一镇一特色的实力小镇、特色小镇、花园小镇。与以往示范镇相比，特色小镇具有四大特色。

一是重运营、轻开发。以往的示范镇建设需要对原有镇区进行大拆大建，多以房地产开发为主。特色小镇的建设不再以简单的大规模开发为主，更多地引入城市运营的理念，把文化功能作为"内核"，充分挖掘、展示地域优秀传统文化，更强调对传统文化的活化利用，形成凝聚特色小镇的新的文化氛围。

二是重市场、轻行政。特色小镇具有紧凑而明确的空间范围（3平方公里左右），更强调"转型"和"创新"的含金量，它集聚的是整个产业链中一部分高端的核心环节，以及与主导产业相互关联、共存、促进的各种创新功能、服务功能、社区功能、文化功能等。

三是重颜值、低成本。特色小镇在满足小镇居民产业、居住、游憩等功能的基础上，更强调精细、美观而具有地域辨识性，也更加强调小镇绿化景观等的塑造，实现城乡空间建设与生态文明建设相融合。

四是重制度、轻蓝图。要"一镇一策""一类一策"，摒弃"先拿牌子、政府投资、招商引资"的传统做法，同时对特色小镇的企业全面实现电子化审批。

目前，天津各区相继启动编制特色小镇规划。武清区将打造电商小镇、台商小镇、工业创新小镇、创客小镇、欧式风情小镇、运河创意休闲小镇等"市级特色小镇"，以及自行车小镇、绢花小镇、泉州水城、津门首驿、东方马都等"区级特色小镇"。西青区中北镇打造产城融合特色小镇，大力发展新能源汽车、无人驾驶汽车。东丽区华明高新区建设制造业特色小镇，打造智能网联汽车生产基地，同时发展生物医药与医疗器械、新材料、工业科技打印等。

8. 江苏省

2015年底江苏省提出计划，通过"十三五"的努力，加大重点镇和特色镇的培育力度，到2020年全省形成100个左右富有活力的重点中心镇和100个左右地域特色鲜明的特色镇。

南京市将通过要素聚合、资源整合、产城融合，把特色小镇打造成为经济增长的新引擎、创业创新的新平台、产业发展的新高地、文化传承的新载体、美丽南京的新名片。到2020年，全市将力争建成30个左右产业富有特色、文化独具韵味、生态充满魅力的市级特色小镇，并鼓励建设一批区级特色小镇。

江苏省旅游局正式启动全省特色旅游小镇申报工作。建设目标是到"十三五"末，全省培育50个特色旅游小镇。

目前除了南京已率先进行试点建设，扬州、泰州、宿迁等市也在积极探索中。

9. 广东省

到 2020 年广东将建成约 100 个省级特色小镇，特色小镇的产业发展水平、创新发展能力、吸纳就业能力和辐射带动能力显著提高，并成为新的经济增长点。

广州目前已编制了《关于加快特色小镇规划建设的实施意见》，计划先期创建 30 个市级特色小镇，为其提供用地扶持、资金扶持、产业扶持和人才支持。

黄浦区依据知识城、科学城和临港经济区三大板块空间布局，重点规划建设以下 4 个特色小镇：知识小镇、宜居健康小镇、海丝文化特色小镇和旅游休闲慢行小镇。

白云区依托白云国际机场建设人和航空小镇；依托帽峰山、流溪河建设钟落潭健康小镇；依托物流园、淘宝村建设太和电商小镇。

花都区规划了 17 个特色鲜明、产业基础好、可持续发展的特色小镇，近期将重点扶持打造其中的 4 个：花东绿色金融小镇、梯面生态旅游小镇、秀全珠宝小镇、狮岭时尚产业小镇。

增城区打造成以岭南中医药为特色，以健康管理为模式，以温泉度假为配套的健康小镇；谋划建设新塘基金小镇、朱村科教小镇、增江街 1978 文化创意小镇等 10 个特色小镇。

从化区打造 6 个特色主题小镇，西塘村的"童话小镇"，以"互联网+"生态旅游为主题的"莲麻小镇"，联溪村的"徒步休闲小镇"，温泉镇风景区的"温泉浪漫小镇"，以花为主题的西和村"风情小镇"，集桃花、美食、音乐于一身的锦洞村"桃花小镇"。

10. 甘肃省

甘肃省政府办公厅印发《关于推进特色小镇建设的指导意见》（以下简称《意见》）。《意见》明确用 3 年时间重点建设 18 个特色小镇，特色小镇均要建设成为 AAA 级以上旅游景区，其中旅游产业类特色小镇要按 AAAAA 级旅游景区标准建设。

通过 3 年的努力，甘肃省计划通过 3 年的努力，坚持产业、文化、旅游"三位一体"，生产、生活、生态"三生融合"，工业化、信息化、城镇化、农业现代化"四化驱动"，项目、资金、人才、管理"四方落实"的要求，坚持以人为本、公平共享，科学规划、产业集聚，生态文明、绿色低碳，文化传承、彰显特色，政府引导、市场运作，统筹协调、分类指导的原则，围绕不同区域的产业发展、自然风貌、文化风俗和资源禀赋，按照"一镇一业""一镇一品"的要求，在全省范围内初步建成一批特色鲜明、绿色低碳、功能完善、产业集聚、开放包容、机制灵活、示范效应明显的特色小镇。特色小镇均要建设成为AAA级以上旅游景区，其中旅游产业类特色小镇要按AAAAA级旅游景区标准建设。支持各地以特色小镇理念改造提升产业集聚区和各类开发区（园区）的特色产业。建设工作从2017年7月起至2018年底。

省级财政要采取整合部门资金的办法对特色小镇建设给予支持，同时采取"以奖代补"的方式，对按期完成任务、通过考评验收的特色小镇给予一定的奖补资金。特色小镇所在县级政府要将特色小镇建设用地的租赁收入以及小城镇基础设施配套费等资金，专项用于特色小镇基础设施建设。各地要积极研究制定具体政策措施，整合优化资源，并对特色小镇规划建设给予支持。

11. 福建省

福建省政府印发《关于开展特色小镇规划建设的指导意见》，要求通过3~5年的培育创建，建成一批产业特色鲜明、体制机制灵活、人文气息浓厚、创业创新活力迸发、生态环境优美、多种功能融合的特色小镇。要求各地坚持特色为本、产业为根、精致宜居、双创载体、项目带动和企业主体，聚焦新一代信息技术、高端装备制造、节能环保、新材料、生物与新医药、海洋高新、旅游、互联网经济等新兴产业，兼顾工艺美术、纺织鞋服、茶叶、食品等传统特色产业，来规划创建特色小镇。

一是强化要素保障。优先满足特色小镇用地需求，对每个特色小镇各安排100亩用地指标，新增建设用地计划予以倾斜支持。在符合相关规划和不改变现有工业用地用途的前提下，对工矿厂房、仓储用房进行改建、扩建及利用地下空间，提高容积率的可不再补缴土地价款差额。符合条件的建设项目优先列入省重点建设项目。

二是加大资金支持力度。对特色小镇给予债券和贴息支持，小镇范围内符合条件的项目，优先申报国家专项建设基金和相关专项资金，优先享受省级产业转型升级等相关专项资金补助或扶持政策，优先支持向政策性银行争取长期低息的融资贷款，给予特色小镇规划设计补助，支持特色小镇生活污水处理设施和生活垃圾处理收运设施建设。

三是给予人才扶持。借鉴中关村国家自主创新示范区和我省自贸试验区做法,对特色小镇范围内的高端人才实行税收优惠和个税优惠政策,加大对高层次人才运营项目的担保支持。

四是鼓励改革创新。列入省级创建名单的特色小镇,优先上报国家相关改革试点;优先实施国家和省里先行先试的相关改革试点政策;允许先行先试符合法律法规要求的改革。

12. 贵州省

贵州省委省政府提出建设100个示范小城镇的战略,建设了一批旅游小镇、白酒小镇、茶叶小镇等各具特色的小城镇。

第一,坚持改革创新,建设活力小城镇。

第二,协调推进、精心演绎城乡统筹发展的"二重唱"。

第三,坚持绿色发展,建设生态小城镇。

第四,坚持民生为本,建设小康小城镇。

在全国率先开展以镇为单位,全面小康社会创建工作,且制定了《贵州省100个示范小城镇全面小康统计监测工作实施办法》,同时建立了以镇为单位,全面小康统计监测指标体系,极大地促进了示范小城镇全面小康的进程。

13. 内蒙古自治区

各级财政统筹整合各类已设立的相关专项资金,重点支持特色小镇市政基础设施建设。在镇规划区内建设项目缴交的基础设施配套费要全额返还小城镇,用于小城镇基础设施建设。

14. 辽宁省

研究制定相关配套优惠政策,整合各类涉农资金,支持特色乡镇建设。列入省级新型城镇化试点,并可推荐申报国家新型城镇化综合试点镇。省财政通过不断优化财政支出结构,支持各地推进特色乡镇建设。

15. 安徽省

整合对特色小镇的各类补助资金。省发展改革委支持符合条件的建设项目申请专项建设基金;省财政对工作开展较好的特色小镇给予奖补;市、县财政要进一步加大特色小镇建设投入。

16. *海南省*

《海南省特色风情小镇建设指导意见》（2014年）规定：项目和资金上优先；建议预算安排一定资金；村镇规划区内建设项目缴交的基础设施配套费全额返还小城镇；部门整合支持。

《海南省人民政府关于印发全省百个特色产业小镇建设工作方案的通知琼府》（〔2015〕88号）规定：

一是设立产业小镇产业发展引导基金，重点用于产业小镇的产业培育；二是各方面的财政专项资金（基金）在符合投向的情况下，要向产业小镇的产业发展及相关基础设施建设等项目倾斜。新增财政收入部分，省财政可考虑给予一定返还。

17. *重庆市*

加大市级小城镇建设专项资金投入，调整优化市级中心镇专项建设资金，重点支持特色小镇示范点建设。特色小镇示范点建设项目打捆纳入市级重点项目。

18. *广西壮族自治区*

自治区将整合涉及示范镇建设的相关资金和项目，积极为示范镇争取中央专项和转移支付资金支持。自治区本级资金补助标准为每个示范镇1000万元，示范镇总投资一般不低于2000万元。

19. *西藏自治区*

自治区财政安排10亿元特色小城镇示范点建设工作启动资金。

地（市）、县（区）人民政府要以规划为统领，以基础设施项目、产业项目、民生项目为重点，进一步整合交通运输、住房城乡建设、农牧、水利、林业、电力等部门资源，调整资金结构，按照"渠道不乱、用途不变、统筹安排、集中投入、各负其责、各记其功、形成合力"的原则，加大对特色小城镇建设的投入力度。

同时，要广泛吸纳社会资金和民间资本支持特色小城镇示范点建设，充分发挥援藏资金在小城镇建设中的重要作用。

第三章　中国新型城镇化其他相关政策

一、2018年中央一号文件

2018年2月4日，改革开放以来第20个、新世纪以来第15个指导"三农"工作的中央一号文件由新华社授权发布。文件题为《中共中央、国务院关于实施乡村振兴战略的意见》，对实施乡村振兴战略进行了全面部署。

该文件指出，实施乡村振兴战略是解决人民日益增长的美好生活需要和不平衡、不充分的发展之间矛盾的必然要求，是实现"两个一百年"奋斗目标的必然要求，是实现全体人民共同富裕的必然要求。

文件从提升农业发展质量、推进乡村绿色发展、繁荣兴盛农村文化、构建乡村治理新体系、提高农村民生保障水平、打好精准脱贫攻坚战、强化乡村振兴制度性供给、强化乡村振兴人才支撑、强化乡村振兴投入保障、坚持和完善党对"三农"工作的领导等方面进行安排部署。

文件提出，走中国特色社会主义乡村振兴道路，让农业成为有奔头的产业，让农民成为有吸引力的职业，让农村成为安居乐业的美丽家园。文件确定了实施乡村振兴战略的目标任务：到2020年，乡村振兴取得了重要进展，其制度框架和政策体系基本形成；到2035年，乡村振兴取得决定性进展，农业农村现代化基本实现；到2050年，乡村全面振兴，农业强、农村美、农民富全面实现。

文件强调，坚持农业农村优先发展。把实现乡村振兴作为全党的共同意志、共同行动，做到认识统一、步调一致，在干部配备上优先考虑，在要素配置上优先满足，在资金投入上优先保障，在公共服务上优先安排，并加快补齐农业农村短板。

2018年的中央一号文件，全面贯彻党的十九大精神，以习近平新时代中国特色社会主义思想为指导，围绕实施乡村振兴战略讲意义、定思路、定任务、定政策、提要求。文件坚持问题导向，突出统筹推进农村经济建设、政治建设、文化建设、社会建设、生态文明建设和党的建设，加快推进乡村治理体系和治理能力现代化，加快推进农业农村现代化，走中国特色社会主义乡村振兴道路，是谋划新时代乡村振兴的顶层设计。

二、县域电子商务发展意见出台

为贯彻落实2015年中央一号文件、《国务院关于大力发展电子商务加快培育经济新动力的意见》精神，进一步推动农村电子商务发展，商务部等19部门于2015年8月联合印发《关于加快发展农村电子商务的意见》（以下简称《意见》）。

《意见》提出，争取到2020年，在全国培育一批具有典型带动作用的农村电子商务示范县。电子商务在降低农村流通成本、提高农产品商品化率和农民收入、推进新型城镇化、增加农村就业、带动扶贫开发等方面取得明显成效，农村流通现代化水平显著提高，推动农村经济社会健康发展。农村电子商务的重点是加强工业品下乡、农村产品进城、农资流通、农村综合服务及电子商务扶贫开发。

《意见》针对目前农村电子商务发展中存在的问题，从培育多元化电子商务市场主体、加强农村电子商务基础设施建设、营造农村电子商务发展环境等方面提出了以下十项举措：

一是支持电子商务、物流、商贸、金融等各类资本发展。农村电子商务支持电商、物流、商贸、金融、邮政、快递等各类社会资本加强合作，实现优势资源的对接与整合，参与农村电子商务发展。加快实施"快递下乡"工程，支持快递企业"向下""向西"发展以及支持第三方电子商务平台创新和拓展涉农电商业务。引导涉农信息发布平台向在线交易和电商平台转型，以此提升服务功能。

二是积极培育农村电子商务服务企业。引导电子商务服务企业拓展农村业务，支持组建区域性农村电子商务协会等行业组织，成立专业服务机构等。为农村电子商务发展提供咨询、人员培训、技术支持、网店建设、品牌培育、品质控制、营销推广、物流解决、代理运营等专业化服务，引导市场主体规范有序发展，培育一批扎根农村的电子商务服务企业。

三是鼓励农民依托电子商务进行创业。实施农村青年电商培育工程和巾帼电商创业行动。以返乡高校毕业生、返乡青年、大学生村官、农村青年、巾帼致富带头人、退伍军人等为重点，培养一批农村电子商务带头人和实用型人才，切实发挥他们在农村电子商务发展中的引领和示范作用。指导具有特色商品生产基础的乡村开展电子商务，吸引农民工返乡创业就业，引导农民立足农村、对接城市，探索农村创业新模式。各类农村电子商务运营网点要积极吸收农村妇女、残疾人士等就业。

四是加强农村宽带、公路等基础设施建设。完善电信普遍服务补偿机制，加快农村信息基础设施建设和宽带普及，推进"宽带中国"建设，促进宽带网络提速降费，积极推动4G和移动互联网技术应用。以建制村通硬化路为重点加快农村公路建设，推进城乡客运一体化，推动有条件的地区实施公交化改造。

五是提高农村物流配送能力。加强交通运输、商贸流通、农业、供销、邮政各部门和单位及电商、快递企业等相关农村物流服务网络和设施的共享衔接，发挥好邮政点多面广和普遍服务的优势，逐步完善县乡村三级物流节点基础设施网络，鼓励多站合一、资源共享，共同推动农村物流体系建设，打通农村电子商务"最后一公里"。同时，推动第三方配送、共同配送在农村的发展，建立完善农村公共仓储配送体系，重点支持老少边穷地区物流设施建设。

六是搭建多层次发展平台。鼓励电商基础较好的地方积极协调落实项目用地、利用闲置厂房等建设农村特色电子商务产业基地、园区或综合运营服务中心，发挥孵化功能，为当地网商、创业青年和妇女等提供低成本的办公用房、网络通信、培训、摄影、仓储配送等公共服务，促进网商在农村的集聚发展。支持地方依托第三方综合电商平台，开设地方特色馆，搭建区域性电商服务平台。促进线下产业发展平台和线上电商交易平台的结合，以此推动网络经济与实体经济的融合。研究建立适合农村情况的电子商务标准、统计制度等。发挥各类农业信息资源优势，逐步覆盖农产品生产、流通、销售和消费全程，提高市场信息传导效应，引导农民开展订单生产。

七是加大金融支持力度。鼓励有条件的地区通过拓宽社会融资渠道设立农村电子商务发展基金。鼓励村级电子商务服务点、助农取款服务点相互依托建设，实现优势互补、资源整合，提高利用效率。提高农村电商的大数据分析能力，支持银行业金融机构和支付机构研发适合农村特点、满足农村电子商务发展需求的网上支付、手机支付、供应链贷款等金融产品，加强有关风险控制，保障客户信息安全和资金安全。加大对电商创业农民的授信和贷款支持。充分利用各地设计开发的"青"字号专属金融产品，或依托金融机构现有产品，设计"青"字号电商创业金融服务项目，支持农村青年创业。协调各类农业信贷担保机构，简化农村网商小额短期贷款办理手续，对信誉良好、符合政策条件的农村网商可按规定享受创业担保贷款及贴息政策。

八是加强农村电子商务人才的培养。依托现有培训项目和资源，支持电子商务企业、各类培训机构、协会对机关、企业、农业经营主体和农民等，进行电子商务政策、理论、运营、操作等方面的培训。有条件的地区可以建立专业的电商人才培训基地和师资队伍，努力培养一批既懂理论，又懂业务，会经营网店，能带头致富的复合型人才。引导具有实践经验的电商从业者返乡创业，鼓励电子商务职业经理人到农村发展，进一步降低农村电商人才就业保障等方面的门槛。

九是规范农村电子商务市场秩序。加强网络市场监管，打击制售假冒伪劣商品、虚假宣传、不正当竞争和侵犯知识产权等违法行为，维护消费者合法权益，促进守法诚信经营。督促第三方交易平台加强内部管理，规范主体准入，遏制"刷信用"等欺诈行为。维护公平竞争的市场秩序，营造良好的创业营商环境。推进农村电子商务诚信建设。加强农产品标准化、检验检测、安全监控、分级包装、冷链仓储、加工配送、追溯体系等技术、设施的研究、应用和建设，提高对农产品生产、加工和流通等环节的质量管控水平，建立完善的质量保障体系。

十是开展示范宣传和推广。开展电子商务进农村综合示范，认真总结示范地区的经验做法,梳理典型案例,对开展电商创业的农村青年、农村妇女、新型农业经营主体和农村商业模式等进行总结推广。加大宣传力度,推动社会各界关注和支持农村电子商务发展,加强地区间的沟通与交流,促进合作共赢发展。

三、《关于支持"飞地经济"发展的指导意见》

《关于支持"飞地经济"发展的指导意见》是国家发改委于2017年6月2日发布的意见文件。该意见指出在推动长江经济带发展战略中,鼓励上海、江苏、浙江到长江中上游地区共建产业园区,共同拓展市场和发展空间。

(一)《意见》明确了发展"飞地经济"的指导思想

发展"飞地经济",要深入贯彻落实习近平总书记系列重要讲话精神和治国理政新理念、新思想、新战略,按照党中央、国务院决策部署,牢固树立和贯彻落实新发展理念,深入实施区域发展总体战略,服务"一带一路"建设、京津冀协同发展、长江经济带发展三大战略,创新"飞地经济"合作机制,发挥不同地区的比较优势,优化资源配置,强化资源集约节约利用,提升市场化运作水平,完善发展成果分享机制,加快统一市场建设,促进要素自由有序流动,为推进区域协同发展做出新贡献。

(二)《意见》明确了发展"飞地经济"的基本原则

发展"飞地经济",要坚持政府引导、市场运作,政府加强统筹协调,提高公共服务质量,遵循市场规律,着力提升合作园区开发建设、经营管理的市场化和专业化水平;坚持优势互补、合作共赢,充分发挥各地区比较优势,建立合理的成本分担和利益共享机制,促进合作各方良性互动、互利共赢;坚持平等协商、权责一致,强化合作发展理念,着力扩大发展成果,实现权利与责任对等;坚持改革创新、先行探索,创新"飞地经济"合作机制,有条件地创新政策供给,力争在重点领域和关键环节取得突破。

"飞地经济"发展模式是一个探索过程,在政府引导、市场运作的基础上,重点提升园区合作建设,提升经营管理的市场化和专业化水平,在建设过程中，做到成本分担，建立合理的利益共享机制，实现双方获利。

(三)《意见》提出了支持"飞地经济"发展的重点任务

1. 完善"飞地经济"合作机制，提出五个支持、一个鼓励、一个保障

五个支持：一是支持"飞地经济"合作方共同研究商定规划建设、运营管理、利益分配等事项，签订规范、详细、可操作的合作协议，做到分工明确、权责对等、共建共享。二是支持合作方创新合作模式，允许以资金、技术成果、品牌、管理等多种形式参与合作；如各方共同组建市场化运营主体的应符合《公司法》等相关法律规定。三是支持各方合理分担园区建设运营成本，征地拆迁、基础设施建设、招商引资、社会管理、环境保护等事项产生的投入和费用，由合作方根据协议商定分摊比例。四是支持合作方建立常态化的议事协调机制，加强在产业发展、功能布局等方面的政策对接，及时研究解决园区建设、项目引进和运营管理中的问题。五是支持合作方共同建立园区管理委员会，选派干部到园区任职、挂职，不断创新管理体制，完善组织架构。

一个鼓励：鼓励按照市场化原则和方式开展"飞地经济"合作。鼓励合作方共同设立投融资公司，采取政府和社会资本合作（PPP）等模式，吸引社会资本参与园区开发和运营管理。提高园区专业化运行水平，支持通过特许经营、政府购买服务等方式，将园区部分或全部事务委托给第三方运营管理，条件成熟的地区可探索园区管理与日常运营相分离。

一个服务保障：园区所在地政府提供相关公共服务和保障。合作各方要做好政策衔接和统筹协调，促进跨区域转移项目落地和正常运营。

2. 强化资源高效集约节约利用

飞地园区建设用地原则上使用所在地土地指标，加强耕地资源保护，强化土地集约利用，鼓励建设绿色园区。鼓励推进节能减排政策落实，加强环境保护工作。

3. 规范指标统计口径和方法

明确园区所在地政府统计部门为统计主体。允许合作方综合考虑权责关系和出资比例，以及资源环境因素，对经济指标进行协商划分，仅作专门用途供内部使用。

4. 加强统一市场建设

提到两个支持：一是支持合作方优化行政审批流程，逐步探索行政许可跨区域互认，推进转移企业工商登记协调衔接；二是支持合作方开展质检、通关、市场执法等领域的标准对接和结果互认。

5. 支持在各类对口支援、帮扶、协作中开展"飞地经济"合作

支持通过"飞地经济"，发挥市场机制，创新对口支援和东西部扶贫协作等区域合作模式，探索完善异地开发生态保护补偿机制。

(四)《意见》制定了贯彻落实意见的保障措施

国家发展改革委会同有关部门加强对"飞地经济"发展的指导，帮助协调解决"飞地经济"发展中的重大问题。

各省（区、市）和新疆生产建设兵团发展改革委（区域合作主管部门）会同有关部门加大对"飞地经济"发展的支持力度。

四、我国支持众创空间发展的指导意见

2016年2月6日，国务院办公厅印发《关于加快众创空间发展服务实体经济转型升级的指导意见》（以下简称《意见》），提出促进众创空间专业化发展，为实施创新驱动发展战略、推进大众创业万众创新提供低成本、全方位、专业化服务，更大释放全社会创新创业活力，促进科技成果加快向现实生产力转化，增强实体经济发展新动能。

根据《意见》（国办发〔2016〕7号）规定：充分利用现有创新政策工具，挖掘已有政策潜力，加大政策落实力度，形成支持众创空间发展的政策体系。

（1）实行奖励和补助政策。有条件的地方要综合运用无偿资助、业务奖励等方式，对众创空间的办公用房、用水、用能、网络等软硬件设施给予补助。支持国家科技基础条件平台为符合条件的众创空间提供服务。符合条件的众创空间可以申报承担国家科技计划项目。发挥财政资金的杠杆作用，采用市场机制引导社会资金和金融资本进入技术创新领域，支持包括中国创新创业大赛优胜项目在内的创新创业项目和团队，进而推动众创空间发展。

（2）落实促进创新的税收政策。众创空间的研发仪器设备符合相关规定条件的，可按照税收有关规定适用加速折旧政策；进口科研仪器设备符合规定条件的，适用进口税收优惠政策。众创空间发生的研发费用，以及企业和高校院所委托众创空间开展研发活动以及小微企业受委托或自身开展研发活动发生的研发费用，符合规定条件的可适用研发费用税前加计扣除政策。研究完善科技企业孵化器税收政策，符合规定条件的众创空间可适用科技企业孵化器税收政策。

（3）引导金融资本支持。引导和鼓励各类天使投资、创业投资等与众创空间相结合，完善投融资模式。鼓励天使投资群体、创业投资基金入驻众创空间和双创基地开展业务。鼓励国家自主创新示范区、国家高新技术产业开发区设立天使投资基金，支持众创空间发展。选择符合条件的银行业金融机构，在试点地区探索为众创空间内企业创新活动提供股权和债权相结合的融资服务，与创业投资、股权投资机构试点投贷联动。支持众创空间内科技创业企业通过资本市场进行融资。

（4）支持科技人员到众创空间创新创业。高校、科研院所要按照《中华人民共和国促进科技成果转化法》有关规定，落实科技成果使用权、处置权和收益权政策。对本单位科研人员带项目和成果到众创空间创新创业的，经原单位同意，可在3年内保留人事关系，与原单位其他在岗人员同等享有参加职称评聘、岗位等级晋升和社会保障等方面的权利。探索完善众创空间中创新成果收益分配制度，对高校、科研院所的创业项目知识产权申请、转化和运用，按照国家有关政策给予支持。进一步改革科研项目和资金管理使用制度，使之更有利于激发广大科研人员的创造性和转化成果的积极性。

（5）调动企业参与众创空间建设的积极性。企业建设众创空间的投入符合相关规定条件的，可享受研发费用加计扣除政策。国有企业对众创空间投入较大且符合有关规定的，可以适用有关科技创新考核政策。充分利用淘汰落后产能、处置"僵尸企业"过程中形成的闲置厂房、空余仓库以及生产设施，改造建设众创空间，鼓励企业通过集众智、汇众力等开放式创新，吸纳科技人员创业，创造就业岗位，实现转型发展。

（6）促进军民技术双向转化。大力推动军民标准通用化，引导民用领域知识产权在国防和军队建设领域运用。军工技术向民用转移过程中的二次开发费用，符合相关规定条件的可以适用研发费用加计扣除政策。在符合保密规定的前提下，对向众创空间开放共享的专用设备、实验室等军工设施，按照国家统一政策，根据服务绩效探索建立后补助机制，促进军民创新资源融合共享。

五、农村电子商务准入门槛降低

2015年5月，经李克强总理签批，国务院印发《关于大力发展电子商务加快培育经济新动力的意见》（以下简称《意见》），部署进一步促进电子商务创新发展。

该《意见》明确了以下三点原则：

一是积极推动。主动作为、支持发展。积极协调解决电子商务发展中的各种矛盾与问题。政府在各方面加大服务力度。推进电子商务企业税费合理化，减轻企业负担。

二是逐步规范。简政放权、放管结合。最大限度地减少对电子商务市场的行政干预。

三是加强引导。把握趋势、因势利导。加强对电子商务的研究，及时加大对企业的支持引导力度，引领电子商务向打造"双引擎"、实现"双目标"发展。

电子商务准入门槛降低，有力地推动了我国农村电子商务的发展。

六、政府积极推动电子商务进军农村

从2015年开始，国家层面涉及农村电子商务的政策层出不穷。据不完全统计，近两年涉及农村电子商务的国家级政策文件及内容主要如下：

（1）中共中央《国务院关于加大改革创新力度加快农业现代化建设的若干意见》（中发〔2015〕1号），创新农产品流通方式。支持电子商务、物流、商贸、金融等企业参与涉农电子商务平台建设。开展电子商务进农村综合示范。

（2）中共中央《国务院关于深化供销合作社综合改革的决定》（中发〔2015〕11号），提升农产品流通服务水平。顺应商业模式和消费方式深刻变革的新趋势，加快发展供销合作社电子商务，形成网上交易、仓储物流、终端配送一体化经营，由此实现线上线下融合发展。

（3）国务院办公厅《关于大力发展电子商务加快培育经济新动力的意见》（国发〔2015〕24号），积极发展农村电子商务。鼓励电子商务平台服务"一村一品"，促进品牌农产品走出去，鼓励农业生产资料企业发展电子商务。

（4）国务院《关于积极推进"互联网+"行动的指导意见》（国发〔2015〕40号），积极发展农村电子商务。开展电子商务进农村综合示范，支持新型农业经营主体和农产品、农资批发市场对接电子商务平台，积极发展以销定产模式。完善农村电子商务配送及综合服务网络，发展农产品个性化定制服务。开展生鲜农产品和农业生产资料电子商务试点，促进农业大宗商品电子商务发展。

（5）国务院办公厅《关于加快转变农业发展方式的意见》（国办发〔2015〕59号），创新农业营销服务。加强全国性和区域性农产品产地市场建设，加大农产品促销扶持力度，提升农户营销能力。加快发展供销合作社电子商务。积极推广农产品拍卖交易方式。

（6）国务院办公厅《关于推进线上线下互动加快商贸流通创新发展转型升级的意见》（国办发〔2015〕72号），推进零售业改革发展以及农村市场现代化发展。

（7）农业部《关于扎实做好2016年农业农村经济工作的意见》（农发〔2016〕1号），大力发展农产品加工业和市场流通。鼓励农村经纪人和新农民搞活农产品流通。

（8）《农业部办公厅关于印发农业电子商务试点方案的通知》（农办市〔2016〕1号），积极探索"基地+城市社区"鲜活农产品直配、"放心农资进农家"等农业电子商务新模式，力求突破当前农业电子商务发展面临的瓶颈和障碍，加快推进农业电子商务健康发展，在北京、河北、吉林、黑龙江、江苏、湖南、广东、海南、重庆、宁夏10省（区、市）开展农业电子商务试点。

七、国家着力推进电子商务扶贫工程

国务院扶贫办表示：将电子商务纳入扶贫开发体系，能有效提高扶贫绩效，国务院扶贫办将着力推进电子商务扶贫工程。

2015年8月，财政部、商务部公布了电子商务进农村综合示范工作200个示范县名单，将安排专项资金进行扶持农村电子商务发展，重点向建设县、乡、村三级物流配送体系倾斜。

财政资金引领，鼓励带动更多的社会资本进入，培育农村电子商务环境。已有多省通过在贫困村设立电子商务扶贫实验基地、采取"平台+园区+培训"等方式，整合贫困地区优势产品、对接市场，这些措施将逐步提高我国扶贫工作效果。

在"互联网+"的国家战略背景下，"电子商务+精准扶贫"已经成为我国精准扶贫工程中的重要手段之一。利用电子商务助推精准扶贫，在当前经济发展形势下也面临着诸多瓶颈，但也具有极大的内生发展优势和外部环境优势，并通过产品创新、政策支持、人才培养以及平台搭建等工作导向着力推进电子商务扶贫新发展。

《中共中央国务院关于打赢脱贫攻坚战的决定》2015年11月29日，加大"互联网+"扶贫力度。完善电信普遍服务补偿机制，加快推进宽带网络覆盖贫困村，实施电子商务扶贫工程。加快贫困地区物流配送体系建设，支持邮政、供销合作等系统在贫困乡村建立服务网点。支持电子商务企业拓展农村业务，加强贫困地区农产品网上销售平台建设。加强贫困地区农村电子商务人才培训，并对贫困家庭开设网店给予网络资费补助、小额信贷等支持。开展互联网为农便民服务，提升贫困地区农村互联网金融服务水平，扩大信息进村入户覆盖面。

参考文献

[1] 杜琳琳. 特色小镇创新发展的战略选择 [J]. 中国经贸导刊, 2016 (6): 23.

[2] 卓勇良. 特色小镇的内涵与外延 [J]. 今日浙江, 2015 (13): 27.

[3] 王舒宁. 福建省休闲农业发展存在的问题与对策 [J]. 福建农业科技, 2015 (10): 67-68.

[4] 胡渡南. 福建省工艺美术产业化的现状与发展对策 [J]. 福建论坛: 人文社会科学版, 2007 (8): 119-121.

[5] 国家统计局. 全国小城镇综合发展指数测评报告（千强镇）[Z]. 2005.

[6] 郭振, 陈柳钦. 中国农村城镇化与产业结构调整 [M]. 哈尔滨: 黑龙江人民出版社, 2004.

[7] 何静. 产业簇群的发展与城镇化互动初探 [J]. 财经问题研究, 2004 (2).

[8] 李超等. 基于产业集聚的中国小城镇发展思考 [J]. 国土与自然资源研究, 2004 (1).

[9] 曾煜, 陈方亮. 论产业聚集与我国城镇化建设 [J]. 江西社会科学, 2004 (7).

[10] 汉川市政协调查组. 关于我市推进新型工业化 发展县域经济的情况汇报《政协孝感市第三届八次常委会文件之四》, 2004.

[11] 中共中央国务院关于推进社会主义新农村建设的若干意见 [N]. 人民日报, 2006.

[12] M. E. Porter. Cluster and The New Economics of Competition. Harvard

Business Review, 1998, 76 (6): 77.

[13] 王秋辉. "PPP+"特色小镇——PPP模式在特色小镇建设中的研究 [J]. 知识经济, 2017 (12).

[14] 赵静, 特色小镇之旅游小镇的开发现状、问题及模式分析 [J]. 中国物价, 2017 (5).

[15] 苏海红, 王松江, 高永林. 特色小镇PPP项目运作模式研究 [J]. 项目管理技术, 2017 (6).

[16] 仇保兴. 特色小镇的"特色"要有广度与深度 [J]. 现代城市, 2017 (1).

[17] 聂正标, 宋家宁. 金融资本介入特色小镇运营路径分析 [J]. 中国经贸导刊, 2016 (35).

[18] 刘姿含. 浅谈"飞地经济"中"飞地"的选择 [J]. 城市管理, 2010 (5).

[19] 李瑜, 王先锋. "飞地"型城镇研究: 一个新的理论框架 [J]. 农业经济问题, 2003 (12): 21-31.

[20] 胡荣涛. 产业结构与地区利益分析 [M]. 北京: 经济管理出版社, 2001.

[21] 吕力, 李倩, 方竹青, 乔辉. 众创、众创空间与创业过程 [J]. 科技创业月刊, 2015 (10): 14-15.

[22] 国务院办公厅. 关于发展众创空间推进大众创新创业的指导意见 [EB/OL]. 2015-07-25.

[23] 投中研究院. 众创空间在中国: 模式与案例 [J]. 国际融资, 2015 (6): 47-51.

[24] 国发〔2015〕32号. 国务院关于大力推进大众创业万众创新若干政策措施的意见 [Z]. 2015-06-16.

[25] 王佑镁, 叶爱敏. 从创客空间到众创空间: 基于创新2.0的功能模型与服务路径 [J]. 电化教育研究, 2015 (11): 5-12.

[26] 黄兆信, 赵国靖, 唐闻捷. 众创时代高校创业教育的转型发展 [J]. 教育研究, 2015 (7): 34-39.

[27] 曹健林. 从孵化器大国迈向孵化器强国 [J]. 中国科技产业, 2013.

[28] 李浩,费良杰. 孵化器研究展望 [J]. 经济研究导刊,2014(31).

[29] 任继永. 中国八大县域电商模式的启示 [J]. 消费导刊,2015(8).

[30] 魏延安. 从县域电商到电商经济的跨越 [J]. 阿狸评论,2014(10).

[31] 牛禄青. 县域电商:意义、动向与模式 [J]. 新经济导刊,2016(3).

后记

改革开放40周年，40年中国发生了巨变，其中最大变化就是中国城市化进程。中国城镇化率从1978年的17.9%提高到了2017年的58.5%；城镇常住人口由1978年的1.72亿人提高到了2017年的8.13亿人。在过去的40年里，中国走完了发达国家上百年才完成的城镇化进程。中国城镇化和工业化吸纳了大量农民工进城就业和居住。到2017年底，外出打工农民工总量已经超过了2.7亿人，这是一个巨大的人口转移。大量农民工进城，使得中国脱贫进程对世界脱贫进程做出了重大的贡献。从农民人均收入的占比来看，收入一半左右来自工资性收入，这些工资性收入实际上是农民进城打工的收入，所以中国城市化和工业化对农村脱贫和发展都做出了重要的贡献。

时至今日，中国城镇化的成绩是毋庸置疑的。然而，在城镇化建设中，许多人认识上存在偏差，认为城镇化就是要建越来越多新的小城镇，或者将原来的小城镇随意地扩大或改造，将更多的农民转化为城镇居民，试图通过小城镇建设消除农民的身份。大部分地方推出小城镇建设的量化指标，即通过把大量的农民户口转化为城镇居民户口，以此提高城镇化率；也有部分地区追求短期效应，盲目拆除房屋，出现边拆边规划等各种现象。基于此，本书以中国这四十年来的城镇化发展为主线，从不同的视角和维度，运用通俗的文笔和丰富的案例，对改革开放以来新型城镇化的建设做了全面的解析。

古人云：以铜为镜，可以正衣冠；以史为镜，可以知兴替；以人为镜，可以明得失。在本书中，我们挑出部分当前比较成功的城镇化建设模式，包括特色小镇、飞地经济、众创空间、科技孵化器、电商园区等，通过对这些城镇化模式进行深度剖析，给予亟须城镇化建设的区域一定的借鉴参考价值。除此以外，我们再次强调：第一，城镇化建设需要科学定位，因地制宜。在城镇化建设中，规划往往被认为是首要任务，其实不然，首先要解决的是定位问题，小城镇的定位是一种建设思路、建设方向，决定小城镇的发展重点和发展方向甚至生命周期。第二，要注重规划，细化设计。在明确小城镇定位的基础上，再在规划和设计上用功。第三，也是最重要的一点，城镇建设，务必要挖掘文化，彰显特色。文化是一座城市的灵魂，没有文化的城市，没有故事的城市，其生命力必然不强。

谨以此书纪念改革开放40周年！

此外，本书能够顺利出版，要感谢很多支持并帮助我的朋友。感谢我的搭档朱建良、眭文娟，感谢广东省电子商务协会秘书长程晓先生，感谢永州电子商务研究院理事长王芳女士、广东财经大学教授李征坤博士、华南农业大学文晓巍教授经常与我交流城镇化问题，让本书的实用性更强，最后要感谢众多支持我写书的朋友，是你们的支持让我一直有动力完成此书，在此一并表示感谢！

文丹枫

2018年7月1日 写于广州